plaisir d'amour

FSC
www.fsc.org
MIX
Papier aus verantwortungsvollen Quellen
Paper from responsible sources
FSC® C105338

Layla Sommer

Suite 6

plaisir d'amour

Layla Sommer
Suite 6
Die Hoteliers ♥ Alles oder nichts ♥ Mr. Perfect

www.plaisirdamour.de
info@plaisirdamourbooks.com
Covergestaltung: © Sabrina Dahlenburg
ISBN Taschenbuch: 978-3-86495-473-3
ISBN eBook: 978-3-86495-474-0

Inhalt

Layla Sommer

Suite 6

Teil 1 – Die Hoteliers

Kapitel 1

„Schöne Gegend." Julian schaltete in den zweiten Gang herunter, anders waren die Serpentinen, die sie immer weiter den Berg hinauf führten, nicht zu bewältigen.

„Hm", brummte Noah.

Von Sandro kam dagegen gar kein Kommentar. Er hatte es sich auf dem Rücksitz bequem gemacht, wenn man es sich denn in einem alten Mini bequem machen konnte. Er lag mehr, als dass er saß. Dennoch füllte er das gesamte Heck aus. Julian verkniff sich ein Grinsen. Mit dem kleinen Auto hatten seine Brüder nicht gerechnet, als sie ihn, den Jüngsten, beauftragt hatten, sie zu dem Hotel ihres verstorbenen Vaters zu kutschieren.

„Pass doch auf!", meckerte Sandro, der unsanft mit dem Kopf gegen die Scheibe gestoßen war.

Wahrscheinlich waren sie ein optisches Highlight, wie sie zu dritt, jeder fast einen Meter neunzig groß, in dem winzigen Wagen saßen. Seine Brüder hatten nicht glauben wollen, dass es das kleine Gefährt schaffen würde, sie zu transportieren, und hatten gewettet. So war das eben, wenn man sich nicht mit Fahrzeugen beschäftigte und den pfiffigen Engländer unterschätzte.

„Jetzt werde ich noch mit Mr. Bean verwechselt", hatte Sandro geknurrt, dann hatte er sich höchst unelegant auf den Rücksitz gezwängt.

Julian schürte flott um die nächste Kurve, was ihm einen strafenden Blick von Noah einbrachte. Er betätigte den kleinen Schalter am Armaturenbrett und ließ das Dach zurückfahren. *British Open* nannte sich das Modell, das mit ein wenig Fantasie schon beinahe Cabriofeeling vermittelte. Nun schienen die Felsen zu ihrer Rechten auch noch über ihren Köpfen emporzuragen.

„Noch tiefer in die Pampa geht's wohl nicht?", nörgelte Sandro, der seine schlechte Laune wieder einmal nicht für sich behalten konnte. Dabei war Frühling, die Sonne schien und sie würden gleich ihr erstes eigenes Hotel begutachten.

„Ist bestimmt nur eine Abrissbude", kam es prompt von der Rückbank.

„Mutter hat gesagt, so schlimm ist es nicht", meldete sich Noah zu Wort.

„Freut ihr euch gar nicht? Wer bekommt denn schon ein Hotel geschenkt?"

„Vererbt, nicht geschenkt."

„Ist doch das Gleiche."

„Nein, ist es nicht. Ein Geschenk kann man verkaufen, an dieses Erbe sind wir gebunden."

„Wie kommst du auf so eine Idee? Warum sollten wir das Hotel nicht verkaufen können? Aber dafür, dass wir unseren Vater seit Jahren nicht gesehen haben, ist so ein unerwartetes Erbe doch nicht schlecht."

„Wem hätte er das Haus denn auch sonst vermachen sollen?"

Julian zuckte mit den Schultern. Sollten sich die anderen ruhig Gedanken machen, wieso, weshalb, warum. Er freute sich. Außerdem waren sie nun quitt, sein Vater und er. Er hatte sie einst verlassen, und jetzt gab er ihnen eben wieder etwas zurück, freiwillig oder auch nicht. Gut fand er das. Richtig gut sogar.

Noch eine Kurve, dann lichtete sich der Wald und die Felswände verschwanden. Bald würden sie am Hotel ankommen, so sagte es zumindest das Navi, das Noah ihm aufgedrängt hatte. Sie düsten weiter die Landstraße entlang und wurden in dem fast dreißig Jahre alten Auto kräftig durcheinandergeschüttelt. Sogar die Spargelbauern, die auf den Feldern arbeiteten, hoben neugierig ihre Köpfe, und als sie durch das nächste Dorf fuhren, wurde ihnen interessiert nachgeschaut.

„Oldtimer kommen hier wohl selten durch", stellte Noah trocken fest.

Julian schmunzelte wieder in sich hinein, entgegnete jedoch nichts.

Noch hundert Meter, sagte das Navi.

Als Erstes sah er einen See. Einen richtigen See statt eines trüben Fischweihers. Keine Häuser weit und breit, nur ein in die Jahre gekommenes Gebäude, das vor Jahrzehnten einmal mondän gewesen sein musste, mittlerweile aber seinen Glanz verloren hatte und nicht mehr so richtig in die Schönheit der Landschaft passen wollte. *Seegrün,* las er auf dem Schild, das über dem Eingang hing.

Seegrün war der Name des Hotels ihres verstorbenen Vaters. Sie waren angekommen.

„Das?", entwich es Noah.

„Das ist größer, als ich angenommen habe", kam es plötzlich interessiert von der Rücksitzbank.

„Das schaut aber nicht gut aus", gab Noah seinen Kommentar ab.

„Ausbaufähig", widersprach Sandro.

„Du scherzt …"

„Nein."

Julian hatte genug gehört. Noah war nicht begeistert, aber Sandro schien mit einem Mal ziemlich angetan.

Und er?

Er wusste noch gar nicht, was er denken sollte. Zu ungewohnt war die Vorstellung, plötzlich Hotelier zu sein.

Er warf einen Blick auf sein Handy. Kurz vor vierzehn Uhr. Sie waren pünktlich. Gleich müsste diese Liza auftauchen, mit der er WhatsApp-Nachrichten geschrieben hatte. Die Frau sollte ihnen die Schlüssel überreichen und das Gebäude zeigen. Eigentlich war der beauftragte Anwalt zwar dafür gewesen, die Schlüssel schon vor Wochen einzufordern, aber er hatte sich nicht dazu überreden lassen. Ihr Vater hatte zusammen mit seiner neuen Lebensgefährtin das Hotel geführt. Sein Tod war anscheinend vollkommen überraschend eingetreten. Sonst wären kaum er und seine Brüder, sondern die Freundin, deren Tochter Liza war, in den Genuss des Erbes gekommen. In den WhatsApp-Nachrichten hatte sie sich ihm gegenüber freundlich gezeigt, und das, obwohl sie und ihre Mutter leer ausgegangen waren. Tat es ihm um die beiden leid? Eigentlich kaum, denn er kannte sie nicht, und schließlich war es sein Vater gewesen, der verstorben war. Dass der den Kontakt zur Familie abgebrochen hatte, war weder seine Schuld noch die der Mutter oder seiner Brüder. Da kein Testament existierte, war die natürliche Erbfolge eingetreten. Außer dem Zusatz, dass die Erben das Hotel führen sollten, gab es keine weiteren Bestimmungen, und ob diese handschriftliche Forderung überhaupt rechtlich gültig war, musste noch geprüft werden.

Julian hatte nicht vor, sich mit der Lebensgefährtin seines Vaters total zu verstreiten, deswegen hatte er – gegen den anwaltlichen Rat – mit ihrer Tochter Kontakt aufgenommen. Vielleicht war es irgendwie möglich, auf einer freundschaftlichen Ebene miteinander zu verkehren, was ihm am liebsten wäre.

Julian stieg aus und blickte sich suchend um, doch außer einem rothaarigen Mädchen auf einem Fahrrad wirkte die Gegend wie ausgestorben.

Liza glaubte, ihren Augen nicht zu trauen, als sie ein grünes Zwergenauto und daneben drei stattliche Männer entdeckte. Das waren sie also: Brunos Söhne, die den Vater nie besucht, aber nun sein Lebenswerk geerbt hatten. Ihr konnte es egal sein, denn Bruno war ihr nicht wirklich ein Vater gewesen, doch ihre Mutter litt sehr unter seinem plötzlichen Tod, der mittlerweile bereits ein halbes Jahr zurücklag, und natürlich auch unter dem Verlust des Hotels. Es hatte Zeit gekostet, bis das Gericht alle Unterlagen, die die Besitzverhältnisse und Erbschaftsformalitäten betrafen, sorgfältig geprüft hatte und sie letztendlich akzeptieren mussten, dass wirklich kein Testament zu ihren Gunsten existierte. Ihre Mutter war zusammengebrochen, hatte sie doch alles verloren: ihren Mann, ihr Zuhause, ihre Arbeit, ihr Lebensziel. Liza dagegen hatte gekämpft, sich arbeitssuchend gemeldet und war mit ihrer Mutter vorübergehend in eine kleine Zwei-Zimmer-Wohnung gezogen.

Fast musste sie grinsen, als ihr Blick auf das einst prachtvolle Hotel fiel. Heruntergekommen sah es aus, dabei stand es erst seit Herbst leer; die letzten Angestellten hatten im Oktober ihre Jobs verloren. Die ersten Spuren des nahenden Verfalls waren bereits deutlich sichtbar, denn auf Anraten ihres Anwaltes hatte sich niemand mehr um das Gebäude und den Garten gekümmert.

Das Hotel war schon früher kein optisches Highlight gewesen, obwohl ihre Mutter das anders sah. Rosaroter eben. Auch Brunos Idee, die unteren Etagen in ein Casino zu verwandeln, um damit das große Geld zu verdienen, hatte in der idyllischen Gegend nicht gefruchtet. So hatten sich die Gästezahlen in Grenzen gehalten, denn Spielhallen gab es in der Stadt genug, und nur wenige

Gäste hatten die zusätzliche Übernachtungsmöglichkeit genutzt.

Ob die drei Männer überhaupt wussten, was sie geerbt hatten?

Gut sahen sie aus, das musste Liza sich eingestehen, als sie ihnen immer näher kam. Allzu freundlich wollte sie dennoch nicht sein. Schließlich waren die Brüder die Nutznießer von Brunos Tod, und ihre Mutter und sie wären beinahe auf der Straße gelandet. Aber das sollte nun keine Rolle spielen, denn sie war nur da, um den Schlüsselbund zu überreichen. Wenigstens hatte dieser Julian darauf verzichtet, ihn vom Anwalt übermittelt zu bekommen. Überhaupt war er sehr höflich gewesen – oder zumindest die Art, wie er seine WhatsApp-Nachrichten geschrieben hatte. Er hätte auch jeden einzelnen Handgriff anwaltlich regeln können, was ihnen noch mehr Geld gekostet hätte, da ihr Rechtsbeistand sich seine Dienste teuer bezahlen ließ. Nur aus diesem Grund hatte sie sich überhaupt dazu bereit erklärt, die Brüder zu treffen, ansonsten hätte sie mit dem *Seegrün* längst abgeschlossen.

Genau vor den Brüdern kam sie zum Stehen, schwang sich von ihrem Mountainbike und strich sich das rote, störrische Haar aus dem Gesicht.

„Bist du Liza?“, sprach sie der hübscheste der Männer an. Hellbraune Locken fielen ihm fast bis auf die Schultern und ein verschmitztes Lächeln spielte um seine Lippen. Er wirkte sympathisch, die anderen zwei dagegen schauten aus, als wären sie direkt aus dem Kühlschrank gekrochen. Arrogant, wie sie sich typische Stadtmenschen vorstellte.

Sie nickte. „Julian?"

Es war lediglich eine Vermutung, aber sie war sich fast sicher, dass es sich nur um ihn handeln konnte.

Wieder lächelte er.

Der große Schwarzhaarige mit dem gegelten Haar betrachtete sie dagegen abschätzend von oben bis unten, während der Braunhaarige, der seine Haare zu einem modernen Dutt geschlungen hatte, sie keines Blickes würdigte, sondern mit seinem Smartphone beschäftigt war.

„Dein Auto?", rutschte es ihr heraus, obwohl sie kein privates Wort hatte wechseln wollen.

„Gefällt er dir?"

„Cool sieht er aus, der Mini", gab sie zu.

„Wir können später gern ein paar Meter fahren, wenn du möchtest."

„Mal schauen", wich sie aus. Eigentlich hatte sie nicht vorgehabt, sich länger als nötig hier aufzuhalten.

„Willst du uns das Hotel zeigen?"

„Ich?"

„Natürlich du. Wer sonst? Du kennst dich sicherlich aus, oder?"

„Ich habe hier gewohnt", antwortete sie steif. „Und gearbeitet. Ebenso wie meine Mutter."

„Und jetzt?" Verwunderung spiegelte sich in seinem Blick wider.

Wusste er etwa von nichts? Das konnte nicht sein. Oder hatten die drei ihr Erbe angenommen, ohne sich darüber informiert zu haben?

„Jetzt sind wir alle arbeitslos."

„Wer, alle?"

„Na, die Leute, die hier angestellt waren."

„Das Hotel war zu dem Zeitpunkt, als ...", er stockte, „mein Vater gestorben ist, noch von Gästen besucht?"

„Hotel? Das ist es früher einmal gewesen."

„Wie?", mischte sich nun auch der geschniegelte Schwarzhaarige, der ein südländisches Aussehen hatte und überhaupt nicht zu seinen Brüdern passen wollte, ein.

„Das *Seegrün* war zuletzt ein Casino. Manchmal ist die Location auch für Feiern gebucht worden. Natürlich gab es Zimmer, aber der Schwerpunkt lag schon lange nicht mehr auf Übernachtungen."

„Oh nein", stöhnte der Schönling.

„Was heißt hier *Oh nein*? Da hätten Sie sich eben schlaumachen müssen", fuhr sie ihm über den Mund.

„Sei leise, Sandro!", beschwichtigte Julian. „Sie ist unschuldig daran, dass wir nichts über das Hotel wissen."

Liza warf ihm einen dankbaren Blick zu.

„Meine Brüder sind manchmal ein bisschen gewöhnungsbedürftig."

Sandro sah aus, als könnte er seinen Bruder eigenhändig erwürgen.

„Würdest du uns trotzdem herumführen?"

Sie zögerte.

„Hab' ich was verpasst?" Der Mann mit dem Dutt steckte sein Handy in die Hosentasche. „Ich bin übrigens Noah", stellte er sich vor. „Und den liebenswürdigen Herren mit dem schwarzen Haar musst du auch nicht siezen, er heißt Sandro und ist unser Halbbruder beziehungsweise der Adoptivsohn unseres verstorbenen Vaters."

Liza war überrascht, dass ihm, trotz seines Telefonats, ihr Gespräch nicht entgangen war.

Aber: Halbbruder? Adoptivsohn?

Sie blickte nun überhaupt nicht mehr durch. Es war das erste Mal, dass sie von einem Adoptivverhältnis hörte. Der Schönling war folglich gar nicht Brunos leibliches Kind. Ob ihr Anwalt ihnen wirklich alle relevanten Daten mitgeteilt hatte?

Natürlich hatte er das. Zumindest ihre Mutter musste er diesbezüglich informiert haben. Warum die nichts davon erzählt hatte, war ihr allerdings ein Rätsel.

Julian erkannte, dass sie vollkommen ahnungslos in ihre Erbschaft gestolpert waren. Ein Casino – er war sprachlos.

Nun konnten seine zwei großen Brüder aber schauen, wie sie den zukünftigen Hotelbetrieb hinbekommen wollten … Immerhin war Sandro gelernter Reisekaufmann und Noah hatte Betriebswirtschaft studiert, womit sie in seinen Augen wesentlich mehr Ahnung von einem Hotel- oder Casinobetrieb hatten als er, denn er war der

Drückeberger der Familie, hatte das Textildesign-Studium abgebrochen, schlug sich mit Gelegenheitsjobs durch und restaurierte zusätzlich Oldtimer. Noch nie in seinem Leben hatte er ein Casino betreten, und in einem Hotel hatte er auch noch nie ein Zimmer gebucht. Früher hatte das Geld nicht für einen Urlaub gereicht und mittlerweile war er einige Male als Rucksacktourist mit Zelt unterwegs gewesen.

Die Gesichter seiner Brüder schauten alles andere als begeistert aus, als sie hörten, dass das *Seegrün* schon seit Längerem nicht mehr als Hotel genutzt worden war, aber ihn störte das nicht. Er sah stets alles positiv und außerdem gab es jetzt auch noch Liza. Eine Liza, die ihn sehr überrascht hatte. Als er mit ihr WhatsApp-Nachrichten geschrieben hatte, hatte er nicht damit gerechnet, auf eine kleine Schönheit zu treffen. Er fragte sich ernsthaft, warum seine Brüder diese Tatsache nicht zu bemerken schienen, denn normalerweise drehten sie sich nach jeder gut aussehenden Frau um. Allerdings stand Noah eher auf den *In-Typ*, wohingegen Sandro stets mit der *Dame von Welt* liebäugelte, auch wenn ihm dies bisher meist Kummer und Ärger eingebracht hatte. Liza wirkte so frisch, so unverdorben – eine natürlich schöne Frau eben. Das leuchtend rote Haar, das ihr in einer wilden Mähne bis weit über den Rücken fiel, die helle Haut, die spitzbübisch wirkenden Sommersprossen auf ihrer Nase und die strahlend grünen Augen, die so offen in die Welt schauten, verzauberten ihn. Liza sah stark und verletzlich zugleich aus.

Wie musste sie sich gefühlt haben, als sie von heute auf morgen ihr Zuhause und ihren Job verloren hatte?

Bisher hatte er sich darüber keine Gedanken gemacht. Keiner von ihnen.

„Deiner", sagte sie in dem Moment und hielt ihm den Schlüsselbund entgegen.

„Willst du nicht aufschließen?"

Sie schüttelte den Kopf. „Die Zeiten gehören der Vergangenheit an."

Wieder empfand er einen Anflug schlechten Gewissens, obwohl er an der ganzen Misere nicht schuld war. Mutter hatte stets gesagt, sein Vater sei es nicht wert, ihm auch nur eine Träne nachzuweinen. Um nichts und niemand, außer sich selbst, habe er sich je gekümmert. Anscheinend hatte sie mit dieser Meinung recht gehabt.

Julian öffnete seine Hand und berührte leicht Lizas, als er den Bund ergreifen wollte. Ihre Haut war weich. Nicht wie bei einer Frau, die es gewohnt war, in der Küche zu arbeiten.

In der Küche? Wie kam er nur auf so eine Idee?

Sie hatte von einem Casino gesprochen. Egal. Fasziniert blickte er sie an. Eine leichte Gänsehaut bildete sich auf ihren Armen. Am liebsten hätte er darübergestrichen, doch natürlich verbot er es sich, sie erneut zu berühren. Schon allein der Kontakt ihrer Hände hatte eine Idee zu lange gedauert. Aus großen Augen schaute sie ihn verwundert an, dann schlug sie scheu die Lider nieder. Wie unschuldig sie doch wirkte …

Er mochte das, hatte es schon immer gemocht. Ein forsches Wesen sprach ihn nicht an, Arroganz noch viel weniger, aber diese Weichheit, die sich in ihrem Gesicht widerspiegelte, strahlte einen verletzlichen Charakter aus, was ihn irgendwie berührte. Vielleicht kam auch noch die Ahnung hinzu, was sie die letzten Monate durchgemacht haben musste. Er wusste es nicht.

Wenn sie sich unter anderen Umständen kennengelernt hätten …

Hatten sie aber nicht, brachte er seine durcheinandergeratenen Gefühle wieder unter Kontrolle.

„Dann wollen wir mal“, sagte er leichthin, nahm den Bund an sich, schritt auf das Gebäude zu und öffnete mit dem größten Schlüssel die Eingangstür.

Ein schaler Geruch schlug ihnen entgegen.

„Was ist das?“ Noah fuchtelte mit der Hand vor seinem Gesicht herum.

„Wir haben alles so hinterlassen, wie es zu dem Zeitpunkt war, als wir das Haus räumen mussten.“ Liza starrte angestrengt auf den weiß gefliesten Boden im Eingangsbereich.

„Wie meinst du das?“ Julian schwante Schlimmes, und doch musste er aufgrund ihrer Reaktion schmunzeln, denn auch sie schien sich mit einem Mal nicht mehr sonderlich wohl in ihrer Haut zu fühlen.

„So, wie ich es gesagt habe“, würgte sie hervor. „Ich lass euch jetzt allein. Im Erdgeschoss findet ihr die ehemaligen Speisesäle, die Küche sowie ein paar Räume, die als Büro genutzt werden können. Im Keller gibt es ein Schwimmbad, das allerdings schon lange nicht mehr befüllt worden ist, ebenso eine Sauna und mehrere Umkleidekabinen. In den oberen Etagen haben sich einst Schlafzimmer befunden. Eine Dachterrasse existiert ebenfalls und hinter dem Gebäude erstreckt sich ein weiterer stillgelegter Pool“, ratterte sie die räumlichen Gegebenheiten des Hotels herunter.

„Was ist mit den Automaten?“, erkundigte sich Sandro.

„Automaten?“ Sie tat, als wenn sie das Wort noch nie gehört hätte.

„Ich dachte, dieses Gebäude hat als Spielcasino gedient.“

„Ach so“, sagte sie leichthin. „Die sind längst von der Firma abgeholt worden.“

Sandros Augenbrauen schnellten nach oben. Auch er schien zu spüren, dass Liza sich in ihrer Gegenwart immer unwohler fühlte. Unter seinem prüfenden Blick zappelte sie nur so von einem Bein aufs andere. Sie verheimlichte ihnen etwas. Julian konnte es förmlich riechen. Aus genau diesem Grund würde er sie nun definitiv nicht gehen lassen. Und wenn er sie eigenhändig daran hindern musste.

„Ich würde sagen, wir teilen uns auf“, schlug Noah vor.

„Ich nehme mir den Keller vor", willigte Sandro sofort ein.

„Ich geh in die oberen Etagen", nickte Noah.

Er und seine Brüder verstanden sich auch ohne große Worte.

„Und du, Liza? Du willst mir sicher die Küche zeigen, nicht wahr?" Zuckersüß lächelte er Liza an, die noch eine Nuance blasser wurde, als sie es eh schon war.

„Ich möchte euch nicht stören."

„Du störst nicht. Ich wäre sehr froh, wenn du mich führen würdest."

Noah zwinkerte ihm heimlich zu. Natürlich war ihm Lizas Ausweichaktion ebenfalls nicht entgangen. Auch Sandro warf ihm einen vielsagenden, aber zugleich warnenden Blick zu, ging jedoch mit seinem Bruder seiner Wege.

Julian machte eine übertriebene Verbeugung und fasste Liza sacht am Arm. „Nach dir!"

„Ich glaube, ich muss wirklich ..."

„Willst du mir etwas sagen?", fragte er direkt und verlieh seiner Stimme einen ernsten Klang.

„Warum?", stotterte sie. „Ich möchte einfach gerne gehen, das ist alles."

„Vielleicht können wir uns ja irgendwie einigen." Er würde ihr mehrere Möglichkeiten bieten, ihr zeigen, dass man mit ihnen reden konnte und sie nicht aus Stein waren.

„Wie meinst du das?"

„Na ja, auch wir werden Personal benötigen." Es war ein Angebot, das ihm eben in den Sinn gekommen war. Keine Ahnung, ob es überhaupt umsetzbar wäre oder was seine Brüder dazu sagen würden.

„Ich werde nicht zu eurer Putzfrau, falls du das im Auge hast", fauchte sie ihn an.

Oh … Sie hatte sein Angebot nicht als gut gemeint aufgefasst.

Beschwichtigend hob er die Hände. So wirklich einfach war es anscheinend nicht, mit Liza klarzukommen. Jedes Wort musste er sich zweimal überlegen, damit er sie nicht verletzte. Schon wieder war er in ein Fettnäpfchen getreten, von dessen Gegenwart er nichts geahnt hatte.

„So habe ich das nicht gemeint." Er legte etwas Schärfe in seine Stimme, damit sie nicht auf die Idee kam, er würde zu allem stets ergeben lächeln. Sofort erkannte er an dem kurzen Flackern ihrer Lider, dass sie die Veränderung bemerkt hatte. Er ahnte, dass er nur weiterkommen würde, wenn er bestimmter auftrat, da sie genau auf diesen Tonfall ansprach. „Also: Hast du mir etwas zu sagen?", fragte er erneut.

Liza wich seinem Blick aus.

„Ich werde dich nicht gehen lassen, bevor du nicht mit der Wahrheit herausrückst", drohte er.

„Was soll das werden? Freiheitsberaubung?" Doch ihre Stimme klang schon längst nicht mehr so angriffslustig wie eben.

„Nachdem du mir die Küche gezeigt hast, kannst du tun, was immer du tun möchtest."

Schließlich konnte er sie kaum gegen ihren Willen festhalten. Sie sollte bleiben, weil sie es wollte. Egal, welches Durcheinander die Angestellten inklusive ihrer Person hier hinterlassen hatten.

Lizas Gesicht sprach Bände. Julian ahnte, dass ihn in der Küche das vollkommene Chaos erwarteten würde und die unangenehmen Gerüche dort ihren Ursprung hatten. Ein scheinbar fluchtartiges Verlassen des Hotels war eine nachvollziehbare Reaktion derer gewesen, die von heute auf morgen ihre Arbeit verloren hatten. Das leuchtete ihm ein und dennoch konnte er Liza so ein Verhalten nicht durchgehen lassen. Schließlich sah es bei ihr nach einem kleinen persönlichen Rachefeldzug aus. Ganz nach dem Motto „Ich überlasse euch das Haus in dem schlechtesten Zustand, der möglich ist". Egal, jetzt war er erst einmal auf ihren Gesichtsausdruck gespannt, wenn sie auf das vermeintliche Chaos stießen. Eigentlich hatte er erwartet, dass sie sich sträuben würde, ihm den Weg zu zeigen, aber sie führte ihn wahrhaftig durch das Gebäude.

„Wie war mein Vater?", fragte er einem kurzen Impuls folgend.

Überraschung spiegelte sich in ihrem Gesicht wider. Mit dieser Frage hatte sie nicht gerechnet. „Egoistisch", lautete die trockene Antwort.

„War er dir ein Vater?", hakte er weiter nach.

Liza lachte ihm ins Gesicht. „Bruno? Ich bin fünfundzwanzig. Als meine Mutter ihn kennengelernt hat, habe ich keinen zweiten Vater gebraucht, da hat meiner noch gelebt und ich habe jedes Wochenende bei ihm verbracht. Ich habe mich mit Brunos Anwesenheit arrangiert, das war alles."

Ihr leiblicher Vater lebte also auch nicht mehr. Ganz einfach schien ihr Leben nicht verlaufen zu sein. Er und seine Brüder hatten eigentlich Glück gehabt, dass sich ihre Mutter keinen neuen Partner gesucht hatte. Mit einem Ersatzvater hätte er bestimmt so seine Probleme gehabt. Und nicht nur er.

Mittlerweile waren sie vor der Küche angekommen. Mit einem Ruck öffnete er die Tür, worauf es ihm förmlich die Sprache verschlug, aber auch Liza schwieg. Alles Blut war ihr aus dem Gesicht gewichen, und sie beeilte sich, zu den Fenstern zu gelangen und sie aufzureißen. Weit beugte sie sich hinaus und atmete die angenehm frische Frühlingsluft ein. Julian trat hinter sie. Kurz versteifte sie sich, als sie sich seiner Nähe bewusst wurde, doch weder versuchte sie, ihm auszuweichen, noch sagte sie einen Ton. Nein, sie lehnte sich sogar ein wenig weiter aus dem Fenster, sodass ihr Hintern leicht seine Schenkel berührte.

Ein Zufall?

„Es ist so, wie ich es denke, oder?", fragte er leise. „Die vergammelten Lebensmittel sind eure persönliche kleine Racheaktion gewesen."

Liza nickte nur. „Es tut mir leid, aber …"

„Das war nicht sehr nett."

„Das, was ihr getan habt, war es auch nicht.“ Mit einem Ruck versuchte sie, sich herumzudrehen, doch da stand er und sah zuerst gar nicht ein, einen Schritt nach hinten zu machen. Er ließ ihr gerade so viel Spielraum, dass sie sich zu ihm umdrehen konnte. Ganz nah stand sie nun vor ihm. So nah, dass ihre Nasenspitze beinahe sein Kinn berührte.

„Was haben wir denn getan?“

Ihre grünen Augen funkelten angriffslustig, und doch lag eine Idee Unsicherheit in ihnen. Unsicherheit und noch etwas anderes. Genoss sie es vielleicht, so dicht vor ihm zu stehen? „Euch hat es doch gar nicht interessiert, was aus uns wird.“

„Nein“, bestätigte er. „Wir haben euch weder gekannt, noch haben wir etwas von eurer Existenz bewusst.“

„Nein?“, blaffte sie. „Euer Anwalt hat nicht erzählt, dass Bruno in einer festen Beziehung war? Wenn du das behauptest, bist du ein Lügner. Ihr habt euch einfach genommen, was euch nie gehört hat.“

Stopp! Natürlich hatte er von der Lebensgefährtin seines Vaters erfahren. Ebenso von Lizas Existenz, sonst hätte er sie gar nicht kontaktieren können. Das wusste er, das wusste sie. Aber er und seine Brüder hatten sich nichts genommen, was ihnen nicht gehört hatte. Da lag sie falsch, vollkommen falsch.

„Natürlich wusste unsere Mutter, dass unser Vater sie wegen einer anderen Frau verlassen hat.

Ziemlich zeitgleich, als er sich die Schnapsidee, ein Hotel zu führen, in den Kopf gesetzt hatte. Doch wir hatten keine Ahnung, dass er noch mit dieser Frau zusammen war."

„Seltsam, dass wir uns damals nie begegnet sind", murmelte sie und lenkte damit ein. „Immerhin hatte doch Bruno anfänglich noch kurzzeitig Kontakt zu euch."

„Hm", machte er nur. Sein Vater hatte anscheinend sehr darauf geachtet, dass sich alte und neue Familie nicht über den Weg gelaufen waren, denn er konnte sich überhaupt nicht an das Hotel erinnern, und seine Brüder ebenso wenig. Doch nun genug mit dem Thema. Um es zu wechseln, ließ er seinen Blick über die heruntergewirtschaftete Küche schweifen. „Wir werden definitiv hilfreiche Hände benötigen."

„Ich habe dir bereits gesagt, dass ich nicht eure Putzfrau sein werde", fauchte sie erneut.

„Ich kann leider nicht mehr tun, als dir als Ausgleich für den Verlust deiner Arbeitsstelle eine neue anzubieten." Er wusste, dass sie dies nicht hören wollte, aber es war nun einmal die Wahrheit. Gern hätte er ihr etwas Netteres gesagt, doch er konnte ihr kaum seinen Erbteil schenken.

Sachlich bleiben, ermahnte er sich.

„Und bei der Beseitigung dieses Chaos wirst du uns ebenso helfen müssen. Freiwillig, versteht sich."

Wütend stieß Liza mit den Händen gegen seine Brust, wovon er sich jedoch nicht beeindrucken ließ. Schließlich musste sie nicht vor ihm stehen bleiben, sondern konnte jederzeit einen Schritt zur Seite treten. Wenn sie das allerdings nicht wollte, war das nicht sein Problem.

„Und wenn ich nicht möchte?"

„Dann werde ich mir Gedanken machen müssen, was dich dazu bewegen könnte, uns helfen zu wollen."

„Willst du zum Anwalt rennen?"

„Ich bin nicht berechtigt, so eine Entscheidung allein zu treffen", stellte er vollkommen ruhig richtig.

„Deine hochmütigen Brüder?"

Er mochte es nicht, wenn man schlecht über seine Familie sprach. „Wie kommst du zu der Annahme, dass sie hochmütig sind?"

„Schau sie dir doch nur mal an!"

„Ich weiß nicht, was du mir damit sagen willst."

Liza holte tief Luft. „Du könntest mich wenigstens um Verzeihung bitten."

Um Verzeihung bitten?

Beinahe hätte er lachen müssen, doch gleichzeitig kribbelte es ihm gewaltig in den Fingern, ihr gehörig die Meinung zu sagen oder sie anderweitig davon zu überzeugen, dass sie solche Aussagen in Zukunft besser unterlassen sollte. Im Moment reizte sie ihn außerordentlich. Gerade wegen ihres aufmüpfigen Wesens.

Nein!, stoppte er seine Gedanken.

Tief in ihrem Inneren war Liza verletzt. Verletzt und vor den Kopf gestoßen. Schließlich hatte sie von heute auf morgen ihr Zuhause und ihren Job verloren. Außerdem sollte er nicht eine begehrenswerte Frau in ihr sehen, immerhin hatte sie mit seinem Vater zusammengelebt, und ihn besser gekannt, als er sich überhaupt an ihn erinnern konnte. Sie hätte seine Schwester sein können.

Aber verdammt, sie war es nicht!

Und das änderte die Sachlage gravierend. Egal, wie lange sie mit seinem Vater unter einem Dach gewohnt hatte.

„Ganz bestimmt", lachte er. Sie um Verzeihung bitten? Wie kam sie nur auf so eine absurde Idee?

„Es ist mein Ernst."

Ihre Nase befand sich immer noch an seinem Kinn. Zu gern hätte er nach ihrem gefasst, es angehoben und den Daumen über diese trotzig zitternden Lippen streichen lassen. Seine Gedanken wanderten weiter. Wenn er ihren Hintern ein wenig anheben würde, würde sie auf die Fensterbank gleiten und sich damit in der perfekten Position befinden, um sie zu …

Wieder stopp! Seine Fantasie ging mit ihm durch.

„Was würde ich als Gegenleistung für eine …", er stockte, „Entschuldigung bekommen?" Gespannt wartete er darauf, was sie anzubieten hatte.

„Dann würde ich darüber nachdenken, euch bei den Aufräumarbeiten behilflich zu sein." Kurz schielte sie nach oben und traf seinen Blick, um ihren gleich wieder zu senken.

Julian überlegte. Sie musste sich in einem großen finanziellen Engpass befinden, wenn sie so ein Angebot machte. Wahrscheinlich hätte sie sich ansonsten eher die Zunge abgebissen, als es auszusprechen.

Vielleicht war sie gar nicht offiziell bei seinem Vater angestellt gewesen …

Er wusste es nicht und auf reine Spekulationen konnte er sich nicht verlassen.

„Das reicht mir nicht", sagte er einem Impuls folgend.

„Was willst du noch?" Ihre Augen funkelten, als wollte sie ihn jeden Moment erdolchen.

„Dich", erwiderte er, und erst dann begriff er, dass er seine Gedanken laut ausgesprochen hatte.

Liza erstarrte.

Dich, hatte er gesagt.

Das war frech, dennoch fuhr ihr das Wort wie ein Streicheln über die Haut und drang in ihre Seele, die so etwas noch nie zu hören bekommen hatte. Auch wenn sich dieses *Dich* nicht auf sie als Mensch bezog, war es ein wunderschönes Kompliment an die Frau in ihr. Sie starrte Julian an, versank in dem warmen Braun seiner Augen, sah in ein Gesicht, auf dem immer noch ein Lächeln lag, obwohl er ernst schaute. Ernst und irgendwie verwundert. Verwundert über sich selbst, dass er so eine Bemerkung ausgesprochen hatte.

„Mich?", hauchte sie.

Plötzlich lag seine Hand an ihrer Wange. Unbewusst schmiegte sie sich hinein und genoss die Wärme, die sie ausstrahlte.

„Ja, dich", sagte er leise.

Sein Daumen fuhr ihren Wangenknochen nach, folgte der Linie ihres Kiefers und fand so den Weg zu ihren Lippen. Sacht strich er darüber, um zärtlich in ihre Unterlippe zu kneifen, bevor er ihn ihr in den Mund schob. Spielerisch ließ sie ihre Zunge um seinen Daumen kreisen. Sicherlich würde Julian sie gleich küssen.

Doch nichts dergleichen geschah. Julian lehnte sich lediglich an sie, sodass ihre Brüste gegen seine muskulöse Brust gedrückt wurden. Sofort zogen sich ihre Knospen erwartungsvoll zusammen, dann richteten sie sich steif auf. Liza wusste, dass auch er es bemerkt haben musste. Wie ein Hauch fuhr seine Hand ihren Rücken hinunter, umfasste ohne Umschweife ihre Pobacken, drückte sie so noch enger an sich und sie fühlte die harte Ausbuchtung seines Schwanzes an ihrem Unterleib. Ihr Kopf fiel in den Nacken. Da glitt auch seine andere Hand über ihren Rücken hinab zu ihrem Po und presste sie noch fester an ihn.

Julian senkte den Kopf. Seine Locken kitzelten sie an ihrer Wange, während seine Lippen die empfindliche Haut an ihrem Hals erkundeten. Ein Stöhnen entrang sich ihrer Kehle. Auch sie konnte ihre Hände mittlerweile nicht mehr stillhalten, strich Julians haarlosen Oberarme hinauf, fühlte die harten Rundungen der Muskeln, die im Kontrast zur Weichheit seiner Haut standen. Sein Hals dagegen war schlank, was ihr ebenso gut gefiel, denn Stiernacken waren nicht ihr Ding. Ihre Finger fuhren in seine Haare und drückten Julians Kopf tiefer zu ihrem Hals hinab. Gleichzeitig wurde sein Griff um ihre Pobacken fester, und es kam ihr so vor, als wäre die Beule in seiner Jeans gewachsen. Eng drängte sich Julian an sie, ging leicht in die Knie, um die Erektion an ihrer pochenden Mitte zu reiben. Nur zu willig öffnete sie die Schenkel. Das Fensterbrett hinter ihr, seine Hände an ihrem Hintern, der Druck an ihrer Scham – was blieb ihr da schon für eine andere Möglichkeit, erregt wie sie war? Ihre Beine schlangen sich wie von selbst um seine Hüften, um noch näher bei ihm sein zu können.

„Und jetzt?“, hauchte er in ihr Ohr.

Und jetzt?

Das Blut rauschte durch ihre Adern.

Und jetzt?

Jetzt würde sie in der Küche ihres ehemaligen Zuhauses gefickt werden.

Was?

Nein!

Stimmen drangen leise an ihr Ohr.

Julians Brüder.

War sie wahnsinnig?

Sie benahm sich wie eine Hure, warf sich dem nächstbesten Mann an den Hals, den sie eben erst kennengelernt hatte.

Liza versteifte sich. Versteifte sich, obwohl ihre Pussy glühte, ihr Innerstes nach Erfüllung schrie und sie sich danach verzehrte, von ihm gevögelt zu werden.

Nein!, rief sie sich zur Vernunft, während ihre Füße sich beeilten, wieder Bodenkontakt herzustellen, sich ihre Hände aus Julians Haar lösten, zurück zu seinen Schultern glitten und ihn ein paar Zentimeter von sich schoben.

„Alles okay." Doch auch Julian versteifte sich unwillkürlich. Seine Hände fuhren von ihrem Po kurz zwischen ihre Schenkel, bevor sie sich sacht auf ihre Hüften legten.

„Was ist denn das für ein übler Geruch?", schallte ihnen eine Stimme entgegen.

Julian ließ sie los und trat ein paar Schritte zur Seite.

Ihr war augenblicklich kalt.

Ihr Höschen war nass.

Wie unangenehm …

„Die Angestellten haben wohl ziemlich fluchtartig das Hotel verlassen", rief Julian. „Wie schaut's oben aus?"

Noah betrat mit verzogenem Gesicht die Küche und stellte sich sofort ans geöffnete Fenster. „Na ja, viele Zimmer sind nicht möbliert, und die, die es sind, schauen nicht so aus, als würde jemand gern darin übernachten."

„Warum?"

„Alt, unmodern, nicht sonderlich ansprechend eben."

„Na toll!“, stöhnte Julian.

„Das dachte ich auch.“ Noahs Gesichtsausdruck spiegelte nicht unbedingt Begeisterung wider. „Was hast du gesagt? Die Angestellten haben fluchtartig das Hotel verlassen? Und konnten auf ihrer Flucht die Mülleimer nicht mehr leeren, oder was?“ Der Blick, der sie kurz streifte, war alles andere als freundlich. Er wandte sich vom Fenster ab, ging mit großen Schritten zu den Abfalleimern und öffnete sie. Schlagartig ließ er den Deckel wieder zufallen und wurde mit einem Mal ganz grün im Gesicht. Fast hätte sie lachen müssen, aber sie wusste, dass es nicht angebracht war und man ihr ein Lachen schwer verziehen hätte. Es reichten schon die verdorbenen Lebensmittel, die noch an den verschiedensten Orten lagerten. Aber nicht nur das …

„Was ist mit den Kühlräumen?“ Noahs Augen waren schmal, als er sie kalt ansah.

Die Kühlräume waren eine ganz schlechte Idee für eine Besichtigung.

Liza trat unbehaglich von einem Fuß auf den anderen.

„Du hattest schon gute Gründe, warum du uns das Hotel nicht zeigen wolltest, oder?“ Auch Julians Augen blickten ernst. Ernst, fast ein bisschen eisig.

„Eigentlich gehört ihr der Arsch versohlt“, knurrte Noah.

„Was für derbe Worte aus deinem Mund.“ Auch Sandro hatte den Weg zu ihnen in die Küche gefunden. „Ein Spanking übernehme ich natürlich gern, das steht außer Frage."

Spanking? Was sollte das sein?

„Dieser kleine, rothaarige Besen hier hat nicht einmal die Abfalleimer geleert, als sie das Hotel verlassen hat."

„Wie?" Sandro trat neugierig näher.

„Sieh nicht hinein! Wir entsorgen sie mitsamt dem Inhalt."

„Was ist nun mit den Kühlräumen?", kehrte Julian zu dem befürchteten Thema zurück.

„Die sind befüllt", würgte sie hervor.

„Mit verdorbenen Lebensmitteln?", zischte Noah, der sichtbar sauer wurde.

„Nein."

„Was heißt *Nein*?" Julian hob ihr Kinn und drehte es sanft in seine Richtung.

Sofort rieselte ihr ein heißer Schauer über den Rücken. Es schien ihm völlig egal zu sein, was seine Brüder von dieser kleinen, aber intimen Berührung denken könnten.

„Antworte!"

Das klang nun eindeutig nach einem Befehl. Er hatte ihr zwar nichts zu sagen, niemand hatte das, doch insgeheim konnte sie die Brüder auch irgendwie verstehen, denn bis jetzt hatte sie die Sache mit der Erbschaft nur aus ihrem Blickwinkel gesehen.

„Der Strom ist nicht abgeschaltet worden."

Mit einem Ruck drehte sie ihren Kopf beiseite und blickte angestrengt zu Boden. In der Küche herrschte nun eisige Stille.

„Willst du damit etwa behaupten, dass ihr den Strom auf unsere Kosten habt laufen lassen?" Julians Stimme klang gefährlich ruhig.

Sie zuckte mit den Schultern. Was sollte sie auch antworten? Wie sich rechtfertigen? Sie hatte Brunos Söhne verteufelt, ihnen alles Schlechte an den Hals gewünscht. So wie jeder, der hier beschäftigt gewesen war.

„Wir könnten sie verklagen." Noah war nun richtig sauer.

Verklagen? Der spann doch …

„Wären euch Berge von verdorbenen Lebensmitteln lieber gewesen?" Sie schnaufte leicht genervt auf. „Ihr hättet euch eben einmal hierher bequemen müssen." Liza wusste, dass sie jetzt Öl ins Feuer schüttete, aber das Risiko nahm sie gern auf sich. „Eine Person eures Vertrauens hättet ihr auch schicken können. Zum Beispiel euren Rechtsbeistand, der alles ordnungsgemäß hätte überprüfen können. Aber ihr wolltet ja nicht." So hatte es der Anwalt zumindest erzählt, als sie Bedenken wegen des Nichtabschaltens des Stromes geäußert hatte. Vielleicht hatte er vergessen, den Brüdern diesen Sachverhalt mitzuteilen? Sie wusste es nicht. Schließlich hatte sie sich nicht jede Kopie der anwaltlichen Schreiben durchgelesen. Außerdem war es müßig, sich nun darüber den Kopf zu zerbrechen. Sie hatte – auf anwaltlichen Rat -

den Stromanbieter verständigt und ihm den Zählerstand mitgeteilt, damit er ihre Abrechnung fertigstellen konnte. Wenn die Brüder sich nicht ihrerseits mit ihrem Anbieter in Verbindung gesetzt hatten, war das nicht ihre Schuld. Was sollte also der ganze Aufstand? Wahrscheinlich wollten sich die drei nur ein bisschen wichtigmachen. Das war alles.

„Sandro, wie lautete eben dein Angebot?", knurrte Noah.

„Immer gern."

Die wollten sie doch nur auf die Palme bringen …

„In diesem speziellen Fall würde ich es lieber übernehmen." Julians Stimme klirrte bedrohlich.

Doch kein Scherz? Liza schluckte.

Und dann erst noch die Aussage, er wolle *es* übernehmen. Es. Was war *es*? Wollte er sie spanken? Wenn sie jetzt noch wüsste, was das sein sollte, wäre sie schon einen großen Schritt weiter. Um etwas Angenehmes konnte es sich allerdings nicht handeln, da war sie sich sicher.

„Du?" Sandro zog überrascht die Augenbrauen in die Höhe. Dann grinste er wissend. „Ich habe es immer geahnt."

„Behaltet eure Fantasien für euch", fiel ihm Noah ins Wort. „Ich bin dafür, unseren Anwalt einzuschalten."

Anwalt? Bitte nicht. Jetzt wurde es echt ernst. Ihre Mutter konnte es sich beim besten Willen nicht leisten, den ihren weiter zu beauftragen.

„Wenigstens ist der Keller ausbaufähig“, ließ sich Sandro in dem Moment vernehmen.

„Wie?“, kam es zeitgleich aus Julians und Noahs Mund.

„Die Sauna funktioniert, das Schwimmbad müsste überprüft und neu befüllt werden. Es gibt eine wunderschöne Terrasse, die geschützt zwischen den Felsen liegt und ab Mittag Sonne pur bekommt. Die untere Etage ist auch kein reines Kellergeschoss, sondern passt sich in die leichte Hanglage ein. Der Baustil ist wirklich gut, das Gebäude perfekt den natürlichen Gegebenheiten angeglichen. Ach ja, an die Terrasse schließt sich noch eine echt ansehnliche Poollandschaft an.“

„Wie bitte?“ Noah schien seinem Bruder nicht glauben zu wollen. „Du neigst zu Scherzen, oder?“

„Habt ihr nicht aus den Fenstern geschaut?“ Sandro stöhnte vor Unverständnis laut auf.

„Was bedeutete das?“, erkundigte sich Julian.

„Das wir vielleicht einen guten Preis erzielen können?“, mutmaßte Noah.

„Nein“, widersprach Sandro. „Dass wir es so machen, wie ursprünglich geplant. Wir nehmen einen Kredit auf und bringen das Hotel auf Vordermann. Dann müssen wir uns auch nicht über diese handschriftliche Erbschaftsklausel den Kopf zerbrechen und können das Geld für den Anwalt sparen.“

Kein Anwalt, kein Verkauf. In Lizas Kopf begann es zu arbeiten. Die Brüder würden also hierbleiben. Hier, nahe dem Ort, in dem sie wohnte. Sie würden ganz schön Aufsehen erregen. Schon allein dadurch, dass sie Brunos Söhne waren. Aber auch die Frauen würden große Augen machen, denn attraktiv waren sie alle drei. Jeder auf seine eigene Art.

Noahs misstrauischer Blick streifte sie. „Wir sollten das besser nicht vor ihr besprechen. Sie bringt es fertig und rennt zu ihrem Anwalt, damit der sich noch eine kleine Überraschung für uns einfallen lässt."

„Liza?" Julian grinste. „Da täuschst du dich. Liza wird für uns arbeiten. Nicht wahr?"

Sie funkelte ihn wütend an.

„Natürlich wird sie das", stimmte auch Sandro zu, ebenfalls ein Grinsen auf den Lippen, das allerdings leicht gehässig wirkte. „Sicherlich möchte sie nicht, dass wir einen Prozess wegen der Sache mit dem Strom und der mutwilligen Wertminderung des Ambientes anstreben."

„Nein, sie ist ein liebes Mädchen und sehr kooperativ", lachte Julian sichtbar vergnügt.

Am liebsten hätte sie ihm einen Tritt in den Allerwertesten versetzt.

„Wiedergutmachung nennt man das", brummte nun auch Noah zustimmend. „Das sichert uns ihre Loyalität bis an ihr Lebensende."

Liza war sprachlos. Hatten die drei noch alle Tassen im Schrank? Sprachen über sie, als wäre sie Luft. Loyalität bis an ihr Lebensende …

„Was geht in deinem schlauen Köpfchen vor, Bruderherz?“, erkundigte sich Julian neugierig.

Sandro grinste von einem Ohr zum anderen. „Wir eröffnen ein Wellness-Hotel.“

Alle starrten ihn an.

„Schaut nicht so. Das ist die Lösung, die genialste Idee überhaupt. Seht euch die Landschaft an. Eine Idylle für stressgeplagte Städter. Ein bezahlbarer Kurzurlaub zur Entspannung. Sport und Natur inklusive.“

„Nicht dein Ernst“, nuschelte Noah, doch auch in seinem Kopf schien es zu arbeiten.

„Wie wollen wir unser Wellnesshotel denn nennen?“

„*Seegrün* passt doch zu dem See vorm Haus.“

„*Seegrün* klingt altmodisch“, widersprach Julian.

„Suite“, kam es über ihre Lippen. Spontan war ihr der Name in den Sinn gekommen. „Suite 6.“

„Wie kommst du darauf?“, erkundigte sich Sandro.

„Suite hört sich modern an“, erklärte sie.

„Und warum 6?“

„Die 6 steht für euch drei Brüder, Bruno, meine Mutter und mich.“

„*Suite 6*? Das klingt wirklich gut“, stimmte Noah zu und Julian nickte sichtlich zufrieden.

Kapitel 2

Liza starrte an die Decke in dem kleinen Wohnzimmer, in dem sie auf der Couch schlief. Das Mondlicht malte helle Kreise auf den unebenen Putz. Nicht einmal Jalousien existierten in dem alten Haus, in dem sie auf die Schnelle eine Wohnung gefunden hatten. Hier hatte sie viele Nächte hindurch gelitten, sich und Mum bemitleidet. Hier in dem kleinen Apartment, in dem sie sich nicht zu Hause fühlte. Noch vor ein paar Wochen hätte sie nie gedacht, irgendwann auf die drei Menschen zu stoßen, die ihr Leben von einem Tag auf den anderen zerstört hatten. Ebenso wenig wie sie je geglaubt hätte, für deren Situation so etwas wie Verständnis aufbringen zu können. Und jenseits jeglicher Vorstellungskraft hatte gelegen, dass sie einen dieser drei Brüder sehr gut aussehend und noch dazu sympathisch fand.

Nur sympathisch? Für *nur sympathisch* waren sie sich aber gewaltig nah gekommen.

Attraktiv waren alle drei Brüder, jedoch besaß lediglich Julian dieses gewisse Etwas, den ihm eigenen Charme, der sie tief in ihrem Herzen ansprach. Leider nicht nur in ihrem Herzen, wie sich herausgestellt hatte. Ihr Körper schien ihm förmlich entgegenzufliegen. Wenn sie bloß daran dachte, wie es sich angefühlt hatte, Julian zu berühren und von ihm berührt zu werden. Sie hatte völlig vergessen, wo sie sich befunden hatten. In der Küche. Wenn ihre Mutter davon wüsste …

Mums gleichmäßiger Atem klang vom Schlafzimmer herüber. Liza krampfte es das Herz zusammen, wenn sie sich daran erinnerte, wie schwer sie tagtäglich in dem Hotel geschuftet hatte. Ihr ganzes Leben hatte sie Bruno gewidmet. Nur Arbeit und nie ein Wort des Dankes. Liza nahm sich vor, mit Julian zu sprechen. Vielleicht benötigten sie noch eine zusätzliche Kraft. Vielleicht störte es die Brüder ja gar nicht, wenn die Lebensgefährtin ihres verstorbenen Vaters ebenfalls in dem Hotel arbeiten würde.

Doch würde Mum sich dazu herablassen? Würde sie über ihren Schatten springen können? Würde sie noch einmal versuchen, ins Leben zurückzukehren? Nie war sie Chefin gewesen, immer nur Brunos Anhängsel, das er nach Lust und Laune herumkommandiert hatte.

Nein, sie hatte den Freund ihrer Mutter nie gemocht.

Mit ihren Gefühlen schien sie nicht die Einzige zu sein. Selbst seine Söhne waren nicht zur Beerdigung erschienen. Einer der Gründe, warum die Angestellten alles hingeworfen hatten. Ein weiterer war, dass sie arbeitsmäßig in der Luft gehangen hatten. Hätte es eine Option auf Übernahme gegeben, hätten sich die meisten wohl anders verhalten. Aber nicht nur die Angestellten, auch die Leute im Dorf hatten lediglich ein verständnisloses Kopfschütteln für die drei Brüder übrig, die ein Erbe an sich gerissen hatten, das ihnen, aus ihrer Sicht, nicht zustand.

Doch war das wirklich so? Was wusste sie von Brunos Vergangenheit? Konnte es nicht sein, dass er auch seinen leiblichen Kindern kein guter Vater und seiner einstigen Ehefrau kein guter Mann gewesen war? Zutrauen würde Liza es ihm, denn eigentlich war die missliche Lage, in der Mum und sie sich befanden, auch nur durch sein Verschulden entstanden. Nicht durch das seiner Söhne.

Wenn sie doch nur Mum etwas von dieser Denkweise vermitteln könnte. Vielleicht würde sie dann die Zähne zusammenbeißen, anstatt den Kopf in den Sand zu stecken und sich aufzugeben. Bruno war nicht wirklich toll gewesen, doch das sah sie nicht ein. Stattdessen hob sie ihn seit seinem Tode in den Himmel, als hätte er sich wie der treu sorgende Übermann verhalten.

Heute hatte Mum sich nicht einmal dafür interessiert, wie die Schlüsselübergabe gelaufen war. Das schmerzte. Nicht einen Hauch von Neugierde hatte sie gezeigt, dabei hätte das Treffen auch weniger angenehm ausgehen können. In den letzten Jahren hatte sie ihre Mutter oft nicht verstanden. Besonders ihre übertriebene Selbstaufgabe, die sie für Bruno an den Tag gelegt hatte, hatte ihr Verhältnis belastet, aber jetzt verstand sie sie beinahe noch weniger.

Liza verkniff sich ein Seufzen. Wenn Bruno noch leben würde, wäre sie irgendwann geflohen. Weg von dem Kasino und ihrem Heimatort, weg von ihm und einer Mutter, die nur für ihren Mann lebte. Einen Mann, der sie nie geheiratet hatte.

Liza warf sich von einer Seite auf die andere. Zu aufgewühlt war sie, und auch der Gedanke an Julian wollte sie nicht schlafen lassen, obwohl sie ihn mit aller Gewalt aus ihrem Kopf vertreiben wollte. Schon morgen würde sie ihn wiedersehen. Und warum? Weil sie so schlau gewesen war, die Lebensmittel in den Schränken zu lassen.

Am nächsten Morgen war Liza trotz Schlafmangels gut gelaunt aufgewacht. Die Sonne schien und selbst ihre Mutter hatte sich zu ihr an den Frühstückstisch gesetzt. Wieder hatte sie so *zerstört* ausgesehen, irgendwie ungepflegt im Vergleich zu früher.

„Wo willst du hin?", hatte sich Mum erkundigt.

„Fahrradfahren", war sie ausgewichen.

„Fahrradfahren?"

„Hm", hatte sie genuschelt.

„Nicht, dass du auf die Idee kommst, dich beim *Seegrün* herumzutreiben."

Es wird nicht mehr lang *Seegrün* heißen, hatte es ihr auf der Zunge gelegen, aber natürlich hatte sie sich verkniffen, die Bemerkung auszusprechen.

Trotz der Gewissensbisse ihrer Mutter gegenüber freute sich Liza auf den Tag und radelte gut gelaunt dem Hotel entgegen, das nur einen Kilometer vom Dorf entfernt lag. Schon bog sie in die Einfahrt ab und sah das Hotel verlassen vor sich liegen.

Was hatte sie erwartet? Dass es über Nacht in neuem Glanz erstrahlen würde?

Nein, es war kein schönes Gebäude. Wie die Brüder es auf Vordermann bringen wollten, war ihr ein Rätsel. Hier reichten nicht ein paar tausend Euro, da mussten schon viele zehntausend fließen, um es optisch ansprechender zu gestalten.

Liza stellte ihr Fahrrad ab und schritt durch die unverschlossene Eingangstür. Sofort fiel ihr auf, dass der schale Geruch verschwunden war.

„Hallo?", rief sie vorsichtshalber. Schließlich war sie hier nicht mehr zu Hause.

Liza lauschte. Leise Musik drang an ihr Ohr.

Erdgeschoss, entschied sie und lief in Richtung Küche. Die Musik wurde lauter.

Julian balancierte auf der obersten Stufe einer kleinen Tretleiter und strich an der Deckenkante entlang.

„Du kommst gerade richtig. Auf dem Tisch liegen Malerkittel." Er ließ den Pinsel in den Farbeimer sinken und lächelte ihr freundlich entgegen. Der Gestank war selbst hier vollständig verschwunden, stattdessen roch es nun intensiv nach Farbe.

„Ich bin nur zum Aufräumen vorbeigekommen. Einen Arbeitsvertrag als Handwerkerin habe ich nicht unterzeichnet", erinnerte sie ihn.

„Um den Vertrag kümmert sich Noah heute Abend."

Die Brüder hielten wahrhaftig ihr Wort und wollten sie einstellen. Es war kein leeres Gerede gewesen. So richtig hatte sie damit nicht gerechnet.

„Was machst du hier?"

Julian zog die Augenbrauen in die Höhe. „Streichen."

„Das sehe ich."

„Warum fragst du dann?"

„Habt ihr euch überhaupt ein Konzept überlegt oder pinselst du einfach munter drauflos?"

Julian erinnerte sie an einen dieser Typen, die sich voll Elan in eine Arbeit stürzten, ohne wirklich einen Plan davon zu haben.

„Wir haben uns gestern noch ganz viele Gedanken gemacht. Noah hat gerade einen Termin bei der Bank, und Sandro kümmert sich um die Handwerker." Er lächelte sie verschmitzt an. „Bist du nun beruhigt?"

„Hm."

„Hm? Eigentlich könnte ich eine kleine Pause vertragen. Ich arbeite schon seit zwei Stunden."

„Dein Shirt ist ganz schmutzig." Warum er keinen Kittel trug, war ihr ein Rätsel, aber es passte zu der Vorstellung, die sie sich von ihm gemacht hatte. Planlos eben.

„Stimmt." Er schaute an sich hinab, dann fasste er in den Saum seines Shirts und zog es sich über den Kopf. „Zufrieden?", fragte er.

Liza schluckte. Julian wuchs kein einziges Haar auf der Brust. Gut sah das aus bei seinem trainierten Oberkörper.

Mit einem Mal fühlte sie sich ganz seltsam.

Langsam kam er näher, dafür wich sie automatisch zurück. So lange, bis sie die Wand in ihrem Rücken spürte.

„Was soll das?“, quetschte sie hervor.

„Du hast gesagt, mein Shirt sei schmutzig.“

„Ja, aber …“

Dicht vor ihr kam er zum Stehen und stützte die Hände rechts und links neben ihrem Kopf ab. „Gefällt dir, was du siehst?“

„Hm.“ Ihr Mund war plötzlich staubtrocken.

„Wir sind gestern unterbrochen worden.“

Liza schwieg. Was hätte sie auch sagen sollen? Noch nie hatte sie sich in einer so prickelnden Situation befunden. Sie war schlicht und ergreifend überfordert, besonders, da sie eben in sexuellen Dingen nicht die Erfahrenste war. Lediglich eine einzige Beziehung hatte sie hinter sich, und die war auseinandergegangen, weil Tim zum Studieren nach Berlin gezogen und sie hiergeblieben war.

Tim war ihr erster und einziger Mann gewesen. Sie waren in dieselbe Schule gegangen, hatten sich in der Zeit ineinander verliebt und beide null sexuelle Erfahrung besessen.

Und nun?

Nun stand sie in Brunos Küche und sein halb nackter Sohn thronte vor ihr und fragte sie, ob ihr sein entblößter Oberkörper gefiele.

„Du bist so still", wisperte er in ihr Ohr und stupste sie sanft mit der Nasenspitze an. Seine Lippen berührten ihre. Zuerst sacht wie ein Hauch, dann kitzelte er sie mit seiner Zunge, neckte sie, bis sie ihre Lippen bereitwillig für ihn öffnete. Sie, die Unschuld vom Land.

Zaghaft strich sie über Julians Brust, hinauf zu seinen Schultern und wieder zurück. Glatt war die Haut. Glatt und warm. Muskelstränge bewegten sich unter ihren Fingern. Das war etwas, wovon sie immer geträumt, es jedoch nie gefühlt hatte. Seine Hände wanderten zum Saum ihres Shirts. Kurz zuckte sie zusammen, zu ungewohnt fand sie es, in der Küche, in der vor Monaten noch zeitweise gekocht worden war, auf diese Art berührt zu werden. Aber nicht nur das …

Es waren fremde Hände, die sie anfassten, und doch fühlte es sich gut an.

Gut?

Es fühlte sich verführerisch an. Verdammt verführerisch.

Sanft strichen Julians Fingerspitzen am Bund ihrer Jeans entlang, an ihrem Rücken empor, um schließlich zu ihren Brüsten zu gelangen. Mit beiden Händen umschloss er sie, kostete ihre üppige Fülle. Ob sie Julian gefielen? Sie sah schüchtern in sein Gesicht. Purer Hunger strahlte ihr entgegen und sie senkte schnell ihren Blick. Da schob er die

Spitze ihres BHs beiseite. Jetzt war die letzte Möglichkeit, *Nein* zu sagen. Danach würde ihr Körper keines mehr akzeptieren.

Julian fasste nach ihren Knospen und rollte sie sacht zwischen seinen Fingerspitzen. Ein Stöhnen drang über ihre Lippen. Ihr Höschen wurde feucht. In dem Moment verließen seine Hände ihre Brüste, griffen stattdessen nach ihrem Shirt und zogen es ihr über den Kopf. Er trat einen Schritt zurück, um sie in Ruhe betrachten zu können.

„Und gefällt dir, was du siehst?“, wiederholte sie die Frage, die er ihr vorhin gestellt hatte.

Julian spitzte die Lippen. „Sehr.“

Sehr – ein Wort, das süß wie Honig schmeckte. Ein Wort, das sie einlud, einen Schritt weiter zu gehen und sie auf eine Reise schickte, deren Ziel sie nicht kannte. Ein Wort, das ihr Mut machte und sie sich nicht mehr wie ein unschuldiges Mädchen fühlen ließ.

Liza fasste hinter sich, öffnete die Haken ihres BHs, zog sich die Träger über die Arme und ließ ihn zu Boden fallen. Jetzt gab es kein Zurück mehr. Sie hatte diese Entscheidung getroffen. Sie, und nicht Julian. Stolz straffte sie ihren Rücken und schob ihre Brüste nach vorn. Keinen einzigen Millimeter hingen sie, sondern hielten die Form, trotz der Fülle. Auch ihre Knospen reckten sich Julian keck entgegen.

„Willst du dich mir ganz zeigen?“ Seine Stimme klang rau und belegt.

Liza hob ihren Kopf, sodass ihr die rote Mähne weit über die weiße Haut ihres Rückens fiel. Sie wusste, wie gut dieser Kontrast von Weiß und Rot aussah, ebenso wie sie ahnte, dass sie eine Mischung aus Natürlichkeit und Verführung ausstrahlte.

Doch konnte sie wirklich einen Schritt weiter gehen? Sich ausziehen? Hier?

Noch nie hatte sie sich vor einem Mann zur Schau gestellt, sich ihm nackt gezeigt. Nicht einmal Tim. Meist hatten sie sich erst im Bett entkleidet.

Sie befand sich nun auf absolutem Neuland. Ein Neuland, das ihr ihre eigene Schönheit bewusst machte, als sie das Begehren in Julians Augen sah.

Ja, jetzt konnte sie einen Schritt weiter gehen und sich vollständig entkleiden. Sogar der Ort störte sie nicht mehr.

Wie von selbst griffen ihre Hände in den Bund ihrer Jeans, glitten zum Knopf, um ihn langsam aus dem Loch zu drücken. Der Reißverschluss folgte, dann kickte sie wenig elegant die Sneakers von den Füßen. So ganz das ideale Outfit für einen professionellen Striptease trug sie eben doch nicht.

Professioneller Striptease? Beinahe musste sie kichern, obwohl sie Gefallen an dieser Art des Ausziehens fand.

Langsam schälte sie sich aus der Jeans. Dann richtete sie sich wieder vollends auf, schob die Hände unter den Saum ihres Strings, zog erst ein

Stückchen an der rechten Hüfte, dann an der linken, um ihn schließlich an den Beinen abwärtsgleiten zu lassen. Angestrahlt von dem goldenen Licht der Morgensonne, stand sie vollkommen nackt in der Küche. Julians Augen waren schmal, die Beule in seiner Hose unübersehbar.

Julian glaubte, seinen Augen nicht zu trauen. So schnell konnten Wünsche wahr werden. Liza wurde zu Wachs in seinen Händen, agierte sogar von sich aus. In seinen kühnsten Träumen hatte er damit nicht gerechnet. Ihre Figur war ein absoluter Hingucker, diese weiße Haut umgeben von einer Flut roter Haare. Der Anblick flashte ihn total. Grün strahlten ihm ihre Augen entgegen, die ihm sagten, dass sie es genoss, sich so zu zeigen. Sein Mund war staubtrocken. Es reizte ihn maßlos, seine Hände auszustrecken und sie zu berühren. Zu gern hätte er über diese weiche, weiße Haut gestrichen, hätte erneut ihre zartrosa Knospen zwischen seine Fingerspitzen genommen, aber er wartete ab, genoss lediglich ihren Anblick, in dem Wissen, dass sie sich für ihn ausgezogen hatte. Für niemanden sonst – nur für ihn.

Eigentlich hätte er ewig so stehen können, versunken in das Bild ihres völlig nackten Körpers, doch sein Schwanz drängte sich so hart gegen den Stoff seiner Jeans, dass er sich nicht mehr lange würde beherrschen können. Schon streckte er die Hände nach Liza aus, fuhr sacht von ihrer Wange zu der Biegung ihres Halses, über ihre Brüste hinab zu ihren Hüften. So schob er sie langsam zu dem großen Tisch hinüber, der in der Mitte der Küche stand. Sie stieß mit dem Hintern gegen die hölzerne Platte, bevor sie sich mit leicht geöffneten Beinen vor ihm auf den Tisch setzte. Seine Hände wanderten hinauf zu ihren Schultern, drückten sie sanft zurück, bis ihr Oberkörper zum Liegen kam. Mit den Hüften spreizte er ihre Schenkel und trat zwischen sie, während seine linke Hand auf ihrem Bauch ruhte. Dann verharrte er, ging wieder einen Schritt zurück und betrachtete Liza, die ihre Schenkel weiterhin geöffnet hielt. Nass schimmerte ihre rasierte Scham. Vielleicht war er doch nicht zu schnell, wie er dachte …

Er konnte seinen Blick nicht abwenden, wollte, dass Liza ihm freiwillig ihren intimsten Bereich zeigte, und zwar so lange, wie er ihn betrachten wollte. Als würde sie seinen Wunsch kennen, verharrte sie exakt in ihrer Position und bewegte sich nicht. Da glitt er mit seinem Finger zwischen ihren Schamlippen hindurch, um ihre empfindliche Perle zu berühren. Liza rekelte sich ein wenig und versuchte, sich ihm entgegenzuschieben. Aber seine Hand, die immer noch auf ihrem Bauch lag, hielt sie davon ab und fixierte sie mit leichtem Druck auf der Tischplatte. Ihre Zunge drang zwischen den Lippen hervor, benetzte sie. Ihre Augen ließ sie geschlossen. Wieder strich er über ihre Klit, und ein tiefes Stöhnen kam aus ihrem Mund.

Bereits diese kurze Berührung konnte ihr schon solch einen Laut entlocken? Er war überrascht. Liza war heißer, als er gedacht hatte. Wahrscheinlich offener, als sie es selbst für möglich hielt.

Sein Finger wurde schneller, zwei drangen in ihre nasse Höhle vor. Unkontrolliert fuhren Lizas Hände über die Platte, suchten Halt, den sie jedoch nicht fanden. Julian führte einen weiteren Finger ein, während er mit dem Daumen ihre Klit stimulierte. Ein gurgelndes Geräusch entrang sich Lizas Kehle, wobei sich ihre Lippen fest aufeinanderpressten. Sie stand kurz vor ihrem Höhepunkt. Einem Höhepunkt, den er ihr jetzt noch nicht schenken würde. Julian zog seine Hand fort, behielt allerdings die linke auf ihrem Bauch. Er beugte sich vor und strich ihr mit den feuchten Fingern über die Wange hinab zu ihren Lippen, die seine Finger sofort umfassten.

Ihre Zungenspitze fand seine Fingerkuppen. Sie leckte und saugte leicht an ihnen. Er ließ sie gewähren, wissend, dass sie sich immer mehr in ihrer Lust verlor.

Nachdem er sie aus ihrem Mund genommen hatte, fuhr er noch einmal zärtlich über ihre bebenden Lippen, bevor er ihr die Hand entzog. Er konnte nicht mehr warten und fingerte eilig ein Kondom aus der Hosentasche. Dann öffnete er die Knöpfe seiner Jeans, streifte sie zusammen mit den Boxershorts über die Pobacken und befreite seine Erektion. Lizas Augen öffneten sich, waren starr auf ihn gerichtet. Lust und Verlangen, aber auch ein Hauch Unsicherheit, leuchteten ihm entgegen. Julian rollte das Kondom über seinen Penis und positionierte die Eichel zwischen ihren nassen Schamlippen. Lizas Atem ging schnell, als er seinen Schwanz langsam in ihre heiße Höhle schob. Ein erneutes Seufzen entrang sich ihrer Kehle, während ihre Hände wieder haltsuchend über die glatte Platte fuhren. Julian fasste nach ihren Hüften, zog sie näher, um sich tief in ihr zu versenken. Ein erregtes Stöhnen war die Antwort. Er wollte sich langsam bewegen, um sie nicht zu überfordern, doch er konnte sich nicht beherrschen. Seine Bewegungen waren hart und wurden bald schneller, während seine Leisten auf ihr weiches Fleisch klatschten und Liza sich unter den Stößen wand. Zuckungen liefen durch ihren Körper, sie bäumte sie kurz auf, fasste nach seinen Armen, bevor sie erschöpft auf die Tischplatte zurücksank. In dem Moment, als er den Griff ihrer Hände spürte, stieß er noch einmal tief in sie und ergoss sich in das Kondom.

Schwer atmend stand er über sie gebeugt. Liza hatte ihre Augen geschlossen, ihr Atem ging schnell und ihre Haut glänzte feucht.

Schön war sie. Einfach nur schön.

Er entfernte sich aus ihrem Inneren, zog das Kondom von seinem Penis und entsorgte es im Mülleimer. Dann kehrte er zu ihr zurück, fasste nach ihren Händen und schloss sie in seine Arme.

Kapitel 3

Liza wusste gar nicht, wie ihr geschehen war. Ihr Atem ging schnell, und sie war froh, dass ihr Kopf an Julians Brust ruhte, sodass er ihren Gesichtsausdruck nicht deuten konnte und sie Zeit hatte, sich zu sammeln. Eigentlich hätte sie sich zwicken müssen, um sich zu überzeugen, dass sie nicht träumte, denn insgeheim konnte sie nicht glauben, dass sie es war, die nackt auf dem Tisch in Brunos Küche saß. Zu unvorstellbar war das Ganze, zu unreal das eben Erlebte. Natürlich hatte sie Augen im Kopf, und ebenso wusste sie, dass sie eigentlich ganz hübsch war, doch nie hatte sie sich für besonders begehrenswert gehalten, was vielleicht auch daran lag, dass sie in ihrem bisherigen Leben kaum junge Männer, die ihrem Geschmack entsprachen, kennengelernt hatte. Die aus dem Dorf interessierten sie nicht, und die, die das Casino besucht hatten, waren schon aus dem Grund indiskutabel gewesen, weil sie nicht verstehen konnte, dass man durch Glücksspiel an das große Geld kommen wollte.

Und nun war Julian in ihr Leben geschneit. Einfach so.

Was er wohl in ihr sah?

Konnte es sein, dass er „einfach nur so“ mit ihr geschlafen hatte?

Möglich, aber wirklich vorstellen konnte sie es sich nicht.

Tief sog sie seinen Geruch ein und schwieg. Ja, sie wartete ab, wie er sich verhalten würde. Doch Julian sagte auch nichts, sondern hielt sie nur fest.

„Deine Brüder?“, nuschelte sie schließlich.

„Kommen erst gegen Mittag.“

„Willst du bis dahin fertig sein?“

„Mit was?“

„Streichen.“

„Streichen? Nein, mir ist jetzt nach ganz anderen Dingen.“

„In der Küche?“

„Ich finde, dieser Raum eignet sich hervorragend, um sich die Zeit auf eine angenehme Art zu vertreiben.“

Wenn er meinte …

„Julian?“

„Hm.“

„Was bedeutet eigentlich *spanken*?“

Julian versteifte sich unmerklich, dann liefen leichte Zuckungen durch seinen Körper. Er lachte. Zwar unterdrückt, aber er lachte.

„Was ist denn so lustig?“ Ein bisschen beleidigt war sie schon. Schließlich konnte sie nicht alles wissen.

„Nichts.“ Das Beben in seinem Körper verebbte. „Willst du es wirklich wissen?“

„Sonst hätte ich doch nicht gefragt“, quetschte sie hervor und war sich mit einem Mal nicht mehr sicher, ob sie die Bedeutung des Wortes unbedingt erfahren musste.

Julian löste seine Umarmung ein wenig, schob sie ein Stückchen weiter auf die Tischplatte, wobei er jedoch den Platz zwischen ihren Schenkeln nicht verließ, und schaute ihr in die Augen. „Schläge auf den Hintern."

Liza starrte ihn an. Hatte sie sich eben verhört?

Schläge auf den Hintern?

Nein …

Natürlich hatte sie bereits von BDSM gehört, auch darüber gelesen, aber nie hätte sie gedacht, dass ihr jemals ein Mann über den Weg laufen könnte, der …

Der was?

Sie hatte sich lediglich nach der Bedeutung des Wortes erkundigt. Das war alles. Ausgesprochen hatte es Sandro. Aber Julian hatte gesagt, in ihrem Fall würde er es übernehmen.

Es übernehmen?

Sie zu schlagen?

Ganz genau konnte sie sich an den Gesprächsverlauf nicht mehr erinnern. Zu aufgeregt war sie wegen der verdorbenen Lebensmittel und des laufenden Stromes gewesen.

Ihre Gedanken trieben davon.

Wenn Julian sie bestrafen würde …

Bestrafen …

Hiebe auf ihren nackten Hintern.

Ob das sehr wehtat und sich dieser Schmerz gut anfühlen konnte?

Julians Blick bohrte sich in ihren.

„Würde dir das gefallen?“

Ob es ihr gefallen würde, auf die Pobacken geschlagen zu werden?

Oh, mein Gott. Wo war sie nur gelandet? In ihrem persönlichen Erotikroman?

„Nein“, stotterte sie, konnte jedoch nicht verhindern, dass ihr das Blut in die Wangen stieg.

Nein, hatte sie gesagt, aber das stimmte so nicht, denn da war noch etwas. Da war ein verlangendes Kribbeln in ihrem Bauch, wenn sie nur daran dachte, dass Julian seine Hand auf ihren Hintern sausen lassen könnte.

„Nein?“ Julians Blick wurde eine Nuance dunkler. „Bist du dir da wirklich sicher, dass dir die Vorstellung nicht gefällt?“

„Natürlich“, piepste sie, obwohl sie ihrer Stimme einen festen Klang hatte geben wollen.

Warum um alles in der Welt log sie?

„Wenn du meinst …“ Julian streckte seine Hände aus, griff nach ihren Brüsten, legte die Finger um ihre empfindlichen Knospen und drückte sie zusammen.

Sie versteifte sich.

„Magst du das nicht?“

„Es schmerzt.“

„Hm.“ Wieder blickte er ihr tief in die Augen. „Manchmal kann sich ein Hauch von Schmerz gut anfühlen.“

Ja, ja, schrie ihr Bauch.

Sie dagegen schwieg.

Julian zog leicht an ihren harten Warzen und kniff gleichzeitig hinein.

Ohhh …

Scharf sog sie die Luft ein.

Ihr Blick löste sich von seinem, wanderte zu seinen Fingerspitzen hinab, die ihre Knospen hielten. Dann glitt er weiter zu Julians Schwanz, der erneut anschwoll.

„Willst du ihn in deinem Mund spüren?“

Ja, das wollte sie, aber sie hatte noch nie …

„Du kannst dich vor mich knien, wenn du möchtest.“

Sie konnte was?

„Lässt du dann meine Brüste los?“

„Natürlich.“

Noch einmal zog und rollte er ihre empfindlichen Spitzen, dann ließ er los.

Ohhhhh.

Julian trat drei Schritte zurück. Genau so weit, dass sie Platz hatte, vom Tisch zu rutschen und vor ihm auf die Knie zu sinken.

Sie konnte das nicht …

Aber sie wollte es.

Ja, sie wollte es wenigstens versuchen.

Doch warum? Tim war nie auf solche Ideen gekommen.

Bei Tim hätte es dir auch nicht gefallen, sagte ein Stimmchen in ihrem Kopf.

Nein, das hätte es nicht. Der Gedanke, vor Tim auf die Knie zu sinken, erheiterte sie lediglich. Nie hatte sie an seinem Schwanz gelutscht. Er hatte es als unanständig empfunden, und sie auch. Nichts, was sie hätte haben müssen.

Aber hier stand nicht Tim, sondern ein Bild von einem Mann. Nackt. Auf sie wartend.

Doch der Weg hinab schien gar nicht so einfach. Und das, obwohl sie nur von der Tischkante rutschen und die Beine einknicken musste.

Aber dann …

Liza atmete tief durch.

Sie wollte wissen, wie es war, am Boden zu knien, sich einen Schwanz in den Mund schieben zu lassen, an ihm zu lutschen und ihn zu schmecken. Liza rutschte langsam nach vorn, bis ihre Fußsohlen Bodenkontakt hatten. Die Fliesen fühlten sich kalt an. Kalt, aber angenehm.

Liza warf einen Hilfe suchenden Blick zu Julian, doch der schaute sie lediglich durchdringend und abwartend an. Vollkommen ernst war er. Ganz anders als sonst.

Er glaubt nicht, dass ich es schaffe, fuhr es ihr durch den Kopf. Aber da täuschte er sich.

Mit einem leisen Plopp löste sich ihr Hintern von der glatten Platte. Das Geräusch war ihr peinlich, aber Julian verzog keine Miene. Vielleicht hatte er es gar nicht gehört …

Mittlerweile lehnte sie zwar noch am Tisch, aber auch diese Sicherheit würde sie jeden Moment verlassen.

Ruhig, sprach sie sich Mut zu.

Sie machte einen kleinen Schritt nach vorn, stand nun frei im Raum und hielt sich lediglich an

Julians Blick fest. Dann ging sie in die Hocke. Zwar mochte das nicht supersexy aussehen, aber auf die Knie knallen wollte sie definitiv nicht. Aus der kauernden Position war es ein Leichtes, sich nach vorn sinken zu lassen.

Geschafft!

Wieder suchte sie Julians Blick, aber direkt vor ihr ragte nun seine Erektion in die Höhe. Sie konnte nicht nach oben sehen, sondern nur fasziniert seinen Schwanz anstarren.

Und jetzt?

Jetzt sollte sie den Mund öffnen.

Und dann?

Würde Julian ihre Unerfahrenheit bemerken?

Sie hoffte nicht, benetzte ihre trockenen Lippen und rückte ihren Oberkörper gerade. Zaghaft leckte sie über seine Eichel. Keine Ahnung, ob man das so machte, aber irgendwie musste sie sich ja heranwagen.

Wie weich seine Haut dort war.

Ihre Lippen stülpten sie wie von selbst über die Kuppe, während ihre Zunge mit ihr spielte. Julians Hand senkte sich auf ihren Kopf und übte leichten Druck aus, sodass seine Erektion tiefer in ihren Mund geschoben wurde.

Das ging nicht! Sein Schwanz war viel zu lang, aber auch viel zu breit. Augenblicklich versteifte sie sich und widersetzte sich Julians Führung. Sie hätte keine Chance, wenn er es nicht zuließ. Das wusste sie, das wusste er. Aber Julian hielt sofort inne und ließ ihr Zeit, sich an die Fülle in ihrem

Mund zu gewöhnen. Dann zog er seinen Schwanz zurück und schob ihn langsam wieder in sie hinein, diesmal ein Stückchen tiefer. Hilfe suchend griff sie nach seinen Hüften. So konnte sie Julians Bewegungen besser kontrollieren. Ein unwilliges Schnalzen drang aus seinem Mund, und sie war versucht, ihre Hände von Julians Hüften zu nehmen, um ihn gewähren zu lassen.

Das war doch nicht normal …

Sie genoss dieses Gefühl des Ausgeliefertseins. Ihr gefiel es sogar, die kalten, harten Fliesen unter ihren Knien zu spüren. Ebenso wie sie damit zurechtkam, dass Julians Schwanz in ihrem Mund steckte und noch weiter hineinwollte, obwohl er sie zu sprengen drohte. Sie mochte auch die Führung durch seine Hand, die ihr die Richtung vorgab. Aber sie war trotzdem noch Liza, die ihre Hände an seinen Hüften wissen musste, um ihm nicht jegliche Kontrolle über sich zu überlassen.

Julian zog seinen Schwanz kurz zurück, aber nur, um ihn erneut in sie zu schieben. Ein Stückchen tiefer als zuvor. Ein Stückchen, das sie mittlerweile akzeptieren konnte. Wieder zog er sich zurück und stieß dann ein bisschen weiter in sie. Aber nie mehr, als sie es ertragen konnte.

Lizas Lippen wurden plötzlich weich.

Sollte er doch ihren Mund ficken …

Sie würde es genießen, denn sie vertraute auf ihn und seine Rücksichtnahme.

Julian stoppte jeden der Stöße, kurz bevor ihr Würgereflex einsetzte. Eine zweite Hand legte sich auf ihren Kopf, der nun wie in eine Schale gebettet war. Julian würde jeden Moment beginnen, seine Hüften wieder zu bewegen. Schon trat er einen winzigen Schritt näher und schob sich so beinahe über sie. Sein Schwanz lag bereits tief in ihrem Mund, aber diese Tiefe würde noch eine Steigerung finden. Mittlerweile war sich Liza sicher, dass seine Hände wirklich nur als Schalen dienten, denn die Bewegung würde nicht von ihnen, sondern von seinem Becken kommen, und seine Erektion weit in sie treiben. Trotzdem löste sie ihre Finger, die Julians Hüfte fest umfasst hatten, und ließ sie nur noch locker auf seiner Haut liegen. Wie sie es erwartet hatte, neigte sich sein Becken nach hinten, ihr Kiefer konnte sich kurz entspannen, aber schon stieß er es nach vorn und seinen Schwanz tief in ihren Mund. Ihre rechte Hand löste sich und glitt zwischen ihre Schenkel.

„Nein!" Ein gezischtes Verbot.

Nein? Warum nicht?

Doch sie fragte nicht, konnte es auch gar nicht. Gehorsam entfernte sie ihre Hand von ihrer nassen Mitte, die vor Verlangen pochte, und legte sie wieder auf seine Hüfte. Becken vor, Becken zurück. Julian drang mit festen Stößen rhythmisch in sie ein. Stöße, die stets vor ihrer Kehle stoppten. Noch nie war ihr Mund gefickt worden, und sie hatte Angst davor, seinen Samen zu schlucken. Gleichzeitig schickte die Neugierde aber auch ein schmerzhaftes Ziehen in ihren Bauch und Nässe zwischen ihre Schenkel. Plötzlich war der Halt an ihrem Kopf verschwunden, dafür fand eine Hand in ihre Haare und zog sie so weit nach hinten, bis sie zu Julian emporblicken konnte.

„Ja oder nein?"

Er ließ ihr die Wahl. Damit hatte sie nicht gerechnet. Nie hätte sie gedacht, sich entscheiden zu dürfen. Wie klischeebehaftet sie doch war.

Ja oder nein?

Ihre Mitte klopfte heiß vor Verlangen.

Liza nickte. Zu antworten war ihr nicht möglich. Auch Julian nickte. Das freute sie, machte sie stolz. Aus welchem Grund auch immer. Er zog sich zurück, drang erneut ein Mal, zwei Mal in sie ein, bevor er seinen Schwanz aus ihrem Mund zog und sich über ihrer Schulter ergoss. Liza erstarrte, war gleichzeitig erleichtert und enttäuscht. Erleichtert, obwohl sie es ihm erlaubt hatte, und enttäuscht, weil sie es getan hatte.

Julian beugte sich vor und wischte ihr Schulter und Rücken sauber.

Ah – der Malerkittel …

Der Malerkittel, der nun nicht mehr zu gebrauchen war.

Julian war gekommen, aber sie war am Verhungern.

Ihre Mitte pochte vor Verlangen. Ihr ganzer Körper schrie nach Zuwendung, nach Berührung und Erfüllung.

„Komm hoch!" Julians Stimme klang rau.

Hoch?

Sie wollte nicht aufstehen. Sie wollte, dass er sie nahm.

Aber das ging nicht. Natürlich nicht. Schließlich war er keine Aufziehpuppe.

Julian fasste unter ihre Achseln und zog sie auf die Beine. Sie schwankte. Das Stehen fiel ihr nach der Zeit des Kniens auf den harten Fliesen schwer.

„Leg dich über die Platte!"

Wie?

Stocksteif stand sie da.

„Mit dem Bauch auf den Tisch", folgte die Erklärung, als er sie losließ.

Allein sollte sie laufen?

Drei ganze Schritte?

Sie machte sich lächerlich, aber im Moment fiel es ihr unheimlich schwer, sich ohne jegliche Führung vorwärts zu bewegen.

Da spürte sie seine Hand in ihrem Rücken.

Ein, zwei, drei.

Liza beugte sich vor, ließ ihre ausgestreckten Arme über die Platte gleiten, legte erst ihren Bauch, dann ihren Oberkörper und zuletzt die Wange darauf.

Was hatte er vor?

Julian trat hinter sie, fasste nach ihren Hüften und schob sie ein Stückchen weiter auf den Tisch. Seine Hände glitten zu ihrem Hintern, legten sich auf beide Backen und begannen, sie zu kneten.

Mhm …

Leicht zwickte er in ihre Haut.

Sie mochte es.

Ob er nun doch seine Hand darauf schnellen lassen würde?

Fast hoffte sie es. Zu sehr wollte sie wissen, wie es sich anfühlte, ob es ein brennender Schmerz wäre und ob er sie erregen würde.

Jetzt war die Gelegenheit, es zu erfahren.

Liza wusste nicht, was Julian mit ihr vorhatte. Sie wünschte sich, ihre Hände fänden einen Halt auf der großen Platte. Seltsam, dass man sich viel besser unter Kontrolle hatte, wenn sich die Hände um einen Gegenstand schließen konnten. Instinktiv biss sie die Zähne zusammen und fieberte dem ersten Hieb entgegen, der sie bestimmt erbeben lassen würde. Julian hörte auf, ihre Backen zu kneten. Automatisch ballten sich ihre Hände zu Fäusten und sie wartete auf das Kommende, aber sie tat es vergebens.

Nichts geschah.

Julian schien sie lediglich zu betrachten, wie sie auf dem Tisch lag und ihm den Hintern entgegenstreckte.

Wie blöd war das denn?!

Dämlich kam sie sich vor. Unerotischer ging es wohl nicht.

Sie stützte sich mit den Händen ab, um sich aufzurichten.

„Bleib liegen!“

Liza schnaubte empört auf. Sie hatte nicht vor, liegen zu bleiben, wenn er sie bloß anstarrte. Sie wollte seine Hand endlich auf ihrem Hintern fühlen. Nur leider konnte sie ihren Wunsch nicht aussprechen. Es war unmöglich, diese Worte über ihre Lippen zu bekommen.

Aber warum handelte Julian nicht? Wieso fragte er sie nicht einfach, ob sie nicht doch Lust auf ein Spanking hatte? Natürlich nur rein probehalber.

Vielleicht, weil er keine Gedanken lesen kann?

„Du hast echt einen knackigen Arsch."

Knackiger Arsch?

Ja, den hatte sie.

Vielleicht würde er doch ...

Genussvoll strich Julian über ihren Hintern. Dann klopfte er leicht auf die Innenseite ihrer Schenkel. Sofort öffnete sie bereitwillig ihre Beine. Sein Finger teilte ihre Schamlippen, suchte und fand ihre Klit. Liza stöhnte auf. Endlich kam er zur Sache. Zwar anders, als sie es sich vorgestellt hatte, aber so gefiel ihr das auch. Immerhin sehnte sich jede Faser ihres Körpers nach Erfüllung. Doch leider umkreiste er ihre Klit nur. Sie hätte schreien können vor Frust. Aber Liza ahnte, dass aufsässiges Verhalten ihr nicht zu einem schnellen Höhepunkt verhelfen würde.

„Willst du meine Hand auf deinem Hintern spüren?"

Na endlich ... Die Frage, auf die sie die ganze Zeit gewartet hatte.

„Ja", keuchte sie.

„Weil du dir einen Orgasmus herbeisehnst?" Wieder strich er über ihre Klit.

„Nein."

„Sondern?"

„Ich bin neugierig“, presste sie hinter zusammengebissenen Zähnen hervor.

„Wie sehr?“ Erneut umkreiste er ihren empfindlichen Punkt.

„Wie?“ Liza stieß die Luft laut aus. „Wie meinst du das?“

„Bitte mich darum!“

Bitten? Nein, das konnte sie nicht.

„Das würde ich mich nicht trauen“, antwortete sie wahrheitsgemäß.

„Was genau?“

„Dich zu bitten.“

„Dann wird dir nichts anderes übrigbleiben, als über deinen Schatten zu springen. Ansonsten wirst du die Erfahrung leider nicht machen können.“

Wie bitte? Das war doch wohl nicht sein Ernst. Aber Liza ahnte, dass Julian nicht scherzte.

„Jetzt darfst du dich umdrehen, die Füße mit angewinkelten Beinen auf dem Tisch absetzen und dich streicheln.“

Hatte sie sich verhört?

Er würde erst seine Hand auf ihren Po klatschen lassen, wenn sie ihn darum bat?

Wie gemein war das denn?

Und da sie ihn nicht bitten würde, war das Thema erst einmal auf Eis gelegt.

Dafür sollte sie nun was tun? Sich mit angewinkelten Beinen auf den Tisch setzen?

Fand sie das eine gute Idee? Nein. Aber allein die Vorstellung, sich ihm darzubieten und ihn dabei zusehen zu lassen, wie sie sich selbst zum Höhepunkt streichelte, ließ ihre Pussy vor Verlangen pochen.

Mit einem Ruck drehte sie sich um, sodass sie mit dem Rücken auf der Platte zum Liegen kam. Dann richtete sie ihren Oberkörper auf. Julian war mittlerweile einige Schritte zurückgetreten. Sein Blick bohrte sich in ihren. Liza stützte sich ab und rutschte nach hinten. Das Schwerste war es, nun die Füße nachzuholen. Erst einen, dann den zweiten. Schon standen sie auf dem Tisch. Noch waren ihre Beine geschlossen, aber das würde sich gleich ändern. Julians Blick nagelte sie fest, erfasste wahrscheinlich dennoch jedes kleinste Detail ihres Körpers. Ohne zu zögern öffnete sie ihre Schenkel, um die Füße etwa hüftbreit aufzustellen.

„Weiter!“

Lizas Mitte pochte nun beinahe schmerzhaft, so erregt war sie.

Weiter … Natürlich.

So weit es ihr möglich war, spreizte sie ihre Beine. Ihre Hand senkte sich, ihr Finger rutschte zwischen ihren klatschnassen Schamlippen hindurch und fuhr über ihre Lustperle. Dann vergrub sie ihn in ihrer heißen Höhle, aber nur kurz, denn sie wollte sich endlich zum ersehnten Höhepunkt streicheln. So fand ihr Finger zurück auf ihre Klit und bewegte sich schnell vor und zurück. In ihr baute sich ein gewaltiger Druck der Lust auf. Ihr Gesicht verzerrte sich, und ihr Körper begann, unkontrolliert zu zucken. Liza sank nach vorn, irgendwo zwischen ihre Knie, die sie mit ihrer linken Hand umkrallte, während zwei Finger ihrer rechten sich tief in ihrem Inneren versenkten. So blieb sie sitzen, bis die Wellen des Orgasmus vollends abgeklungen waren und Julian nach ihr griff, um sie in seine Arme zu ziehen.

Kapitel 4

Julian war fasziniert von Liza. Zwar bemerkte er ihre Unsicherheit – und ihm war klar, dass sie noch nicht viel sexuelle Erfahrung besitzen konnte -, aber da war auch diese Neugierde, die förmlich danach schrie, befriedigt zu werden. Liza war eine Frau, die wissen wollte, wie es sich anfühlte, dominiert zu werden. Er mochte dieses Spiel, nur wäre er ursprünglich nie auf die Idee gekommen, es mit ihr zu spielen. Zu unschuldig sah sie aus. Zu hübsch und natürlich.

Und?

Alle drei Eigenschaften trafen auf sie zu, doch schlossen sie die Neugierde am Sex nicht aus, und ihn reizten sie ganz besonders.

Alles schön und gut, nur leider gab es ein gravierendes Problem. Liza war die Ziehtochter seines verstorbenen Vaters. Oder besser gesagt, die Tochter von dessen ehemaliger Lebensgefährtin. Er dagegen war einer der bösen Jungs, die Liza und ihrer Mutter jegliche Existenzgrundlage entzogen hatten. Auch, wenn er das so nicht gewollt hatte.

Und nun?

Es war schließlich nicht seine Schuld, dass sein Vater keine Vorkehrungen für die Menschen, die ihm nahegestanden hatten, getroffen hatte.

All das ging ihm durch den Kopf, als er Liza in seinen Armen hielt und sie sich nackt an ihn schmiegte.

Verdammt, sie hatte jede seiner Anweisungen befolgt. Ihr Körper war verführerisch kurvig und ihr schneeweißer Po wohlgerundet. Noch dazu reagierte ihre Haut auf jede kleine Berührung und verfärbte sich augenblicklich rötlich. Zu verlockend war es, sich vorzustellen, wie seine Hand auf eben jene schneeweiße Haut klatschen würde. Unüberlegt hatte er sich jedoch selbst eine Grenze gesetzt, als er von Liza verlangt hatte, dass sie ihn um die Schläge würde bitten müssen. Doch dazu hätte sie sehr weit über ihren Schatten springen müssen.

Wie dumm von ihm.

„Wann kommen eigentlich deine Brüder zurück?", nuschelte sie an seiner Brust.

Seine Brüder?

Die hatte er beinahe ganz vergessen …

Der Zeiger der großen Wanduhr näherte sich bereits zwölf Uhr. In diesem Moment hörte er das Brummen eines Dieselmotors. Warum Noah sich einen Lieferwagen gekauft hatte, war ihm ein Rätsel. Er war eigentlich eher der Typ für einen alten Bus. Ja, den hätte er sich für seinen Bruder gut vorstellen können, denn immer noch erinnerte er ihn an den Studenten, der sich einst mit Gelegenheitsjobs seinen Lebensunterhalt verdient hatte. Sandro dagegen war schon lange der Geschäftsmann in der Familie gewesen. So verschieden sie auch waren, Frauengeschichten hatten sie beide mehr als genug, wobei Sandro derjenige war, der leichter sein Herz verlor, aber eben nie an die Richtige, während Noah eher ein Lebemensch war. Die zwei hatten sich auch schon öfter eine Partnerin geteilt – das wusste er. Für ihn wäre das gar nichts. Er verspürte nicht das geringste Interesse, einem seiner Brüder beim Sex zuzuschauen. Sandro stand auf mehr als nur auf ein Spanking mit der Hand und benutzte gern das ein oder andere Hilfsmittel. Auch Noah hatte eine Vorliebe für devote Frauen, aber ein knackiger Hintern machte ihn nicht so sehr an wie Sandro oder ihn. Seltsam, dass sie alle über ähnliche sexuelle Wünsche verfügten.

Dass seinen Brüdern Liza nicht ins Auge gestochen war, begriff er immer noch nicht. Aber vielleicht war sie wirklich nicht der Typ Frau, der die beiden ansprach. Gut für ihn, denn ihm hatte sie sofort gefallen.

„Hält da ein Auto?“, kam es von seiner Brust.

Er verkniff sich ein Grinsen. „Ja, Sandro und Noah steigen wahrscheinlich in diesem Moment aus.“

Ein Ruck. Liza schoss hoch. Ihre Hand tastete wild hinter sich auf dem Tisch herum. Doch da lagen nicht ihre Kleidungsstücke, sondern nur der beschmutzte Malerkittel. Eilig wollte sie herunterspringen, aber Julian versperrte ihr den Weg.

„Wir müssen uns anziehen“, zischte sie und hektische rote Flecken bildeten sich auf ihren Wangen.

„Ja. Dennoch musst du nicht wie ein aufgescheuchtes Huhn durch die Küche flattern.“

„Sondern?“ Erneut wollte sie sich an ihm vorbeidrängen, doch er ließ es nicht zu. „Was soll das?“, fuhr Liza ihn an.

„Ich geh raus und halte sie auf.“

„Und wann? Jetzt?“

„Sobald du dich beruhigt hast.“

„Du hast ja eine Macke!“

Er hatte eine Macke? Das war äußerst interessant. Wieder sah er in Gedanken ihren weißen Hintern vor sich, und in seinen Fingern begann es, verlangend zu kribbeln.

Immer noch versperrte er ihr den Weg.

„Wenn sie hereinkommen …“ Lizas Tonfall änderte sich. Aus hektisch wurde flehend.

Dann werden sie dich splitterfasernackt sehen, dachte er, aber er sprach es nicht aus, sondern trat zurück, um sich die Jeans wieder hochzuziehen.

So etwas war ihm noch nie passiert. Da hatte er Liza beobachtet, wie sie nackt auf der Tischplatte gelegen und sich selbst befriedigt hatte und ihm hatte die Hose an den Knöcheln gehangen. Was für einen Anblick musste er geboten haben …

Die Haustür schlug zu.

Er ließ Liza los und trat einen weiteren Schritt zurück. Sofort sprang sie vom Tisch und schoss durch die Küche. In Windeseile schlüpfte sie in ihre Jeans, zog sich erst das Shirt über den Kopf, bevor sie versuchte, ihren BH zu schließen. Schritte ertönten. Dann stand Sandro bereits in der Küche.

„Du hast Besuch?“ Sandro blieb wie angewurzelt stehen und betrachtete Liza, die eben nach ihren Schuhen griff.

„Von wem?“, hallte Noahs Stimme herein.

„Liza.“

„Nee, oder?“

„Schaut ganz so aus.“

Liza richtete sich mit hochrotem Gesicht auf, während Sandro sie mit gerunzelter Stirn und einem belustigten Funkeln in den Augen betrachtete. Sein Bruder war nicht dumm. Er konnte sehr wohl zwei und zwei zusammenzählen. Lizas Gesichtsausdruck nach zu urteilen, war ihr das durchaus bewusst.

„Noah wird sich heute Abend wegen deines Arbeitsvertrags Gedanken machen. Hast du bestimmte Gehaltsvorstellungen?“ Liza starrte Sandro an, als spräche er chinesisch.

„Ich weiß doch gar nicht …“, stotterte sie.

„Nein? Ich dachte, du bist deswegen vorbeigekommen.“ Sein Gesicht verfinsterte sich, aber Julian konnte das Schmunzeln dahinter entdecken. „Und natürlich, weil du uns bei der Beseitigung des hinterlassenen Chaos helfen möchtest.“

„Nein, ja.“ Liza wirkte komplett durcheinander.

Nun tauchte auch Noah in der Küche auf. „Ich habe noch keinen Vertrag aufgesetzt, weil ich erst sehen wollte, ob du wirklich vorbeikommst, um uns unter die Arme zu greifen."

Typisch Noah – direkt wie immer.

„Wie ist es bei der Bank gelaufen?", erkundigte er sich bei seinen Brüdern.

„Alles okay. Wir haben grünes Licht."

„Wir sind auch bei diversen Firmen wegen der Umbauarbeiten gewesen, dabei haben wir einen Architekten kennengelernt, der mit dem Hotel vertraut ist. Er hat uns einige Tipps gegeben, die wir – falls es dir recht ist – gerne umsetzen würden."

„Tipps?"

„Ja, wie er sagt, hat er damals unseren Vater von der Casinoidee abhalten wollen und sich für eine Modernisierung des Hotels eingesetzt, aber ohne Erfolg."

„Ihr vertraut ihm?", mischte sich Liza ein. „Niemand im Ort würde euch freiwillig Tipps geben."

„Nein?" Sandros Gesichtsausdruck wies pures Interesse auf. „Warum nicht? Weil die Leute uns für Nutznießer halten?"

Wieder verfärbten sich Lizas Wangen bedenklich. „Ich würde an eurer Stelle zumindest niemandem trauen."

Liza glaubte, sich verhört zu haben. Dachten die Brüder tatsächlich, sie würden Unterstützung von den Einwohnern erhalten? Das konnten sie vergessen. Zwar war Bruno nicht wirklich beliebt gewesen, aber er hatte lange genug in dem Ort gelebt, um dazuzugehören. Etwas, das in dieser Gegend von großer Wichtigkeit war. Fremde, die sich hier niederließen, wurden in der Regel nicht mit offenen Armen empfangen.

Vage erinnerte sich Liza auch an einen Architekten aus der Stadt, der andere Pläne mit dem Hotel gehabt hatte, als es in ein Casino zu verwandeln. Bruno hatte sich über den Mann aufgeregt und gemeint, dass er keine Ahnung habe, womit Geld zu verdienen sei. Der Architekt hatte vorgeschlagen, das Gebäude von Grund auf zu renovieren. War nicht gar von einem Wellnesshotel die Rede? Liza war sich nicht sicher. Sie hatte sich damals nicht mit der Zukunft der Location beschäftigt. Außerdem hatte Bruno sich in den Kopf gesetzt, ein Casino zu eröffnen.

Bruno - immer hatte er gemeint, auf Mann von Welt machen zu müssen. Gesprochen hatte er, als gehörte ihm das halbe Universum. Warum die Dorfbewohner ihn schließlich doch als einen der ihren akzeptiert hatten, war ihr ein Rätsel. Vielleicht träumte der ein oder andere ebenfalls den Traum vom großen Reichtum und fühlte sich ihm deshalb verbunden. Ihre Mutter war zumindest sofort auf ihn hereingefallen. Wie stolz war sie gewesen, dass er gerade sie auserkoren hatte, an seiner Seite sein zu dürfen. Dabei hatte er immer nur an sich gedacht, nie an andere. Spätestens sein Tod oder das nicht vorhandene Testament hätte ihr die Augen öffnen sollen, doch stattdessen ertrank sie in Trauer und Selbstmitleid. Liza hätte sie schütteln mögen.

„Ich würde an eurer Stelle niemandem trauen“, hörte sie sich erneut sagen. „An den Architekten kann ich mich dunkel erinnern. Doch Bruno und er sind bei ihren Gesprächen auf keinen grünen Zweig gekommen. Er war ihm wohl zu engagiert, was das Hotel betraf.“

„Seine Ideen bezüglich der Renovierung haben sich auf jeden Fall sinnvoll angehört, dabei haben wir ihm nicht einmal zu verstehen gegeben, dass wir vorhaben, ihn oder sonst jemanden zu beauftragen.“ Zum ersten Mal nahm Noah sie als Mensch, nicht als ehemaliges Anhängsel von Bruno wahr. Sogar Sandro sah lange nicht mehr so distanziert aus wie gestern. Was allerdings vielleicht auch daran liegen mochte, dass ihm sehr wohl klar war, was sie und sein Bruder getrieben hatten. Beim Malern war Julian definitiv nicht weit gekommen.

„Die Eltern des Architekten haben einst das Hotel bauen lassen“, fiel es ihr gerade wieder ein.

Drei Augenpaare starrten sie an und plötzlich stand sie im Mittelpunkt der Aufmerksamkeit.

„Wirklich?“

„Das erklärt zumindest sein Interesse.“

„Hat unser Vater es ihnen abgekauft? Aber ich verstehe das nicht so recht, warum wollte der Architekt dann bei den Renovierungsplänen mitreden?“

„Nein“, lachte Liza. „So einfach ist das nicht. Der erste Besitzer, also der Vater des Architekten, hat sich das Leben genommen. Danach hat seine Frau das Haus verkauft. Der neue Besitzer ging nach ein paar Jahren in die Privatinsolvenz. Bruno ist durch eine Versteigerung sehr günstig in den Besitz des Hotels gekommen.“

„Woher weißt du das alles? Zu dem Zeitpunkt hat doch deine Mutter noch gar nichts mit Bruno zu tun gehabt.“

Liza zuckte die Schultern. „Ich denke, dass damals bereits beide Frauen in seinem Leben eine Rolle gespielt haben. Und ihr vergesst, dass meine Mutter und ich aus diesem Ort stammen.“

„Unser Vater hatte mit deiner Mutter ein Verhältnis, als er noch mit unserer zusammen war?“ Noah starrte sie an.

Sandro dagegen wirkte vollkommen entspannt und auch Julian schien mit der Tatsache kein Problem zu haben. „Manche Dinge sind eben so, wie sie sind.“

„Wie meinst du das?“

„Glaubst du, nur weil er unser Vater war, hat er einen Heiligenschein über dem Kopf getragen?“

„Unsere arme Mutter. Wie erniedrigt muss sie sich gefühlt haben.“ Noah schien am sensibelsten auf das Thema zu reagieren.

Damit hatte Liza nicht gerechnet. Sie hatte den jungen Mann mit dem zum Dutt geschlungenen Haar für ziemlich abgeklärt gehalten.

„Vielleicht hat sie gar nicht gewusst, dass unser Vater sie betrogen hat“, wandte Julian ein.

„Zumindest hat er sie verlassen, was letztendlich das Beste für sie gewesen ist, und einen Grund für die Trennung muss es ja gegeben haben.“ Damit war für Sandro das Thema beendet. „Viel gestrichen hast du aber nicht, Bruderherz.“ Er warf erst Julian, dann ihr einen vielsagenden Blick zu. „So können wir frühestens in drei Jahren eröffnen.“

„Wie schnell soll es denn gehen?“

„Das Sommergeschäft sollten wir schon mitnehmen.“

Julian starrte seine Brüder an. „Wie stellt ihr euch das vor?“

„Morgen wird bereits mit dem Malern der Außenwände begonnen.“

„Ihr scherzt …“

„Nein. Zeitgleich wird sich eine Firma die Terrasse ansehen. Die Umbauten im Gebäude starten allerdings erst nächste Woche.“

Sandro und Noah mussten sich einen Spaß erlauben. Niemand konnte so schnell Handwerker auftreiben.

„Der Architekt macht echt das Unmögliche möglich. Seine Beziehungen sind genial. Wir haben die ersten Arbeiten bereits in Auftrag gegeben. Du musst nur noch zu unserer Farb- und Materialauswahl deinen Segen geben, das ist alles.“

„Was will der Mann als Ausgleich für seine Hilfe?“, fragte Julian argwöhnisch.

„Er darf sich während der Umbauarbeiten umsehen und später die Wellnessprogramme kostenlos nutzen. Für Essen und Trinken wird er natürlich bezahlen."

„Das ist alles?"

„Er ist ein einsamer Mann. Wahrscheinlich tut er es für seinen Vater. Warum der sich das Leben genommen hat, weiß ich natürlich nicht, aber unser Architekt ist anscheinend nie über seinen Tod hinweggekommen."

Was für eine traurige Geschichte! Liza stellte sich den Architekten als älteren, dicken Mann vor, der allein vorm Fernseher saß und an einem Glas Wein nippte. Es schien in dieser Gegend mehr Menschen zu geben, mit denen es das Leben nicht besonders gut gemeint hatte. Nicht nur ihre Mutter.

„Wenn ihr so viele Handwerker beschäftigt, braucht ihr bestimmt keine Hilfe mehr von mir", sagte sie.

„Doch. Schließlich muss jemand putzen." Julian grinste vergnügt.

Wie witzig!

„Die Mülleimer haben wir gestern noch entsorgt, obwohl das eigentlich deine Aufgabe gewesen wäre."

Ihre Aufgabe?

Da hatten die drei aber etwas vollkommen falsch verstanden.

„Ich muss mir das mit der Anstellung sowieso erst noch überlegen.“ Schließlich ließ sie sich nicht zur Putzfrau degradieren.

Julian runzelte überrascht die Stirn. Er schien zu ahnen, dass sie auf den Job angewiesen war, was ja auch der Wahrheit entsprach. Mum und sie brauchten jeden Cent, denn sonst konnten sie sich nicht einmal die Miete für die kleine Wohnung leisten. Ihre Mutter war die letzten Jahre nicht krankenversichert gewesen, und Liza hatte geglaubt, ihren Ohren nicht zu trauen, als sie davon erfahren hatte. Im Nachhinein wuchs ihre Wut auf Bruno immer weiter.

Aber ihre Mutter war auch ein Problem. Ein großes sogar, denn sie würde nie akzeptieren, wenn ihre eigene Tochter für Brunos Söhne arbeiten würde. Zwar ging es Mum nichts an, doch so einfach war das nicht, weil sie ihre Mutter nicht im Stich lassen und so lange bei ihr bleiben würde, bis diese wieder auf eigenen Beinen stehen konnte und anfing, ihr Leben in den Griff zu bekommen.

Liza befand sich in einer echten Zwickmühle, denn sie wollte sowohl den Job annehmen wie auch Julian sehen, aber eigentlich konnte sie beides nicht, da ihre Mutter weder den Umgang mit Brunos Söhnen noch eine Anstellung im Hotel akzeptieren würde.

Schon seltsam. Mum wirkte so schwach, und doch beeinflusste sie ihr gesamtes Leben. Wahrscheinlich sogar durch ihre Schwäche, denn die war es, die sie besonders fest an sie band.

Julians Blick bohrte sich in ihren, und Liza konnte ihm ansehen, dass ihm einige Fragen auf der Seele brannten.

„Dann überleg es dir aber schnell. Wir werden in nächster Zeit dringend zuverlässige Mitarbeiter benötigen." Sandros Stimme hatte einen strengen Tonfall. So, als wollte er sagen: *Wenn du dich nicht beeilst, brauchst du nicht noch einmal zu fragen.* Noah dagegen zuckte lediglich mit den Schultern. Er hatte ihr wahrscheinlich nur einen Gefallen tun wollen. Wenn sie nicht darauf einging, war es ihre eigene Schuld.

„Ich werde in Ruhe darüber nachdenken. Im Moment braucht ihr mich ja nicht länger", würgte sie hervor. „Ich geh dann mal."

Sie machte einen Fehler, das wusste sie. Aber sie hatte keine Ahnung, wie sie beide Seiten – Brunos Söhne und ihre Mutter - miteinander verbinden sollte. Seltsamerweise war ihr das eben erst bewusst geworden, denn erst seit etwa einer Stunde ahnte sie, dass Julian ihr etwas bedeuten könnte.

Im Moment wollte sie nur noch weg. So positiv die Geschichte mit Julian auch begonnen hatte, so schnell war sie nun wieder vorbei. Denn alles Schönreden half nichts, sie konnte unmöglich für Brunos Söhne arbeiten oder eine Beziehung mit einem von ihnen eingehen.

„Dann … bis demnächst." Liza hob den Kopf, streckte den Rücken durch und lief mit großen Schritten los.

Zur Küche hinaus hatte sie es schon geschafft; eisern hatte sie geradeaus geschaut und besonders Julian keinen einzigen Blick zugeworfen.

Sie verhielt sich lächerlich und ihr Verhalten war unangebracht, auch das wusste sie.

Was genau ihren Sinneswandel herbeigeführt hatte, konnte sie nicht sagen. Sie war doch noch vor wenigen Stunden gut gelaunt zum Hotel geradelt. Und nun …

Nun hatte sich ihr Hirn eingeschaltet und ihr war das Dilemma klar geworden, in dem sie steckte. Sie hatte mit Julian geschlafen, was sie nicht getan hätte, wenn er sie als Mann nicht interessieren würde. Ihre Gefühle waren in einem Mixer gelandet, der sie völlig durcheinandergewirbelt hatte. In dem Moment, als sie an ihre Mutter gedacht hatte, war die Ernüchterung gekommen. Es gab nur eine Möglichkeit: Sie durfte Julian nicht mehr sehen. Die Gefahr war viel zu groß, dass sie sich in ihn verlieben könnte.

Liza wollte gerade die Eingangstür hinter sich zuziehen, als sich eine Hand fest um ihren Oberarm schloss, sie herumgedreht und unsanft gegen den Putz der Außenwand gedrückt wurde. Julian thronte vor ihr und funkelte sie wütend an.

„Was soll das?", knurrte er.

Liza riss sich zusammen. Sie durfte keine Gefühle zeigen, sondern musste ihm distanziert gegenübertreten.

„Was meinst du?", fragte sie betont überrascht.

„Was ich meine?" Seine Miene verfinsterte sich zusehends. „Das fragst du mich ernsthaft?"

„Ja." Liza hoffte, dass die Farbe in ihren Wangen sie nicht verriet. Sollte Julian ruhig von ihr denken, was er wollte. Am vernünftigsten wäre es, sie hätten nie wieder miteinander zu tun.

„Ich sollte dich an Ort und Stelle übers Knie legen."

Schon wieder kribbelte es verlangend in ihrem Bauch. Übers Knie legen … Diese Erfahrung hatte sie eigentlich machen wollen.

„Ich würde so laut schreien, dass man es bis ins Dorf hört."

Begriff er es jetzt endlich? Sie wollte nichts von ihm, sie hatte nur mit ihm geschlafen, weil sie … Tja, sie hatte ihn eben an der Nase herumgeführt.

„Ach ja? Bis ins Dorf? Das funktioniert nicht." Julian blickte sich um. „Es würde dich niemand hören."

„Deine Brüder."

„Die ganz sicher nicht."

„Du drohst mir also?" Sie hätte sich am liebsten die Zunge abgebissen oder wäre an ihren eigenen Worten erstickt, aber nur so würde er begreifen, was für ein Miststück sie sein konnte.

Warum?, schrie ein Stimmchen in ihrem Kopf. *Warum willst du ihn verletzen? Ihn und dich? Meinst du, es ist nicht endlich an der Zeit, dein Leben zu genießen und nicht immer auf andere Rücksicht zu nehmen?*

Julian sah aus, als würde er die Welt nicht mehr begreifen. Doch dann wurde sein Blick kalt. „Danke, dass du uns die Schlüssel gebracht hast."

Ruckartig drehte er sich um und ging zurück ins Haus. Die Tür fiel mit einem Knall hinter ihm ins Schloss. Einem Knall, der das Ende bedeutete. Das Ende von ihrem kleinen Traum von Glück. Liza stand wie erstarrt. Sie fröstelte, und der dicke Kloß in ihrem Hals drohte sie fast zu ersticken. Was hatte sie getan?

Das Richtige, redete sie sich ein, doch es fühlte sich nicht so an. Liza stieg auf ihr Fahrrad. Der milde Frühlingswind wehte ihr ins Gesicht und ihr liefen die Tränen nur so über ihre Wangen.

Julian verstand die Welt nicht mehr. Was war mit Liza geschehen? Warum diese Drehung um hundertachtzig Grad? Warum stellte sie sich plötzlich als eiskalt dar? Sie war es nicht, sondern weich und verletzlich. Aber er war nicht dumm, sah ein, dass er gegen Mauern rannte und im Moment nicht mit ihr zu reden war.

Am liebsten hätte er sie an den Schultern gepackt und geschüttelt. Oder sie alternativ wirklich über sein Knie gelegt …

Aber all das hätte nichts gebracht. Er würde keine Frau zwingen, bei ihm zu bleiben.

Warum zerbrach er sich überhaupt den Kopf?

Er hatte einen sehr angenehmen Vormittag erlebt.

Doch etwas in ihm sagte ihm deutlich, dass ihm das nicht reichte.

„Was war das denn?“ Sandro kam ihm entgegen.

Julian zuckte die Schultern. „Ich habe nicht die leiseste Ahnung.“

„Du hast sie gefickt, oder?“

„Ja, deswegen verstehe ich es schon zehnmal nicht. Als wenn jemand einen Schalter umgelegt hätte.“

„Sie himmelt dich an.“

„Davon habe ich eben aber nichts gemerkt.“

„Wie?“

„Sie hat es so aussehen lassen, als wollte sie mit uns nichts mehr zu tun haben.“

„Wollte sie ursprünglich wahrscheinlich auch nicht. Du bist ihr da wohl ein wenig in die Quere gekommen.“

„Wie meinst du das?“

„Sie hat dir lediglich die Schlüssel überreichen und nicht mit dir im Bett beziehungsweise in der Küche landen wollen.“

„Und?“

„Verdammt, Julian! Begreifst du nicht? Sie steht auf der anderen Seite. Sie gehört zu den Leuten, die sich von uns betrogen fühlen.“

„Nein“, widersprach er. „Liza ist nicht so.“

Sandro schnaubte ungeduldig auf. „Eben. Das ist der springende Punkt. Sie gegen den Rest der ihren. Was glaubst du, was ihre Mutter sagen wird, falls sie im Hotel zu arbeiten anfängt oder, noch krasser, mit einem ihrer Gegner ein Verhältnis beginnt?"

Julian überlegte. So unrecht mochte Sandro gar nicht haben. Trotzdem verstand er Lizas Verhalten nicht. Schließlich hatte sie gewusst, von wem sie sich ficken ließ.

„Und jetzt?"

„Jetzt lässt du sie erst einmal in Frieden. Sie hat vollkommen durcheinander ausgesehen. Sicher wird ihr ihr Handeln bald leidtun. Sie ist diejenige, die gegangen ist, sie sollte auch diejenige sein, die zurückkommt. Ihr nachlaufen würde ich nicht. Du setzt sie damit nur unter Druck."

Julian verkniff sich ein Seufzen. Da hatte auf starken Mann machen wollen und nun fühlte er sich wie ein Häufchen Elend. Am liebsten wäre es ihm, er könnte in Liza ein kurzes Abenteuer sehen, aber das war ihm nicht möglich. Aus welchem Grund auch immer. Ihr überstürzter Abgang und ihre Worte hatten ihn verletzt, machten ihn gleichzeitig aber auch wütend. Für die Show, die sie abgezogen hatte, gab es keinen Grund. Man konnte über fast alles reden, man musste es nur versuchen. Leute, die vor unangenehmen Gesprächen davonliefen, waren in der Regel nicht sein Fall, denn er scheute so gut wie nie das offene Wort.

„Wo bist du den ganzen Vormittag gewesen?" Die Stimme ihrer Mutter überschlug sich.

Liza starrte sie an. So viel Elan hatte Mum seit Wochen nicht mehr gezeigt.

„Nicht noch einmal beim Hotel, oder?"

„Wie kommst du auf die Idee?"

„Du warst lange fort. Gestern und heute."

Nicht länger als sonst. Allerdings fuhr sie ansonsten meist mit dem Rad herum, weil ihr in der kleinen Wohnung die Decke auf den Kopf fiel.

„Gestern habe ich die Schlüssel fürs Hotel übergeben. Das weißt du doch."

„Du bist Brunos Söhnen begegnet?"

„Ja."

„Warum hast du das nicht gesagt?"

Warum sie das nicht gesagt hatte? Sie hatte bereits vor zwei Wochen erzählt, dass der jüngste von Brunos Söhnen ihr eine WhatsApp-Nachricht geschrieben und sie gebeten hatte, ihnen die Schlüssel persönlich und nicht über den Anwalt zu übergeben. Mum hatte sich daraufhin jedoch in Schweigen gehüllt, als hätte es sie nicht sonderlich interessiert.

„Du hast es gewusst."

„Aber nicht, dass du sie auch wirklich getroffen hast."

Wem hätte sie die Schlüssel denn sonst geben sollen?

„Du hättest den Bund auch in den Briefkasten werfen können."

Schlaue Idee, denn den hätte wiederum niemand öffnen können.

Liza räusperte sich. „Du hast dich nicht erkundigt. Ich war der Meinung, dass es dich nicht interessiert."

„Natürlich tut es das." Zum ersten Mal seit Monaten trat wieder Leben in die Züge ihrer Mutter.

Ja, sie hatte, was Julian betraf, die richtige Entscheidung getroffen. Alles andere hätte in einem Fiasko geendet. In Mums Herz war so viel Schmerz. Ein Schmerz, der sich schnell in Wut, aber auch in Hass wandeln konnte, womit er definitiv die Falschen treffen würde. Denn die Person, die ihren Zorn eigentlich verdient hätte, lebte nicht mehr.

„Was willst du wissen?", fragte sie versöhnlich.

„Sind sie höflich gewesen?"

„Ja. Wie hätten sie denn sonst sein sollen?"

„Arrogant."

„Und warum?"

„Wie schauen die Menschen aus, die uns alles genommen haben?", wechselte ihre Mutter das Thema.

Wie sie aussahen? Gut sahen sie aus, aber das konnte sie so nicht sagen.

Ganz davon abgesehen, dass sie ihnen nichts genommen hatten, denn ihnen hatte noch nie etwas gehört. Schon gar nicht das Hotel.

„Normal."

„Wie meinst du das?"

Liza seufzte auf. „Es handelt sich um drei völlig normal aussehende Männer um die dreißig."

„Sag nicht, dass sie dir gefallen haben!" Ihre Mutter wirkte richtiggehend angriffslustig.

Und genau das war des Guten zu viel.

„Doch. Es handelt sich bei Brunos Söhnen um drei gut aussehende, freundliche Männer."

„Wirklich? Willst du jetzt womöglich auch noch für sie arbeiten?"

Ihre Mutter hatte den Nagel auf den Kopf getroffen, obwohl sie das nicht wissen konnte.

„Wäre wohl nicht die schlechteste Idee. Dann hätten wir wenigstens wieder ein bisschen Geld zur Verfügung."

„Lieber würde ich verhungern."

„So wie es momentan aussieht, kommen wir demnächst in den Genuss."

„Werd' nicht frech! Du weißt, was Bruno alles für uns getan hat."

„Was denn?" Liza hatte ruhig bleiben wollen, aber es gelang ihr nicht.

„Wir hatten eine Wohnung und Arbeit."

„Wir hatten - genau das ist es. Wir hatten, wir haben aber kein Hotel und auch keine Arbeit mehr. Und warum haben wir beides verloren? Nicht wegen Brunos Söhnen, sondern weil er sich nicht darum gekümmert hat, dass wir versorgt sind."

„Bruno hätte nicht gewollt, dass die Söhne seiner Ex-Frau das Hotel erben."

„Es sind nicht nur die Kinder seiner Ex, sondern auch seine. Kinder, um die er sich anscheinend nie großartig gesorgt hat. Sie waren ihm wohl genauso egal, wie die Menschen, mit denen er die letzten Jahre zusammengelebt hat."

„Es reicht, Liza! Ich möchte, dass du gehst."

Sie sollte gehen? Hatte sie richtig gehört?

„Das ist nicht dein Ernst."

„Du wirst in meiner Gegenwart nicht schlecht über Bruno sprechen." Mums Stimme kippte über. „Und du musst mich auch nicht als schwächliches Wesen darstellen. Dann fahr ich eben morgen mit dem Bus in die Stadt und melde mich beim Arbeitsamt."

Liza starrte ihre Mutter an.

Würde sie das wirklich tun?

„Du brauchst gar nicht so zu schauen", keifte sie, doch dann riss sie sich zusammen. „Ich möchte nicht, dass du in Zukunft mit Brunos Söhnen verkehrst."

Jetzt war er ausgesprochen – der Satz, vor dem sie sich gefürchtet hatte.

Aber: Hatte sie ihre Mutter richtig verstanden? Sie würde zum Arbeitsamt gehen?

Wie viele Monate hatte sie genau darauf hingearbeitet, sich gewünscht, dass ihre Mum endlich wieder in die Gänge kam? Und nun? Nun war an die Erfüllung dieses Wunsches eine Klausel gebunden. Eine Klausel, die ihr das Herz zusammenkrampfen ließ, und die lautete: kein Kontakt zu Brunos Söhnen.

Liza schluckte und versuchte so, den dicken Kloß in ihrem Hals zu vertreiben. Sie war ein ehrlicher Mensch und würde sich dem Wunsch ihrer Mutter fügen.

Egal, sie hatte Julian sowieso bereits vor den Kopf gestoßen. Sie brauchte ihn nicht. Sie brauchte gar keinen Mann an ihrer Seite. Für was auch?

Aber der Sex mit ihm war schon atemberaubend gewesen …

Nie hätte sie gedacht, dass sie überhaupt in der Lage war, so intensiv zu empfinden. Gern hätte sie auch noch die ein oder andere Erfahrung gesammelt. Spanking zum Beispiel – allein das Wort ließ es in ihrem Bauch sofort wieder verlangend kribbeln.

Stopp! So etwas brauchte sie ebenfalls nicht.

Ja, vielleicht war es sogar gut, dass sie Julian in nächster Zeit erst einmal nicht mehr begegnen würde. Bestimmt war es das.

Doch dann dachte sie daran, wie er sie in seinen Armen gehalten hatte, und dieses Mal konnte sie die Tränen nicht zurückhalten. Schnell wandte sie ihren Kopf zur Seite, damit ihre Mutter es nicht sehen konnte.

Kapitel 5

Die Renovierung des Hotels ging gut voran. Sie packten alle mit an. Sandro hatte sogar seinen Job gekündigt. Julian hoffte nur, dass sie sich nicht verkalkuliert hatten, aber sie hatten eine Entscheidung bezüglich der Zukunft des Hotels treffen müssen, und sie hatten sie getroffen. Sie würden es zusammen führen. Doch dafür hatte es ganz schön viel Geld gebraucht. Geld, das sie nicht hatten. Das Hotel diente der Bank nun als Sicherheit, und somit war ihnen ein größerer Kredit genehmigt worden. Der Architekt hatte sein Wort gehalten und seine Beziehungen zu den örtlichen Handwerksbetrieben spielen lassen. So waren mittlerweile Böden neu verlegt, die Pools überprüft worden und selbst die Saunen waren wieder einsatzbereit. Heute Nachmittag würden die neuen Möbel für die Zimmer geliefert werden. Auch von außen nahm die Renovierung des Hauses langsam, aber sicher Gestalt an. Der neue Anstrich versprach mediterrane Gemütlichkeit. Allein durch die Farbe passte sich das Gebäude wesentlich harmonischer in die Landschaft ein als zuvor.

Die Temperaturen hatten die letzten Tage ordentlich zugelegt, und so, wie es aussah, würden sie das Sommergeschäft wirklich mitnehmen können. Julian hoffte es, denn sie benötigten dringend

Einnahmen, um mit der Rückzahlung der Kreditraten beginnen zu können. Aber er wollte nicht jammern. Er und seine Brüder waren vom Gelingen des Unternehmens überzeugt. Ihre Mutter hingegen schüttelte über so viel Unvernunft, wie sie es nannte, nur den Kopf.

Julian hatte sich Noahs Transporter geliehen, um diverse Randleisten für die Fußböden zu holen. Wenn sie die angebracht hätten, wären die Arbeiten im großen Speisesaal, aber auch in dem kleinen bistroähnlichen Lokal, das an die Sonnenterrasse anschloss, beendet. Aber nicht nur das, auch eine Bar und eine kleine Diskothek im Keller waren bereits eingerichtet worden. Julian warf einen Blick in den hinteren Teil des Lieferwagens. Hoffentlich hatten seine Brüder die Spanngurte nicht herausgenommen.

Einen kurzen Moment hatte er nicht auf den Verkehr geachtet und schon kam eine rothaarige Frau auf dem Fahrrad ins Straucheln, weil er relativ dicht an ihr vorbeigefahren war.

Rote Haare?

Automatisch trat sein Fuß auf die Bremse. Er hatte Liza seit ihrem überstürzten Abgang nicht mehr gesehen und ebenfalls nichts von ihr gehört. Sie hatten sich auch keine WhatsApp-Nachricht geschrieben, sondern so getan, als wären sie sich nie begegnet. Schon stellte er den Motor ab. Er war gespannt, wie sie reagieren würde, wenn er ihr gleich gegenüberstand.

Liza war bereits abgestiegen, als sie jedoch erkannte, dass es nicht Noah war, der den Wagen fuhr, schwang sie sich sofort wieder aufs Rad und wollte ihm wahrhaftig davonfahren. Er glaubte es nicht.

Eigentlich sollte er sie ignorieren. So ein dummes Verhalten gehörte nichts anderes als ignoriert. Aber in seinem Magen grummelte es vernehmlich vor Wut.

Nein, er würde sie nicht gehen lassen. Das konnte sie vergessen.

Schneller, als Liza schauen konnte, war er aus dem Auto gesprungen und stellte sich ihr in den Weg, sodass ihr nichts anderes übrig blieb, als erneut abzusteigen, wollte sie nicht in ihn hineinfahren. Doch anstatt ihm reumütig gegenüberzutreten, fauchte sie ihn an: „Kannst du nicht aufpassen? Ich wäre fast vom Rad gestürzt."

Julian musterte sie mit hochgezogenen Augenbrauen. Extra, damit sie sich ärgerte. Er verstand beim besten Willen nicht, was die gravierende Änderung in ihrem Verhalten hervorgerufen hatte. Es war, als hätte er einen komplett fremden Menschen vor sich.

Wo war die nette Frau geblieben, die ihn und seine Brüder empfangen hatte? Wo war die Liza, die sich vertrauensvoll in Julians Arme geschmiegt hatte?

Fast schien es, als hätte es den gemeinsam verlebten Vormittag nie gegeben.

Okay, er hätte besser auf den Verkehr beziehungsweise die Straße achten müssen, ebenso wie er die Radfahrerin nicht hätte übersehen dürfen. Aber er hatte sofort gebremst und angehalten, als er sie bemerkt hatte. Natürlich hätte er sich für seine Unaufmerksamkeit entschuldigt, hätte sie ihn nicht angepflaumt. Außerdem stand nun einmal keine x-beliebige Frau vor ihm, sondern Liza. Die Liza, mit der er geschlafen hatte und die nur wenige Minuten danach eine Hundertachtzig-Grad-Wendung hingelegt hatte. Auch im Moment wirkte sie ziemlich wütend und arrogant.

Sie wirkte arrogant?

Die Betonung lag wohl hauptsächlich auf dem Wort *wirkte*, denn ihre Hände krampften sich so fest um den Lenker ihres Rades, dass die Knöchel weiß hervortraten. Und das gab ihm neuen Mut. Mut, obwohl der Ärger immer noch in seinem Magen grummelte.

„Steig ein!"

Liza starrte ihn an. Ihre Verblüffung war nicht zu übersehen.

„Wie meinst du das?"

„So, wie ich es gesagt habe."

„Es gibt keinen einzigen Grund, warum ich das tun sollte."

„Doch, den gibt es."

„Und der wäre?"

„Du bist verdammt scharf auf mich und willst von mir gefickt werden."

Lizas Augen glichen großen, runden Suppentellern. Ein Hauch Unsicherheit trat in sie. Und noch etwas anderes. Verlangen? Lust? Julian ahnte, dass er fast gewonnen hatte, und genau diese Vermutung bestärkte ihn in dem Entschluss, Liza ihr abweisendes Verhalten nicht durchgehen zu lassen. Er stand nicht auf solche Spielchen. Hätte sie ihm klipp und klar gesagt, was ihr auf der Seele lag, hätten sie über alles reden können. Aber nicht so.

„Du spinnst ja."

„Wenn du meinst ...", sagte er leichthin. „Nachdem ich dich gefickt habe, wirst du mir erzählen, warum du dich so verhalten hast. Ich kann nämlich keine Gedanken lesen."

„Ich werde gar nichts."

„Nein?"

Trotz, Unsicherheit und Verlangen spiegelten sich abwechselnd in ihren Zügen wider.

Sie schwieg.

Ein gutes Zeichen!

„Als Erstes stellst du dein Mountainbike am Straßenrand ab." Er betrachtete ihr Rad. „Ah, ich sehe, du hast ein Schloss dabei, dann kannst du es an der Laterne befestigen."

„Nein."

Wieder ein Nein? Langsam wurde er echt ungeduldig.

„Ich soll also weiterfahren?"

Sollte sie *Ja* sagen, würde er sich auf der Stelle umdrehen, in den Lieferwagen steigen, den Motor starten und auf das Gaspedal treten.

Erneut schwieg sie.

„Ich warte auf deine Antwort."

„Nein", quetschte sie zwischen zusammengebissenen Zähnen hervor.

„Ich soll also bleiben?"

Liza sah aus, als würde sie ihn am liebsten eigenhändig erwürgen. „Ja."

„Okay", begann er. „Ich möchte zu gern wissen, was deinen Stimmungsumschwung nach unserem gemeinsamen Vormittag ausgelöst hat."

„Ich will nicht mit dir darüber reden."

„Nein?"

„Nein."

„Und warum nicht?"

„Du bist einfach nicht mein Typ."

„Ach so? Warum soll ich dann bleiben?"

„Das war ein Versehen."

„Ah, ein Versehen?"

Ging es noch?

„Genau."

Am liebsten hätte er sie geschüttelt, denn ihm schwante, dass ihr abweisendes Verhalten wirklich damit zusammenhing, dass sie eigentlich der Gegenseite angehörte. Wahrscheinlich hatte sie genauso wenig wie er damit gerechnet, dass sich auch Gegenseiten sympathisch finden könnten. Vielleicht …

Aber das wollte er von ihr wissen und kein Rätselraten spielen.

„Okay. Wir machen einen Deal."

„Einen Deal?", fragte sie argwöhnisch.

„Du schließt jetzt dein Fahrrad an."

„Das werde ich nicht tun."

„Auch gut. Dann kann es eben jeder mitnehmen."

„Ich werde es schon schaffen, auf mein Rad aufzupassen."

„Wenn du bei mir im Wagen sitzt, wird es dir schwerfallen."

„Ich werde nicht in dein Auto steigen."

„Du hast zwei Möglichkeiten. Entweder du tust es freiwillig oder ich muss dich überreden."

„Überreden?"

„Scheint fast so."

„Begreifst du es nicht? Wir passen nicht zusammen. So einfach ist das."

„Wie kommst du zu dem Schluss?"

„Überleg doch mal." Dann biss sie sich auf die Lippen. Anscheinend hatte sie bereits zu viel gesagt.

„So kommen wir auf keinen grünen Zweig. Außerdem wollten wir uns eigentlich erst später unterhalten."

„Später?" Misstrauisch sah sie ihn an.

Julian runzelte die Stirn. Liza wollte, dass er blieb, aber sie wollte nicht mit ihm reden. Sie sagte nichts dagegen, dass er vorhatte, sie zu ficken, aber erklärte ihm ein paar Sätze später, dass er nicht ihr Typ sei. Nein, es ergab keinen Sinn, dieses Gespräch jetzt fortzuführen. Liza konnte stur sein, doch ihm war auch klar, dass etwas sie belastete und sie genau aus diesem Grund davongerannt war.

War?

Leider tat sie es immer noch. Irgendwie zumindest. Ihre Unschlüssigkeit nervte ihn, ebenso wie die Tatsache, dass sie nicht mit ihm reden mochte.

Eigentlich hätte er sie schon nicht gehen lassen sollen, als sie das Hotel so fluchtartig verlassen hatte. Zeit zum Nachdenken hatte er ihr geben wollen und dabei gehofft, dass sie zu ihm zurückkäme. Doch sein Wunsch war nicht in Erfüllung gegangen. Noch einmal würde ihm dieser Fehler nicht unterlaufen.

Lizas Knie fühlten sich weich wie Butter an. Natürlich hatte sie den Lieferwagen sofort erkannt, aber mit Noah als Fahrer gerechnet. Schneller als sie sich versehen hatte, war allerdings Julian ausgestiegen und hatte ihr den Weg versperrt. Ihr Herz schlug wie ein Presslufthammer. Dennoch oder gerade deshalb versuchte sie, ruhig und cool zu bleiben. Julian sollte ihr keinesfalls anmerken, wie es wirklich in ihr aussah und dass sie vor Freude hätte heulen können. In ihrem Bauch schwirrten mindestens tausend Schmetterlinge wild durcheinander, wobei sich gleichzeitig ein verlangendes Ziehen in ihm ausbreitete, das wiederum zu einem Pochen zwischen ihren Schenkeln führte. Auch dieses Mal sprach Julian so mit ihr, dass sie versucht war, alles für ihn zu tun. Allein sein „Steig ein!" hatte pures Adrenalin durch ihre Adern gejagt.

Doch es gab ein Problem: Sie passten nicht zusammen. Der Grund dafür waren ihre Eltern beziehungsweise die verworrene Situation, in der sie sich momentan befanden.

Aber Julian wollte das anscheinend einfach nicht begreifen und sie dieses Mal nicht gehen lassen.

„So kommen wir auf keinen grünen Zweig." Er seufzte leicht theatralisch auf. „Außerdem wollten wir uns eigentlich erst später unterhalten."

„Später?" Weiter kam sie nicht, denn Julian reagierte blitzschnell, beugte sich hinab, packte sie um die Hüften und hob sie hoch. Erschrocken quiekte sie auf. Klar hätte sie sich wehren können, aber tief in ihrem Inneren wollte sie es nicht. Natürlich nicht, denn noch nie war ihr ein Mann begegnet, den sie so sehr begehrte wie Julian. Mit der linken Hand hielt er sie fest, mit der rechten öffnete er die Hecktür des Lieferwagens. Dann setzte er sie im Laderaum ab. Bevor sie reagieren konnte, schloss sich die Tür mit einem lauten Rums wieder.

Und jetzt?

Zum Glück fiel genug Licht durch die Frontscheibe in den hinteren Teil des Autos, denn in einem dunklen, geschlossenen Laderaum hätte sie sich gefürchtet.

Die Fahrertür öffnete sich und Julian stieg ein. Kurz drehte er sich nach ihr um und nickte ihr zu, dann startete er den Motor.

Was hatte er vor? Wohin brachte er sie?

Bestimmt zum Hotel.

Liza hatte keine Ahnung, sie konnte die Straße von hinten nicht sehen. Ihr Fahrrad musste noch am Straßenrand stehen. Nicht abgeschlossen. Aber die Möglichkeit, dass jemand ihr altes Mountainbike mitnehmen würde, war doch eher gering.

Lizas Herzschlag legte noch einen Zahn zu. Der Wagen rumpelte von rechts nach links. Julian fuhr nicht zum Hotel, sondern musste auf einen Feldweg abgebogen sein. Er bremste und stellte den Motor ab. Dann drehte er sich zu ihr um, kniete sich auf den Sitz, kletterte kurzerhand über die Sitzbank und sprang in den Laderaum. Schon kam er langsam näher. Instinktiv wich sie zurück. Immer weiter, bis ihr Rücken die Wand berührte. Julian blieb ein paar Schritte vor ihr stehen, fixierte sie lediglich mit seinem Blick, der gar nicht mehr gut gelaunt und freundlich wirkte, sondern lauernd und hungrig. Liza lief ein erwartungsvolles Frösteln über den Rücken.

„Dreh dich um und stütz dich mit den Händen an der Wand ab!"

Sie sollte was?

Nun richteten sich auch noch die Härchen an ihren Armen auf, so aufgeregt war sie.

Sollte sie wirklich gehorchen?

Warum nicht?

Schließlich war sie gespannt, was Julian mit ihr vorhatte.

Trotzdem hätte sie ihm zuvor noch gern eine freche Antwort gegeben, aber sein Gesichtsausdruck hielt sie davon ab. Ein Gesichtsausdruck, der ihren Bauch erwartungsvoll kribbeln und ihre Pussy vor Vorfreude feucht werden ließ.

In Zeitlupentempo löste sie sich von der Wand und drehte sich um. Ganz seltsam fühlte sie sich, als sie sich in die vorgegebene Position begab.

Julian schnalzte unzufrieden mit der Zunge. Ein Geräusch, das sie zusammenfahren ließ.

Was wollte er denn?

Sie war doch seiner Anweisung gefolgt.

Julian trat näher. Sie wusste, dass er direkt hinter ihr stehen musste. Ohne Vorwarnung legte er seine Hände auf ihren Hintern und strich fest über ihre Backen.

Einerseits wollte sie reflexartig herumfahren, um der Berührung zu entkommen. Andererseits genoss sie sie und ließ sich von ihr förmlich an die Wand nageln. Gern hätte sie ihren Hintern noch ein wenig höher gereckt, aber sie beschloss, erst einmal abzuwarten, was er mit ihr vorhatte. Julians rechte Hand wanderte nun ihren Rücken hinauf und übte leichten Druck auf ihren Oberkörper aus.

Was sollte das?

Mittlerweile musste sie ihre Armmuskeln anspannen, um nicht abwärts zu rutschen.

Gleichzeitig fasste sein linker Arm um ihre Hüften und zog sie nach hinten. Kurz rang sie mit dem Gleichgewicht, dann sanken ihre Hände die Wand doch ein Stückchen weiter hinab. Ohh …

Julians rechte Hand verließ ihren Rücken, griff nun ebenfalls um ihre Taille und näherte sich dem Knopf ihrer Jeans. Schon schnappte er aus dem Loch, dann wurde der Reißverschluss nach unten gezogen und Julians Hände glitten in ihre Hose und schoben sie mit ihrem Slip über ihre Hüften.

„Heb deinen rechten Fuß!"

Sofort kam sie der Forderung nach.

„Jetzt den anderen."

Wieder gehorchte sie.

Unten ohne stand sie nun nach vorn gebeugt an der Fahrzeugwand. Julian klopfte sacht auf die Innenseiten ihrer Schenkel, die sie bereitwillig öffnete.

„Hm", machte er und klang zufrieden.

Er ließ seine Hand weiter nach oben wandern und strich mit einem Finger leicht über ihre Klit. Ein Schaudern jagte durch ihren Körper. Doch schon war der streichelnde Finger wieder weg. Stattdessen fanden seine Hände erneut auf ihren Hintern zurück und kneteten ihr weiches Fleisch. Gut fühlte sich das an.

„Bereit?", fragte er.

Bereit für was?

Sie ahnte es. Nein, sie wusste es und reckte ihm verlangend ihren Po entgegen.

„Antworte!"

„Ja“, hauchte sie.

Es klatschte. Liza hörte das Geräusch und spürte, dass ihre Haut ungewohnt brannte.

Hmmm.

Das war alles? Das war doch gar nicht schmerzhaft. Eher angenehm. Nicht schlimmer als Epilieren.

Der nächste Schlag traf ihre andere Pobacke.

Das fühlte sich auch okay an.

Sie war beruhigt.

Das Tempo steigerte sich, dennoch hielt sie ihren Hintern tapfer erhoben.

Es klatschte wieder. Lauter als zuvor.

Uff.

Was war das?

Liza schluckte. Der Schmerz drang langsam durch die Schichten ihrer Haut, ging tiefer als die bisherigen Klapse. Sie versteifte sich, streckte die Arme weiter durch und wappnete sich so für den nächsten Schlag und den damit verbundenen Schmerz.

Konnte Julian nicht wieder zu der angenehmen Variante übergehen?

Die wäre wie für sie gemacht gewesen.

Doch das nächste Klatschen sagte ihr, dass die Zeit für kleine Vorbereitungsspielchen der Vergangenheit angehörte. Fest presste sie die Lippen aufeinander, denn beinahe wäre ihr ein Stöhnen entglitten.

Ein weiteres knallendes Geräusch ertönte. Der Schmerz auf ihrer linken Backe war noch zu spüren, während ihre rechte zu glühen begann. Und erneut die rechte. Wie gemein! Ein Gurgeln entwich ihrer Kehle. Jetzt traf es ihre andere Seite. Ohhh …

Nein.

So hatte sie sich das nicht vorgestellt …

Wie denn?

Zärtlicher?

Ihr hätte doch klar sein müssen, dass Schläge nicht zärtlich sein konnten. Aber anfangs …

Anfangs war wohl dazu da gewesen, um sie an das Gefühl des Brennens zu gewöhnen. Wahrscheinlich hatte Julian nur ihre Haut aufwärmen wollen, damit sie auf das Folgende vorbereitet war.

Laut stöhnte Liza auf. Julian schlug nicht nach einem für sie erkennbaren Muster zu. Manchmal traf er eine schon schmerzende Stelle mehrmals hintereinander, dann erfolgte der Schlag auf die andere Backe. Ihr gelang es nicht mehr, die Lippen fest zusammenzupressen. Das Stöhnen drang nun regelmäßig aus ihrem Mund. Ihr ganzes Fühlen war auf den Schmerz konzentriert.

Da hielt er inne.

Nein!

Denn insgeheim wünschte sie sich, Julian hätte noch fester zugeschlagen. Dann hätte sie ihre Wut und Hilflosigkeit über die Zwickmühle, in der sie sich befand, hinausschreien und in Lust und Erregung verwandeln können.

Verdammt! Sie wollte nicht mehr auf die Gefühle anderer Rücksicht nehmen.

Laut schnaubte sie auf.

„Okay", hörte sie Julian sagen, bevor die nächsten Schläge auf ihren Hintern prasselten.

Verdammt!

Sie wimmerte.

„Es reicht." Julians Stimme klang vollkommen ruhig.

Es reicht?

Ja – nein.

Natürlich reichte es.

Und jetzt sollte er sie zum Höhepunkt streicheln.

Als hätte er ihren Wunsch vernommen, fand Julians Hand zwischen ihre Schenkel und fuhr über ihre Klit. Sie spürte, wie erregt sie war, als sein Finger leicht über ihre Haut glitt und mühelos in ihrer pochenden Höhle verschwand. Auffordernd bog sie ihm ihren Hintern weiter entgegen. Doch er entfernte seine Hand. Das Zerreißen von Folie erklang. Es dauerte nicht lange, da positionierte er seine Eichel an ihrer Pussy, drang langsam in sie ein und ließ ihr Zeit, sich an die Fülle in ihr zu gewöhnen. Aber nur kurz, dann zog er sich wieder zurück, stieß tief in sie und fand seinen Rhythmus in festen Stößen. Julians Leisten klatschten auf ihr weiches Fleisch und ihre glühende Haut. Liza versuchte, an der Wand Halt zu finden, aber natürlich gab es keinen. Der ganze Wagen schien im Rhythmus von Julians Stößen zu beben. Jeder, der draußen vorbeilief, musste ahnen, was im Inneren des Autos stattfand.

Eine siedend heiße Welle fuhr durch ihren Körper, ließ ihre Muskeln krampfen und zucken. Sie warf ihren Kopf in den Nacken und verkniff sich ein lautes Stöhnen. Julian stieß noch fester in sie, seine Hände lagen wie Schraubzwingen an ihrer Hüfte, und sie wusste, dass auch er gekommen war.

Ihr Atem ging schnell; sie zitterte unkontrolliert. Julian zog sich das Kondom herunter und entsorgte es in einer Plastiktüte, die auf dem Boden lag. Dann wandte er sich ihr erneut zu, fasste unter ihre Achseln und hob sie vorsichtig an, sodass sie wieder aufrecht stand. Sofort drehte er sie um und schloss sie liebevoll in seine Arme. Vor Wohlbehagen seufzte sie auf. Sanft strich Julian ihr das Haar aus dem Gesicht und hauchte ihr einen Kuss auf die Stirn.

„Es ist wegen deiner Mutter, nicht wahr?“, begann er.

Sie schluchzte auf. Nun hatte er sie genau an dem Punkt, an dem er sie hatte haben wollen. Sie würde reden. Über ihre Gefühle und die Gründe, warum sie ihm aus dem Weg gegangen war. Jetzt konnte sie einem klärenden Gespräch nicht länger ausweichen.

„Du wolltest damals gar nicht gehen, oder?“

Sie schüttelte den Kopf.

„Willst du jetzt wieder davonlaufen?“

„Nein.“

Und sie meinte es so, denn sie wollte nicht ihr ganzes Leben nach ihrer Mutter ausrichten und sie wollte sich schon gar nicht den Kontakt zu Brunos Söhnen verbieten lassen. Bei ihnen könnte sie sogar angestellt werden und Geld verdienen. Beides war ohne den Besitz eines Fahrzeugs in der Gegend kaum möglich. Im Dorf gab es sonst keine Jobs und nur eine katastrophale Busverbindung in die nächste Stadt. Dem Wunsch ihrer Mum weiterhin Folge zu leisten, wäre schlicht und ergreifend eine riesengroße Dummheit.

„Wir werden einen Weg finden."

Liza schmiegte sich an Julian. Zu schön hörten sich seine Worte an, aber sie waren schwer umzusetzen, denn sie würde eine Entscheidung treffen und mit ihren Folgen leben müssen.

„Soll ich versuchen, mit deiner Mutter zu reden? Oder wie wäre es, wenn wir – also Noah, Sandro und ich - uns bei ihr vorstellen würden?"

Entsetzt riss Liza die Augen auf. Ihre Mutter bekäme einen Herzinfarkt, wenn Brunos Söhne an ihrer Tür klingeln würden.

„Ich werde Mum sagen, dass ich im Hotel arbeiten werde." Sie schluckte. „Das heißt, wenn ihr mich noch wollt."

Julian lächelte sie liebevoll an. „Ich finde es wesentlich praktischer, dich in meiner Nähe zu wissen, als dich wieder irgendwo am Straßenrand aufgabeln zu müssen."

Sein Handy klingelte. „Bestimmt Noah, der sich fragt, wo ich mit den Leisten bleibe."

Liza kicherte.

„Kommst du morgen vorbei, um den Vertrag zu unterschreiben?"

Sie nickte. Ja, das würde sie tun.

Julian war weiter zum Baumarkt gefahren, nachdem er sie bei ihrem Fahrrad abgesetzt hatte. Liza hatte zwar ein flaues Gefühl im Magen, was die Reaktion ihrer Mutter betraf, aber sie war fest entschlossen, in Zukunft im *Suite 6* zu arbeiten. Falls sie der Wohnung verwiesen wurde, blieb ihr immer noch die Möglichkeit, im Hotel zu schlafen. So wie zu Brunos Zeiten.

Je näher sie allerdings ihrem Zuhause kam, umso langsamer trat sie in die Pedale. Sie hatte keine Ahnung, wie sie das Gespräch beginnen sollte. Aber es half nichts, sie musste es führen und zu ihren Wünschen stehen.

Liza stellte ihr Fahrrad ab, sperrte die Haustür auf und lief die Stufen hinauf in den ersten Stock. Als sie die Wohnung betrat, saß ihre Mutter am Küchentisch und hielt eine Tasse Kaffee in den Händen. Irgendetwas stimmte nicht.

„Was ist los?"

Mum blickte auf. Ihre Augen waren verweint, die Wangen fleckig.

„Setz dich doch."

Auch das hörte sich nicht gut an. Liza beschloss, erst einmal abzuwarten, was ihre Mutter zu sagen hatte, bevor sie über den Wunsch, im Hotel zu arbeiten, reden würde.

„Was ist passiert?“ Liza durchforstete ihr Gedächtnis. Gestorben konnte niemand sein, der ihr am Herzen lag. Sie hatte nur noch wenige Verwandten; zwei Tanten und einen Onkel, aber mit denen hatten sie schon seit Jahren keinen Kontakt mehr.

„Der Anwalt hat mich in seine Kanzlei bestellt.“

Der Anwalt? Liza ahnte Schlimmes.

„Kannst du dich an diese handschriftliche Notiz, in der vermerkt ist, dass die Erben das Hotel zu führen haben, erinnern?“

Ja, vage konnte sie es. Sie bildete sich auch ein, dass Sandro oder Noah solch eine Klausel erwähnt hatten.

„Es existiert noch ein weiteres Schriftstück.“

Nein …

„Bruno hat mir sein Auto überlassen, damit ich mobil und auch ohne ihn in der Lage bin, von A nach B zu gelangen.“

Liza starrte ihre Mutter an.

Hatte sie sich verhört?

Bruno hatte Mum seinen Wagen vererbt?

Er hatte sich also im Vorfeld Gedanken über sein Ableben gemacht, seinen Kindern bewusst das Hotel und eventuelle Ersparnisse überlassen und ihnen lediglich sein altes Auto. So ein Scheißkerl!

„Warum?“ Wieder lief ihrer Mutter eine Träne über die Wange.

„Ich weiß es nicht.“

„Ich habe doch alles für ihn getan, oder nicht?“

„Ja, das hast du.“

„Er hat gewusst, dass wir ohne Wohnung dastehen würden. Ohne Wohnung, Arbeit und Geld."

Liza schwieg. Was sollte sie auch sagen?

Sie musste Mum nun nicht mehr erklären, dass Bruno nicht der liebevolle Mann gewesen war, für den sie ihn jahrelang gehalten hatte. Das erkannte sie wohl mittlerweile selbst.

Allein bei dem Gedanken daran, wie Bruno sie stets herumkommandiert hatte, wurde Liza immer noch übel.

„Ich werde mich bei der Gemeinde nicht als Verantwortliche für sein Grab eintragen lassen", presste Mum hervor.

Beinahe hätte Liza lachen müssen. Wie konnte sie jetzt nur an das Grab denken?

„Das musst du wissen."

„Er hat mich ausgenutzt. Mich und dich auch."

Liza widersprach nicht; schließlich war es die Wahrheit. Ebenso wie sie es für pure Charakterlosigkeit hielt, dass er sie bewusst hatte leer ausgehen lassen.

Liza wälzte sich von einer Seite auf die andere. Zu viele Gedanken gingen ihr durch den Kopf. Natürlich tat es ihr leid, dass ihre Mutter hatte erfahren müssen, mit was für einem Menschen sie zusammengelebt hatte. Doch gleichzeitig war Liza auch froh. Jetzt gab es endlich eine klare Linie. Niemand hatte ihnen etwas weggenommen, außer Bruno selbst. Vielleicht würde sich Mum nun wieder aufrappeln und sogar Verständnis für ihre

Beschäftigung im Hotel aufbringen können. Von ihrer Beziehung zu Julian musste sie natürlich noch nichts wissen, denn ob und was aus ihnen werden würde, würde die Zeit zeigen.

Überhaupt Julian …

Lizas Gedanken drifteten zurück zu ihrem vormittäglichen Erlebnis in Noahs Lieferwagen.

Ob wohl jemandem das schwankende Fahrzeug aufgefallen war?

Liza schmunzelte. Dann dachte sie an ihr erstes Spanking. Das Klatschen von Julians Händen auf ihrem Po hatte geschmerzt, und doch löste die Erinnerung ein verlangendes Ziehen in ihrem Bauch aus.

Warum verhalf ihr Lustschmerz zu einem so genialen Orgasmus? Einem Höhepunkt, der ihr beim Blümchensex mit Tim verwehrt geblieben war? Sie verstand es nicht. Wahrscheinlich reizte Julian sie als Mann einfach mehr, als Tim es damals getan hatte. Sicher tat er das. Vielleicht war es auch die Neugierde, etwas Unbekanntes auszuprobieren. Aber das glaubte sie nicht. Schon früher hatte ihre Fantasie sie in eine Welt aus Dominanz und Unterwerfung getragen und dabei des Öfteren ihre Hand zwischen ihre Schenkel geführt. Nur hätte sie nie gedacht, jemals einen Mann zu treffen, der sie ihre Fantasien in der Realität erleben lassen würde. Aber mit Julian hatte sie die Möglichkeit dazu.

Am nächsten Morgen gluckerte bereits das Wasser in der Kaffeemaschine, während sich Liza noch auf dem Sofa rekelte. Mum war vor ihr aufgestanden. Das hatte sie seit Monaten nicht mehr getan.

„Guten Morgen“, rief sie gut gelaunt.

„Morgen, mein Kind.“ Mum stellte zwei Tassen auf den Tisch und setzte sich.

Liza schwang die Beine auf den Boden, stand auf und nahm ebenfalls Platz. „Geht es dir ein bisschen besser?“

„Ich habe heute Nacht viel nachgedacht. Vielleicht bekomme ich nun die Strafe dafür, dass ich einer Frau den Mann und Kindern den Vater weggenommen habe.“

Liza horchte auf. Noch nie hatte ihre Mutter über die Vergangenheit gesprochen. Aber: Was sollte das Gerede von Strafe? So ein Blödsinn!

„Du hast niemandem etwas weggenommen.“

„Irgendwie schon. Ich habe gewusst, dass Bruno verheiratet war und Kinder hat.“

„Du hast dich ihm aber bestimmt nicht aufgedrängt.“ Das konnte sich Liza nicht vorstellen.

„Ich habe damals in der Bäckerei gearbeitet. Bruno ist jeden Vormittag vorbeigekommen. Einmal hat er dann abends auf mich gewartet. Wir sind spazieren gegangen und haben uns unterhalten.“

Liza schwieg.

„Er hat erzählt, wie unglücklich er mit seiner Frau ist, sie als herrschsüchtig dargestellt. Er hat mir so leidgetan.“

Mitleid? Mitleid mit Bruno, dem Mann der großen Worte?

„Bruno?“ Sie konnte sich die Frage nicht verkneifen.

„Ja, er hat mir damals sein Herz ausgeschüttet.“

Und du bist auf sein Gerede hereingefallen.

„Du hast dich in ihn verliebt?“

„Ja. Er war ein Mann von Welt. Viele Mädchen haben sich für ihn interessiert, doch er hatte nur Augen für mich. Ich habe mich so geschmeichelt gefühlt.“

So sehr, dass du alles für ihn getan hast, dachte Liza, sprach es allerdings nicht aus. Da hatte Bruno eine Dumme gefunden gehabt, eine Frau, die ihm alle Wünsche von den Augen abgelesen hatte.

„Du brauchst dir keine Vorwürfe zu machen. Der einzige Mensch, der sich welche hätte machen müssen, ist tot. Dass Bruno dir nichts vererbt hat, ist eine Frechheit und keine Strafe.“

Mum seufzte auf. „Ich werde schauen müssen, dass ich eine Arbeit finde.“

„Ein Auto hast du ja jetzt.“ Liza hielt inne. „Wo ist es überhaupt?“

„Keine Ahnung. Abgeholt worden. Schon vor Monaten.“

„Hat der Anwalt nichts über den Verbleib gesagt? Du müsstest wenigstens den Wert des Fahrzeugs erhalten, falls es verkauft worden ist.“

„Er will den gegnerischen Anwalt diesbezüglich anschreiben.“

Nun seufzte Liza ebenfalls auf. „Wir hätten auch einfach mit Brunos Söhnen reden können."

„Die würden nicht mit mir sprechen."

„Wie kommst du auf die Idee?"

„Ich bin immerhin die Frau, die ihnen den Vater genommen hat."

„Ich glaube nicht, dass sie das so sehen. Er hätte sich ja trotzdem um sie kümmern können."

„Jetzt läuft es eben wieder über die Anwälte."

„Was zum Schluss mehr kostet, als das Auto wert ist."

Mum zuckte die Schultern.

„Du könntest den Anwalt anrufen und sagen, dass du dich erst einmal selbst darum kümmern möchtest."

„Ich kenne die jungen Männer doch gar nicht."

„Aber ich."

„Stimmt. Du hast ihnen ja die Schlüssel für das Hotel übergeben."

„Nicht nur. Ich werde heute einen Arbeitsvertrag bei ihnen unterschreiben."

„Was?" Ihre Mutter stellte mit einem Klirren die Tasse zurück auf den Tisch.

„Nenn mir einen guten Grund, warum ich es nicht tun sollte."

„Haben sie dir wirklich einen Job angeboten?"

„Ja."

„Vielleicht haben sie ein schlechtes Gewissen, weil wir leer ausgegangen sind."

„Keine Ahnung. Ich glaube, es ergibt keinen Sinn, sich diesbezüglich den Kopf zu zerbrechen."

Mum nippte erneut an ihrem Kaffee. „Ich kann mich mit dem Gedanken nicht anfreunden, dass du wieder im Hotel tätig sein wirst."

„Was ist so schlimm daran?"

„Dort liegen meine Träume begraben."

Liza verstand ihre Mutter. Vielleicht zum ersten Mal seit Jahren. Sie war eine Frau vom Land, die sich in einen Mann von Welt verliebt und sich ihm gegenüber immer minderwertig gefühlt hatte. Stets hatte sie seinen Anforderungen gerecht werden wollen und sich dabei selbst vergessen. Und jetzt, ein paar Monate nach seinem Tod, zerplatzte mit einem Mal das Bild, das sie sich von ihm gemacht hatte, und sie erkannte, dass sie ganz schön ausgenutzt worden war.

„Vergiss die Träume! Sie sind es nicht wert, ihnen nachzuweinen."

„Die Leute werden reden."

„Interessiert dich das?"

„Damals haben sie über mich bestimmt auch geredet."

„Und hat dich das von deinem Weg abgebracht?"

„Nein."

„Dann lass mich meinen Weg bitte ebenso gehen."

Mum zuckte mit den Schultern und seufzte dabei. „Du musst wissen, was du tust. Aber pass auf, dass dich Brunos Söhne nicht ausnehmen."

„Das werden sie nicht." Liza stand auf, ging zu ihrer Mutter, beugte sich zu ihr hinab und umarmte sie.

Kapitel 6

„Natürlich kann ich den Vertrag fertigstellen, aber glaubst du, dass Liza ihn wirklich unterzeichnen wird?“ Noah blickte äußerst skeptisch drein.

„So lange, wie Julian zum Holen der Leisten gebraucht hat, hat er gute Überzeugungsarbeit geleistet.“ Sandro grinste wissend.

„Intime Beziehungen zu den Angestellten sind nicht gestattet.“

Julian schwang drohend eine der Holzlatten, die er gestern lediglich schnell ausgeladen und bei der zukünftigen Rezeption abgestellt hatte, in Noahs Richtung.

„Du wirst zu nichts zu gebrauchen sein und Liza nur von der Arbeit abhalten“, prophezeite Noah.

„Ich werde ein Auge auf die beiden haben.“ Sandro machte ein strenges Gesicht.

Julian stöhnte leicht genervt auf. „Ihr kommt euch schon sehr witzig vor, oder?“

„Nee, warum sollten wir?“

„Sieh zu, dass du den Vertrag vorbereitest. Liza kommt im Lauf des Vormittags vorbei, um ihn zu unterschreiben.“

Es klopfte an der Eingangstür.

Niemand klopfte in einem Hotel an, bevor er eintrat. Auch nicht, wenn es renoviert wurde.

„Ja?“, rief Sandro.

Die Tür öffnete sich und eine Frau kam herein.

„Können wir Ihnen helfen?“ Julian blickte ihr neugierig entgegen.

Mit einer fahrigen Bewegung strich sie sich das mit grauen Strähnen durchzogene rotblonde Haar hinter die Ohren.

Rotblondes Haar – ihm schwante nichts Gutes. Er blickte ihr ins Gesicht. Die Ähnlichkeit zu Liza war nicht zu übersehen, und irgendwer musste ihr die auffällige Farbe schließlich vererbt haben.

„Ich würde gerne wissen, was aus Brunos Wagen geworden ist?“ Keine Begrüßung, nichts.

Julian hatte es geahnt. Niemand Geringeres als Lizas Mutter stand vor ihnen.

Nur … *so* hatte er sich das Kennenlernen nicht vorgestellt. Harmonisch hätte es verlaufen sollen und am besten nichts mit der Erbschaft zu tun haben.

Er beschloss, sich erst einmal aus der nahenden Unterhaltung herauszuhalten.

„Aus dem Wagen unseres Vaters?“ Sandro war höflich, doch Julian entging der leicht bissige Unterton nicht.

„Ja.“

„Warum?“

Das Gespräch begann nicht gut. Gar nicht gut.

„Warum?“ Die Stimme von Lizas Mutter klang leicht schrill. Geschafft sah sie aus. Tiefe Ringen lagen unter ihren Augen. „Weil er ihn mir vermacht hat.“

Julian verstand nicht ganz, wovon sie sprach, denn der Wagen seines Vaters war in keinerlei Unterlagen erwähnt worden.

„Wie kommen Sie zu dieser Ansicht?"

Ihre Wangen verfärbten sich leicht rot. „Es gibt eine Art Testament. Mein Anwalt hat es mir gestern mitgeteilt, auch Ihrer müsste darüber informiert sein."

Fragend schaute Julian Noah an, doch der zuckte mit den Schultern und warf einen Blick auf die ungeöffneten Briefe, die sich auf der Theke stapelten.

Es war durchaus möglich, dass sich ein anwaltliches Schreiben darunter befand.

„Wir haben nichts bekommen." Eisern ignorierte er den nicht eben kleinen Papierberg.

„Dann wird der Brief wohl heute eintreffen."

„Möglich. Aber solange wir nichts Schriftliches in der Hand haben, müssen wir Ihnen keine Auskunft über den Verbleib des Wagens geben."

„Vielleicht sollten Sie Ihre Post lieber öffnen, statt sie zu sammeln."

Auch ihr war Noahs Blick zu den Briefen nicht entgangen.

„Das sollten Sie wohl uns überlassen."

Konnte sich Sandro nicht beherrschen und ein bisschen freundlicher auftreten?

Ihm zuliebe?

Doch das war nicht Sandros Art. Sein Bruder war immer höflich, wenngleich er manchmal ein wenig arrogant wirken konnte, aber er erwartete auch ein höfliches Verhalten ihm gegenüber. Und Lizas Mutter hatte schon mit ihrem ersten Satz nicht punkten können. Wenn er ehrlich war, fand er die Art und Weise, wie sie sich benahm, ebenfalls nicht besonders ansprechend. Aber okay, sie fühlte sich wahrscheinlich hintergangen, ausgenommen und betrogen.

Er hätte jedoch über ihre Äußerungen hinweggesehen. Er, aber eben nicht Sandro. Wenigstens mischte sich Noah nicht ein, sondern lauschte nur interessiert dem Gesprächsverlauf.

„Wenn Sie möchten, können Sie sich das Schreiben meines Anwalts durchlesen", bot Lizas Mutter ihnen an.

Julian nickte, doch Noah kam ihm, aber auch Sandro, mit einer Antwort zuvor. „Das wäre nett."

Sofort fingerte die Frau in ihrer Handtasche herum und reichte ihm einen Umschlag. Noah entnahm das Schreiben und überflog es, dann nickte er. „Unser Vater scheint eine zweite handschriftliche Notiz inklusive Unterschrift angefertigt zu haben, in der er erwähnt, dass sein Fahrzeug nach seinem Tod in den Besitz seiner Lebensgefährtin übergehen soll."

Was?

Ihr Vater hatte sich anscheinend sehr wohl über sein Erbe Gedanken gemacht und ihnen bei vollem Bewusstsein das Hotel überlassen. Wie schmerzhaft dies für Lizas Mutter sein musste, konnte er sich wahrscheinlich nur annähernd vorstellen.

Selbst Noahs Gesicht war ungläubig verzogen.

„Ich möchte das Auto zurückhaben."

„Das ist unmöglich. Wir haben den Wagen mittlerweile verkauft."

„Das hätten Sie nicht gedurft."

Doch, denn niemand hatte ahnen können, dass nach so langer Zeit noch eine zweite Notiz auftauchte.

„Steht in dem Schreiben, wo dieser Vermerk plötzlich herkommt?" Sandro schien sich eine ähnliche Frage wie er gestellt zu haben.

Noah schüttelte den Kopf. „Da werden wir unseren Anwalt doch noch einmal kontaktieren müssen."

„Sie können mir auch einfach den Wagen geben, der mir rechtlich zusteht."

Noah zuckte bedauernd die Schultern. „Wie bereits gesagt, das ist nicht möglich."

Julian seufzte gequält auf. „Ich habe ihn für dreitausendachthundert Euro verkauft. Wir können Ihnen diesen Betrag natürlich überweisen."

„Nicht einmal für viertausend Euro?" Lizas Mutter schnaubte empört auf. „Das Auto war viel mehr wert."

„War es nicht, sonst hätte ich es zu einem anderen Preis angeboten."

„Bruno hat Ihnen doch schon das Hotel vermacht. Hätten Sie mir nicht wenigstens den Wagen lassen können?"

„Wir …", begann er, aber Sandro winkte ab.

„Da bin ich", ertönte in dem Moment eine helle Stimme, kurz bevor die Eingangstür ins Schloss fiel. „Mum!" Liza riss entsetzt die Augen auf. „Was machst du hier?"

„Ich wollte mein Auto abholen."

„Mum!"

„Der Preis, für den Brunos Söhne es verkauft haben, ist ein Witz! Die haben doch schon unser Hotel, jetzt ist das Auto auch noch weg."

„Es lässt sich mit Sicherheit eine Möglichkeit finden …", stammelte Liza hilflos.

„Julian hat das alte Ding für fast viertausend Euro verkauft. Mehr war da nicht zu machen", fiel Sandro ihr ins Wort und war wieder einmal schonungslos ehrlich.

„Das alte Ding?" Die Wangen von Lizas Mutter legten erneut an Farbe zu.

„Reg dich nicht auf!", versuchte Liza, sie zu beruhigen, doch auch ihre Stimme klang hektisch. „Wir haben seit Brunos Tod kein Fahrzeug mehr", fügte sie erklärend hinzu.

„Was nicht unsere Schuld ist", stellte Sandro sofort klar.

Natürlich hatte er recht, aber das würden die zwei Frauen in dem Moment bestimmt nicht einsehen.

„Lass uns gehen!" Lizas Mutter drehte sich mit einem Ruck um. „Ich hätte die Sache mit Brunos Auto gleich den Anwalt regeln lassen und nicht auf dich hören sollen."

„Aber warum bist du denn …?"

„Ich werde mir von meiner Tochter nicht vorschreiben lassen, wohin ich zu gehen habe und wohin nicht. Dieses Gebäude ist einst unser Zuhause gewesen. Hast du das vergessen?“

Liza seufzte gequält auf.

„Ich wünschte, ich hätte Bruno nie kennengelernt, doch das kann ich nun nicht mehr ändern.“

„Seine Söhne können nichts dafür, dass er so ein A…“

„Nein, aber ich will den Wagen trotzdem.“

„Du bekommst bestimmt das Geld, das sie für ihn erhalten haben.“

Liza warf ihm einen Hilfe suchenden Blick zu und er nickte zustimmend. Natürlich würde ihre Mutter das Geld, das er für das alte Auto eingenommen hatte, bekommen. Er hoffte nur, dass sie den Betrag akzeptieren und nicht erneut den Anwalt einschalten würde.

Trotz der verkorksten Situation fühlte sich Julian erleichtert, denn er hatte angenommen, dass Liza sich wieder gegen ihn und seine Brüder entscheiden würde, aber sie handelte nicht so, sondern versuchte es ihnen, und natürlich auch ihrer Mutter, recht zu machen. Sie tat ihm von ganzem Herzen leid, hin- und hergerissen wie sie war.

Liza glaubte, ihren Augen nicht zu trauen, als sie Mum in der Empfangshalle stehen sah. Auf einen Blick hatte sie die Situation erfasst. Ihre aufgewühlte Mutter, ein konsequent wirkender Sandro sowie Noah und Julian, die versuchten, sich weitgehend aus einem Disput herauszuhalten. Leider war es gerade Julian gewesen, der Brunos Wagen verkauft hatte. Klar, denn er reparierte in seiner Freizeit alte Autos, kannte sich somit mit dem An- und Verkauf aus.

Lizas erster Impuls war es, ihre Mutter am Arm zu fassen und sie so schnell wie möglich aus dem Hotel zu bringen. Sie wollte unbedingt vermeiden, dass sich die Fronten weiter verhärteten.

„Ich werde mir von meiner Tochter nicht vorschreiben lassen, wohin ich zu gehen habe und wohin nicht. Dieses Gebäude ist einst unser Zuhause gewesen. Ist dir das entgangen?“, hörte sie Mum sagen.

Der Vorwurf traf sie, machte sie aber auch ärgerlich. Ärgerlich, denn sie war nicht für andere Menschen verantwortlich. Beinahe hätte sie es wieder vergessen. Dabei musste jeder selbst wissen, was er tat, und sie wollte weder ihre Mutter noch Julian verlieren.

„Habt ihr eigentlich meinen Vertrag aufgesetzt?“, fragte sie so locker, wie es ihr möglich war.

Vier Personen schauten sie überrascht an.

„Liza!“

„Was ist, Mum? Du wusstest doch, dass ich wieder im Hotel arbeiten möchte.“

„Aber ...“

„Die Rohfassung habe ich fertiggestellt. Ich muss nur noch einmal drüberlesen, dann können wir uns unterhalten, ob du mit dem Gehalt und den Arbeitsbedingungen einverstanden bist“, erklärte Noah und lächelte ihr freundlich zu. Julian dagegen blieb erst.

„Ich begleite nur schnell meine Mutter hinaus. Du kannst mir den Vertrag gern auch in der Rohfassung zeigen, dann kann ich gleich sagen, wenn mir etwas nicht gefällt.“

Julian schmunzelte und zwinkerte ihr sichtlich erleichtert zu.

„Liza“, begann ihre Mutter erneut, doch sie schüttelte den Kopf und deutete auf die Eingangstür. Mum zögerte kurz, aber dann nickte sie zustimmend. So liefen sie gemeinsam hinaus. Fast wie früher.

Liza hielt ihr Gesicht der Sonne entgegen und atmete tief durch.

„Willst du wirklich für Brunos Söhne arbeiten? Der Dunkelhaarige ist alles andere als freundlich.“

Sie seufzte. „Ich glaube, ihr habt einfach aneinander vorbeigeredet, deswegen wollte ich doch die Sache mit Brunos Wagen regeln.“

„Ich bin kein kleines Kind. Ich kann das selbst erledigen.“

Liza antwortete nicht. Schließlich wussten sie beide, dass dieser Alleingang beinahe in die Hose gegangen wäre. Zum Glück war sie noch rechtzeitig zu dem Gespräch dazugekommen.

„Du wirst den Vertrag also wirklich unterschreiben?“

„Ja.“

Mum nickte, allerdings lag schon wieder ein bitterer Zug um ihren Mund. Liza biss sich auf die Lippen, um sich nicht erneut zu rechtfertigen. Ständig war sie versucht, in ihre alte Angewohnheit zurückzufallen, aber es gab keinen Grund dafür.

Wortlos lief Mum weiter.

Wie konnte sie nur so stur sein?

Ein dicker Kloß bildete sich in ihrem Hals.

„Bis heute Abend!", rief sie, aber ihre Mutter verlangsamte ihren Schritt nicht. Mühsam versuchte Liza, die aufsteigenden Tränen zurückzuhalten.

Da schlossen sich zwei Arme um sie. „Sie wird sich beruhigen. Sie braucht nur ein bisschen Zeit, um sich an die neue Situation zu gewöhnen."

Liza nickte.

Julian hatte sicherlich recht, trotzdem war sie verletzt. Es widersprach ihrem Harmoniebedürfnis, ihre Mutter wütend gehen zu lassen. Julian hauchte ihr einen Kuss auf die Wange. Sie griff nach seinen Armen, die sie hielten, schmiegte sich enger an ihn und plötzlich fühlte sie sich gar nicht mehr so allein.

„Deine Mutter bekommt das Geld für das Auto natürlich. Aber was hältst du davon, wenn ich mich außerdem nach einem günstigen Wagen für sie umsehe?"

„Mum hat kein Geld. Ich weiß, Bruno ist dein Vater, aber er hat sie wie eine billige Arbeitskraft behandelt, und sie hat ihn vergöttert. Ihr ist nie in den Sinn gekommen, dass er sie nur ausgenutzt haben könnte."

„Du musst dir keine Gedanken machen. Ich habe nicht allzu viele Erinnerungen an ihn. Sein Tod hat mir nichts bedeutet."

„Er hat sich wirklich nie bei euch gemeldet?"

„Nein. Unsere Mutter war froh darüber."

„Eigentlich hätte Bruno uns alle haben können, aber er hat uns von sich gestoßen und nur an sich gedacht."

„Menschen sind eben verschieden."

„Hm."

„Den Wagen muss deine Mutter natürlich nicht bezahlen. Es ist eine kleine Wiedergutmachung, weil ich Brunos verkauft habe."

„Das musst du nicht tun."

„Ich möchte es aber."

„Warum?"

„Vielleicht möchte ich mich bei der Mutter meiner Freundin beliebt machen."

Seiner Freundin?

Es wurde ihr ganz warm ums Herz.

„Du willst dich einschleimen?" Angestrengt verkniff sie sich ein Kichern.

„Wie bitte?"

„Du hast mich schon verstanden", prustete sie los.

„Soll ich dich hier vorm Hotel übers Knie legen?", knurrte Julian.

„Wenn du als dominanter Hotelier potenzielle Gäste vertreiben möchtest."

„Vielleicht locke ich sie dadurch erst an."

„Ganz schön eingebildet."

„Lange kann ich mich nicht mehr beherrschen, dann ist es mir egal, was irgendwer von mir denken könnte."

„Echt? Vielleicht sollten wir doch lieber wieder hineingehen?"

„Ja, die Zimmer sind schon fast fertig."

„Ich meine, damit ich meinen Vertrag unterschreiben kann." Mit einem Ruck löste sie sich aus seiner Umarmung, drehte sich um und schlang nun ihre Arme um Julians Hals. Dann zog sie seinen Kopf zu sich hinab und küsste ihn.

„Doch auf ein Zimmer?"

Liza widersprach nicht. Ihr Bauch zog sich verlangend zusammen, was ein gleichmäßiges Pochen zwischen ihren Schenkeln auslöste. Den Vertrag würde sie auch in einer Stunde noch unterschreiben können.

Epilog

Für Lizas Mutter waren die letzten Monate hart gewesen. Nach so vielen Jahren hatte sie erkennen müssen, dass sie einen Großteil ihres Lebens einem Macho geopfert hatte, der sie nur ausgenutzt hatte. Oft war es ganz schön schwer, mit der neu gewonnenen Freiheit umzugehen. Aber sie hatte ja Liza - ihre Tochter mit dem riesengroßen Herzen, die sie nie im Stich ließ.

Julian hatte das Geld für Brunos Wagen überwiesen und ihr ein altes, aber fahrtüchtiges Auto geschenkt. Überhaupt war da mehr zwischen Liza und Brunos jüngstem Sohn, aber das wollte sie nicht so genau wissen, denn im Moment hatte sie noch daran zu knabbern, dass Liza im *Seegrün* oder besser gesagt im *Suite 6*, wie das Hotel sich nun nannte, arbeitete.

Dennoch verschloss sie die Augen nicht vor dem Glück ihrer Tochter. Ihr zuliebe nahm sie sogar an der Feier zur Neueröffnung des ehemaligen Casinos teil. Eigentlich erinnerte fast nichts mehr an den heruntergekommenen Schuppen, in dem sie früher gearbeitet hatte.

Das *Suite 6* erstrahlte im neuen Glanz. Ein Wellness-Hotel. Wie der Architekt es einst vorgeschlagen hatte. Mit Brunos Söhnen als Hoteliers. Wer hätte das gedacht?

Was sollte da schon schiefgehen?, hatte Liza sie gefragt.

Und langsam fragte sie sich das auch.

Layla Sommer

Suite 6

Teil 2 – Alles oder nichts

Kapitel 1

Die Scheibenwischer bewegten sich von links nach rechts und schafften es kaum, der Wassermassen, die über die Windschutzscheibe des Taxis liefen, Herr zu werden.

„Ein schreckliches Wetter haben Sie in Ihrem Urlaub erwischt." Der Taxifahrer wollte schon die ganze Zeit über Konversation betreiben, aber Lydia war nicht nach Small Talk zumute. Stets wurde von ihr verlangt, höflich zu lächeln. Zumindest in der Öffentlichkeit. Dabei war sie tief in ihrem Inneren nicht der gesprächige Typ, sondern eher schweigsam.

Das war nicht immer so gewesen. Okay, beim Malen hatte sie sich noch nie gern unterhalten, doch früher hatte sie dabei Musik gehört oder gesungen.

Aber Steffen, ihr Lebensabschnittsgefährte, mochte das nicht. Weder Musik noch den Klang ihrer Stimme. Er hatte sie ausgelacht oder alternativ die Stereoanlage ausgeschaltet. Als sie auf Kopfhörer umgestiegen war, hatte er sich über ihr ulkiges Aussehen aufgeregt.

Nach außen hin wirkte ihre Beziehung perfekt. Er, der fürsorgliche Freund der angesehenen Künstlerin. Manchmal fragte sich Lydia, warum ihre Gemälde nicht düsterer wurden, aber sie brauchte als Ausgleich für ihre Einsamkeit helle, freundliche Farben, denn sie entführten sie in eine andere Welt. Eine Welt, in der die Sonne schien und nicht der Regen auf eine Windschutzscheibe trommelte.

„Die nächsten Tage soll es besser werden. Sommerlich warm haben sie vorhin im Radio gesagt", redete der Mann weiter.

Sommerlich warm?

Das würde ihr guttun. Ansonsten hatte sie dem Wetterbericht schon seit Monaten nicht mehr gelauscht, denn es war ihr egal geworden, ob der Himmel blau, grau oder schwarz war.

„Das Hotel hat eben erst Wiedereröffnung gefeiert. Wellness wird jetzt angeboten. Davor war es ein heruntergekommenes Casino." Er warf ihr einen kurzen Seitenblick zu. „Ich habe letztens eine Dame vom *Suite 6* zum Bahnhof gefahren. Die Frau hat sich sehr positiv über das Haus geäußert."

Das hörte sich doch gut an …

Heruntergekommenes Casino – die Worte des Taxifahrers hatten sie schon etwas geschockt, aber das Hotel schien jetzt komplett renoviert worden zu sein. So hatten es zumindest die Fotos in dem Flyer versprochen.

Aber noch viel besser war, dass Steffen sie hier nicht finden würde. Er würde ihre Freunde kontaktieren, aber die wussten von nichts, denn sie hatte seit Monaten keinen Kontakt mehr zu irgendwem gepflegt. Selbst ihren Vater hatte sie bereits längere Zeit nicht mehr besucht und ihre Mutter lebte schon lange nicht mehr.

„Ist Ihnen die Anreise mit dem eigenen Auto zu weit gewesen?"

Sie räusperte sich. „Ja."

Dabei lag ihr Zuhause gar nicht so weit von ihrem Urlaubsziel entfernt. Ein bisschen mehr als hundert Kilometer. Aber sie hatte sich nicht getraut, ihren Wagen zu benutzen. Steffen kontrollierte so ziemlich alles, was ihr tägliches Leben betraf. Es gab eine Kamera vor der Haustür – zum Abschrecken von Einbrechern, behauptete er. Letztendlich überprüfte er damit jedoch jeden ihrer Schritte, was ihr gar nicht so bewusst gewesen war, bis er sich darüber aufgeregt hatte, als sie in dieser Woche zwei Päckchen per Post erhalten hatte. Er mochte es nicht, wenn sie das Geld unüberlegt ausgab und ihn nicht um seine Zustimmung bat. Jetzt musste sie erkennen, dass er die Aufnahmen tatsächlich akribisch auswertete. Auch im Garten hing eine Kamera, und in der Wohnung lag eine auf dem Garderobenschrank, die angeblich nicht funktionstüchtig war. Sie fühlte sich richtiggehend verfolgt und Steffens abnormales Verhalten machte ihr Angst. Wie ein Dieb hatte sie sich heute Vormittag, nachdem er zur Arbeit gegangen war, zur Hintertür hinausgeschlichen. Stets darauf achtend, nicht in irgendeinen Aufnahmebereich zu gelangen, da fast die komplette Terrasse überwacht wurde. Sie hatte mit ihrem Handy ein Taxi gerufen, es in die Nebenstraße bestellt und sich zum Bahnhof bringen lassen. Die Fahrkarte hatte sie erst kurz bevor sie in den Zug gestiegen war aus dem Automaten geholt. Auch auf den Namen des Hotels konnte Steffen nicht kommen. Der Verlauf ihres Browsers zeigte keine etwaigen Ferienorte an, denn sie hatte Google vorsichtshalber nicht befragt. Es war ein Zufall gewesen, der sie auf das Wellnesshotel aufmerksam gemacht hatte; ein kleiner Stapel farbenfroher Flyer zur Neueröffnung eines Reisebüros in der Stadt. Gebucht hatte sie dann telefonisch von ihrem Handy aus. Ein Smartphone, das sie bei sich trug und für das es keinen Einzelverbindungsnachweis gab.

Lydia wusste nicht, was sie mit ihrer Flucht bezwecken wollte. In ein paar Tagen würde sie zurückkehren müssen und noch wesentlich mehr Schwierigkeiten haben als im Moment. Aber wäre sie jetzt nicht davongelaufen, wäre sie irgendwann zugrunde gegangen. Sie wollte doch das Leben endlich wieder genießen können, wusste nur nicht, wie sie es anstellen sollte. Sie war in eine Art Abhängigkeitsverhältnis zu Steffen geraten, entstanden aus kleinen Ängsten, die er immer weiter geschürt hatte.

Lydia sah aus dem Fenster. Stetig ging es den Berg hinauf. Bizarre Felsenwände ragten neben ihr in die Höhe.

„Nachdem hier schon viele Motorradfahrer verunglückt sind, ist das Tempo auf dreißig Stundenkilometern begrenzt worden. Streckenweise sind sogar nur zehn erlaubt."

Lydia konnte sich gut vorstellen, wie sehr es Motorradfahrer faszinieren musste, die Geschwindigkeit ihres Fahrzeugs in den Serpentinen auszureizen und sich tief in die Kurven zu legen. Es stimmte sie traurig, dass diese Leidenschaft so vielen Menschen das Leben kostete, und es zeigte ihr auch, wie eng Spaß und Tod beieinanderliegen konnten. Dieses Wissen gab der Schönheit der Landschaft einen Punkt Abzug, was nicht einmal der Regen schaffte, denn der vermittelte ihr sogar ein Gefühl von Heimeligkeit. Kurz schloss Lydia die Augen und sofort hatte sie Farben in ihrem Kopf. Farben, die auf die Leinwand wollten. Sie würde sie verlaufen und ineinander verschmelzen lassen, um ihre Gefühle auszudrücken. Manchmal mochte sie auch diese Art der Malerei, die ihre Träume widerspiegelte. Doch damit verdiente sie kein Geld; diese Bilder gehörten ausschließlich ihr.

„So, jetzt sind wir oben. Wir müssen noch durch das Dorf, dann können wir das Hotel bereits sehen", unterbrach der Fahrer ihre Gedanken.

Lydia nickte. Der Regen ließ ein wenig nach, als sie durch den kleinen Ort fuhren, in dem es nur ein paar Straßen zu geben schien. Kein Supermarkt, keine Gaststätten, nichts, was auf ein öffentliches Leben hinwies.

Ob ihr das nicht doch ein wenig langweilig werden würde?

Einsamkeit hatte sie bereits zu Hause genug. Außer Steffen hatte sie kaum einen Menschen zum Reden. Ab und zu ein paar Worte mit den Nachbarn – das war's. Und nun hatte sie in einer Gegend Urlaub gebucht, in der Freizeitmöglichkeiten rar gesät waren.

Oh, eine Bäckerei …

Auch egal, wenn es nur ein Geschäft in diesem Ort gab. Dann würde sie eben das Schwimmbad im Hotel nutzen, in die Sauna gehen, sich massieren lassen. Alles Dinge, die sie seit Jahren nicht mehr getan hatte und die besser waren, als daheim zu sein.

„Sehen Sie den See?"

Wieder nickte sie.

„Das Gebäude dahinter?"

„Ja."

„Früher hieß es *Seegrün*."

„Warum ist es unbenannt worden?"

„Der alte Hotelier ist verstorben. Seine Söhne führen nun das Haus und haben es komplett renovieren lassen."

„Mehrere Brüder?"

„Ja."

„Das ist schön", sagte sie leichthin.

„Ja, ja. Nicht nur das Hotel ist was Feines. Auch nach den drei Hoteliers verrenken sich die Frauen die Köpfe."

„Woher wissen Sie das?", erkundigte sie sich interessiert.

„Das hat sich mittlerweile herumgesprochen."

„Dann scheinen die Hoteliers ja ziemlich beliebt zu sein."

„Nein, so einfach haben die es hier nicht, denn sie sind nicht aus der Gegend."

Lydia verkniff sich ein „Aha". Dem Vater hatte das Hotel gehört, aber seine Söhne waren nicht aus der Gegend? Seltsam, aber egal; die Familiengeschichte anderer Menschen ging sie nichts an und interessierte sie auch nicht.

„So, wir sind angekommen." Der Mann trat auf die Bremse und parkte den Wagen am Straßenrand.

Eigentlich hätte er wenigstens bis zum Eingang fahren können, aber sie sagte nichts.

„Das wären vierunddreißig Euro."

Lydia holte ihren Geldbeutel aus ihrer Handtasche und zahlte. Dann stieg sie aus. Mit einem Mal fühlte sie sich gar nicht mehr so gut. Sie war unsicher. Schließlich hatte sie schon lange nichts mehr allein unternommen. Stets war Steffen dabei gewesen. Er hatte auch immer das Wort geführt und ihr untersagt, ihre Meinung zu äußern.

Aber: Was hieß untersagt?

Er hatte es nicht explizit verboten, hatte es sie sofort spüren lassen, wenn er mit ihrem Auftreten nicht zufrieden war. Meist nicht nur in diesem Moment, sondern tagelang.

Der Fahrer trat um den Wagen herum, öffnete den Kofferraum und reichte ihr ihr Gepäck.

„Dann wünsche ich einen schönen Urlaub!" Er hob die Hand zum Gruß und stieg in sein Taxi.

Der Regen war mittlerweile in ein leichtes Nieseln übergegangen.

Da stand sie nun mit ihrer Reisetasche in der Hand.

Und jetzt?, fragte sich Lydia.

Jetzt gehst du hinein und lässt dir den Schlüssel für dein Zimmer geben, sagte die Vernunft.

Ja, so einfach war das normalerweise, aber nicht für sie. Sie fühlte sich mit einem Mal vollkommen überfordert.

Was hatte sie nur getan?

Sie hatte sich davongeschlichen, war in den Zug gestiegen und würde abends nicht zu Hause sein.

Steffen würde ausrasten.

Er würde ihr diese Aktion nie verzeihen.

Oh Gott! Wie hatte sie nur so etwas Dummes anstellen können? Hoffentlich ließ Steffen seine Wut nicht an ihren Arbeiten aus.

Sie hätte nie davonlaufen dürfen. Schließlich würde sie bald zurückkehren müssen. Sie hatte einen Job, den sie ausüben musste, und massenhaft Aufträge, die auf Erledigung warteten.

„Kann ich Ihnen helfen?"

Lydia zuckte zusammen, dann schoss sie herum. Ein Mann stand direkt hinter beziehungsweise nun vor ihr. Sie war so in Gedanken versunken gewesen, dass sie sein Kommen gar nicht bemerkt hatte. Verdattert blickte sie ihn an. Er war groß. So groß, dass sie ihren Kopf heben musste, um kurz in sein Gesicht zu schauen. Kurz, weil ihr Blick magisch von seiner muskulösen Brust angezogen wurde. Auch die breiten Schultern waren nicht zu verachten. Der Mann trug ein weißes kurzärmeliges Hemd, das an den Oberarmen knackig eng saß und im starken Kontrast zu seiner gebräunten Haut stand.

„Wie bitte?", fragte sie irritiert.

„Ich habe gefragt, ob ich Ihnen helfen kann." Seine Stimme klang leicht amüsiert.

Dunkel und amüsiert, berichtigte sie ihren Gedanken.

Da traf sein Blick auf ihren und er wurde sofort ernst. „Alles in Ordnung?"

Sie nickte. Ihr Mund fühlte sich plötzlich staubtrocken an. Das anfängliche Erschrecken war bereits in dem Moment gewichen, als sie in den Anblick seines Körpers versunken gewesen war. Doch nun zog auch noch das Dunkel seiner Augen sie magisch an. Dieser Mann war äußerst attraktiv, und diese gewaltige Portion Selbstbewusstsein, die ihn umgab, war beinahe greifbar. Wäre er nicht so freundlich aufgetreten, hätte sie ihn – rein der Optik wegen - als arrogant eingeschätzt. Gern hätte sie ihn auf ein Bild gebannt und ihn in einen feurigen Spanier, der wilde Pferde zähmte, verwandelt. Kräftige Farben und ein strahlend blauer Himmel schwebten ihr vor. Muskeln, die sich bewegten, und Haut, die in der Sonne glänzte.

Was für seltsame Gedanken …

Und doch schien er genau in diese Rolle zu passen.

Aber jetzt sollte sie wohl besser seine Frage beantworten, bevor er sie für völlig verpeilt hielt.

„Ja", krächzte sie.

„Sie haben einen Aufenthalt im Hotel gebucht?"

Sie nickte.

„Darf ich Ihnen beim Tragen helfen?"

Beim Tragen?

Natürlich, ihre Reisetasche.

„Ich weiß nicht."

„Sie wissen nicht?"

„Die Tasche ist nicht schwer."

„Na, dann." Er machte eine einladende Handbewegung Richtung Hotel.

Sie starrte ihn an, bewegte sich jedoch nicht.

„Ist wirklich alles in Ordnung?"

Lydia schüttelte verwirrt den Kopf. Erst in dem Moment registrierte sie, dass sie immer noch auf dem gleichen Fleck stand und ihn anstarrte. Prompt schoss ihr das Blut in die Wangen. Sie räusperte sich. „Natürlich." Dann gab sie sich einen Ruck und lief mit festen Schritten der Eingangstür entgegen. Feste Schritte, die sich in Wirklichkeit gar nicht so anfühlten.

Der Mann ging neben ihr her.

Lydia versuchte, ihren Herzschlag durch bewusst langsames Atmen zu kontrollieren.

So weit war es also schon mit ihr gekommen. Sie wurde bereits nervös, wenn sie auf einen gut aussehenden Mann traf. Aber so war das wohl, wenn man jahrelang nur für seine Arbeit gelebt hatte.

Oder sich von seinem Partner alles vorschreiben lässt, sagte ein Stimmchen in ihrem Kopf.

Egal.

Starr blickte sie geradeaus. Auf der einen Seite hoffte sie, der Mann würde noch etwas sagen, auf der anderen wäre es ihr lieber, wenn er endlich seiner Wege ginge. Dann würde wenigstens ein Teil ihrer Unsicherheit weichen. Aber er tat ihr weder den einen noch den anderen Gefallen. Schweigend schritt er neben ihr her, ohne dabei schneller oder langsamer zu werden. Sie verkniff sich ein Seufzen und hoffte, dass die Farbe ihrer Wangen sich langsam wieder normalisieren würde. Jetzt überholte er sie, um ihr die Eingangstür zu öffnen.

Lydia trat ein, dann blieb sie stehen und versuchte, sich erst einmal zurechtzufinden. Auch der Mann hielt kurz inne, wartete anscheinend ab, ob sie es selbstständig zur Rezeption schaffte. Und nein, sie war nicht blind, auch sie sah die Theke und die junge, rothaarige Frau dahinter.

Bevor er wieder auf die Idee kam, sie zu fragen, ob alles in Ordnung sei, ging sie zielstrebig auf die Empfangsdame zu, als wüsste sie genau, wie man sich in einem Hotel verhielt. Dabei hatte sie keine Ahnung, war seit ihrer Kindheit nicht mehr im Urlaub gewesen und kannte Wellness nur aus der Werbung. Das mochte ihr zwar niemand glauben, aber sie hatte in ihrem ganzen Leben noch keine Sauna betreten, und eine Massage war ihrem Körper völlig unbekannt. Selbst ihr letzter Schwimmbadbesuch lag gut zehn Jahre zurück.

Die rothaarige Frau sah ihr lächelnd entgegen.

„Lieb", begann sie. „Ich habe telefonisch gebucht."

„Lieb", murmelte die Frau. „Einzelzimmer mit Balkon." Sie überreichte ihr einen Schlüssel. „Wir nutzen noch keine Keycards."

Lydia nickte, obwohl ihr das gar nichts sagte. Zwar hatte sie bereits im Fernsehen gesehen, dass viele Schlösser mit Karten geöffnet wurden, aber sie wunderte sich auch nicht über einen Schlüssel. Mit dem wusste sie wenigstens umzugehen.

„Sandro, bist du so nett und zeigst Frau Lieb den Aufzug?"

Sandro?

Der Name passte zu dem südländisch wirkenden Mann.

Er trat neben sie. Sofort spürte sie beinahe körperlich seine Präsenz.

„Nach Ihnen." Wieder machte er eine einladende Handbewegung. Dieses Mal Richtung Aufzug.

Als wäre sie eine Marionette, setzten sich ihre Beine in Bewegung und schritten in die gezeigte Richtung. Warum tat sie das? Warum gehorchte sie sofort, wenn er sie aufforderte, etwas zu tun?

Sie wollte sich so nicht verhalten, denn sie verfuhr seit Jahren nach diesem Schema. Steffen war früher auch höflich und zuvorkommend gewesen. Zwar hatte er sich bereits damals wie ein Macho verhalten, aber sie hatte gedacht, dass sich hinter der harten Schale ein weicher Kern verbarg. Lange hatte sie diesen Kern gesucht, doch gefunden hatte sie ihn nicht. Jetzt war sie davongelaufen, um Abstand zu gewinnen. Diese Flucht wäre schon früher nötig gewesen, denn mit Steffen zu reden war nicht möglich. Vielleicht würde sie nun ihre Beziehung aus einem anderen Licht sehen und es sogar schaffen, ihm zu sagen, dass sie nie mehr zu ihm zurückkehren wollte.

Nur leider war das nicht so einfach. Zu eng war das Band der Kontrolle, das er um sie geschlungen hatte; zu groß ihre Angst, die aus der Macht der Gewohnheit entstanden war. Steffen würde sie in der Öffentlichkeit schlechtmachen und Lügen über sie verbreiten. Das wusste sie, hatte er doch oft genug damit gedroht. Die Leute mochten ihn und nicht sie, denn nach außen hin war er der vermeintlich nette Mann, der es nicht leicht mit der verschrobenen Künstlerin an seiner Seite hatte. Stets ließ er anklingen, dass sie psychisch nicht die Stabilste war. So hatte sich eine Art Abhängigkeit entwickelt, die schwer zu durchbrechen war. Auch das Interesse an ihren Bildern würde ohne sein Engagement sicherlich zurückgehen, denn er kümmerte sich ums Marketing.

Egal, sie würde es sowieso nicht wagen, sich von ihm zu trennen. Lydia presste nervös die Lippen aufeinander. Sie durfte gar nicht daran denken, was sie bei ihrer Rückkehr erwartete. Wie hatte sie sich nur zu einer so völlig unüberlegten Flucht hinreißen lassen können? Sie würde teuer für ihr kopfloses Verhalten bezahlen müssen.

Lydia fühlte Sandros prüfenden Blick auf sich ruhen, doch sie versuchte, ihn mit aller Gewalt zu ignorieren.

Aber genau dieses Verhalten war falsch. Es zeigte kein Rückgrat. Eine selbstbewusste Frau würde nicht wegsehen, sondern sich dem direkten Blick einer Person stellen. Und sie war doch eigentlich hier, um für ein paar Tage aus ihrer alten Welt auszubrechen.

Doch nie hätte sie erwartet, dass ihr ein attraktiver Mann wie Sandro über den Weg laufen und ihr noch dazu Beachtung schenken könnte.

Ob er einer der drei Hoteliers war, die der Taxifahrer erwähnt hatte?

Mittlerweile standen sie vor dem Aufzug. Lydia wäre am liebsten ungeduldig von einem Bein aufs andere getreten. Glücklicherweise öffnete sich in diesem Moment die Schiebetür, sodass sie endlich aufhören konnte, angestrengt die Wand anzustarren.

„Wir müssen in den zweiten Stock." Sandro trat ein und drückte auf den Knopf, damit sie hinaufbefördert wurden.

Schnell stolperte sie hinterher. „Wie viele Stockwerke gibt es denn?"

„Vier."

Die Anzeige sprang von eins auf zwei und schon öffnete sich die Tür wieder. Lydia atmete erleichtert auf. Sie brauchte nun ein bisschen Zeit für sich. Sandros Anwesenheit war ihr momentan einfach zu viel. Sie wollte sich nicht unterhalten, sondern war hierhergekommen, um für ein paar Tage ihre Ruhe zu haben und sich zu entspannen. Das war alles.

„Soll ich Ihnen Ihr Zimmer zeigen?"

Was wollte er, ihr das Zimmer zeigen?

Träumte sie?

Er wollte bestimmt nur nett sein.

Warum sah sie alles so zweideutig?

Er gefällt dir eben, meldete sich das Stimmchen in ihrem Kopf zu Wort, und es hatte nicht unrecht.

„Nein", entgegnete sie brüsk.

Überraschung spiegelte sich in Sandros Gesicht wider. „Nein?"

„Ich brauche keinen Babysitter." Lydia biss sich auf die Lippen. Wie hatte sie nur so garstig sein können? Das war eigentlich nicht ihre Art.

Augenblicklich verdunkelte sich sein Blick. Die Freundlichkeit war verschwunden. Er nickte ihr kurz, aber sichtlich distanziert zu. „Ich wünsche Ihnen einen angenehmen Aufenthalt."

Wie steif er doch sein konnte.

Jetzt hatte sie ihn vergrault.

Lydia schluckte.

Aber das machte nichts. Sie wollte ja ihre Ruhe haben, Nettigkeiten halfen ihr in der momentanen Situation auch nicht weiter.

Sandro drehte sich nicht einmal mehr um, sondern stieg bereits wieder in den Fahrstuhl.

„Ich habe es nicht so gemeint", lag es ihr auf den Lippen, doch sie sprach es nicht aus. Sollte er sie doch ruhig für eine arrogante Tussi halten.

Sandro glaubte, sich verhört zu haben.

Sie brauchte keinen Babysitter.

Fast fühlte er sich, als hätte sie ihm ins Gesicht geschlagen. Er musste sich beherrschen, sie nicht an ihren Schultern zu fassen, um ihr besser ins Gesicht blicken zu können. Wie einen Protest hatte sie ihm die Aussage entgegengeschleudert. So, als hätte sie sich eben überlegt, ja keine Freundlichkeit an sich heranzulassen. Was für eine seltsame Frau!

Sie war ihm sofort ins Auge gesprungen, als sie aus dem Taxi gestiegen war. Aber nicht nur ihre Attraktivität hatte seinen Blick auf sie gelenkt, sondern ihr Verhalten. Sie war allein von dem Geräusch, als der Fahrer den Kofferraum geschlossen hatte, erschrocken zusammengezuckt.

Überhaupt wirkte sie irgendwie unsicher.

Nervös war sie von einem Fuß auf den anderen getreten und mit ihrem Reisetäschchen in der Hand stehen geblieben. Damit verhielt sie sich völlig anders als die üblichen Gäste, die stets freudig oder zumindest neugierig auf das Hotel zueilten. Trotzdem wäre das immer noch nicht einmal etwas Besonderes gewesen. Eine verunsicherte Frau eben, aber etwas an ihr zog seinen Blick magisch an. War es diese Verletzlichkeit, die sie ausstrahlte, oder rein ihre Attraktivität? Man konnte sie schon fast als schön bezeichnen. Blondes, langes, leicht gewelltes Haar, in dem sich goldene Reflexe spiegelten, ein Gesicht mit zarten, weichen Zügen, das von großen Augen dominiert wurde. Wie gut würde ihrer Haut ein Hauch Farbe stehen. Sie war kein heller Typ, aber sie schien die Sonne konsequent zu meiden.

Natürlich war er zu ihr hingeeilt, neugierig wie er war.

Er begrüßte des Öfteren Gäste; ihr hatte er sogar angeboten, die Tasche zu tragen, aber sie hatte abgelehnt. Und das, obwohl sie sichtlich in seinen Anblick versunken gewesen war. Etwas, das ihm gut gefallen hatte, ebenso wie die Röte, die in ihre Wangen gekrochen war, als sie es bemerkt hatte.

Eigentlich hatte er ein wenig Small Talk betreiben wollen, aber sie war nicht besonders gesprächig. Trotzdem hatte er mit einem „Ich brauche keinen Babysitter" nicht gerechnet. Bei dieser Bemerkung musste selbst er schlucken, was er sich jedoch nicht anmerken ließ.

„Ich wünsche Ihnen einen angenehmen Aufenthalt", sagte er, als hätte er ihre patzige Bemerkung nicht gehört, drehte sich um und stieg zurück in den Aufzug. Aus den Augenwinkeln bemerkte er, wie sie ihm nachsah. Ihr Mund öffnete sich leicht, als wollte sie noch etwas sagen. Auch war der Trotz in ihren Augen so etwas wie Verwunderung gewichen. Aber er gab ihr keine Gelegenheit zu einer weiteren Äußerung. Sie sollte ruhig über ihre Unhöflichkeit nachdenken. Schließlich hatte er nur freundlich sein wollen.

So drückte auf *EG* für Erdgeschoss. Immer noch fühlte er ihren Blick auf sich gerichtet. So lange, bis die Tür sich hinter ihm schloss.

Er war gespannt, wie sie sich verhalten würde, wenn er ihr wieder begegnen würde. Würde sie sich für ihre pampige Äußerung entschuldigen, so tun, als ob nichts geschehen wäre, oder wieder auf arrogant machen?

Er konnte sie nicht einschätzen. Logischerweise nicht, denn sie war ihm ja eben erst über den Weg gelaufen.

Lieb war ihr Name. Er würde gleich bei Liza, der Freundin seines Bruders Julian, an der Rezeption vorbeischauen, um sich die Daten von der hübschen Blondine anzusehen. Da er und seine zwei Brüder, mit denen er das Hotel gemeinsam führte, oftmals ihre Mahlzeiten im Speisesaal einnahmen, würde es niemanden verwundern, wenn er dies auch heute Abend tat. Vielleicht fand er ja einen Platz in ihrer Nähe. Ganz dem Zufall überlassen konnte er eine weitere Begegnung nicht. Schließlich buchten die wenigsten Gäste einen längeren Aufenthalt. Er nahm an, dass es in ihrem Fall ebenso war. Folglich musste er sich schon beeilen, wenn er sie näher kennenlernen wollte.

„Was machst du denn für ein Gesicht?", empfing ihn sein Bruder Julian, der eben von der Leiter stieg, da er eine Glühbirne im Rezeptionsbereich ausgewechselt hatte.

„Ein normales“, knurrte er. Eine denkbar schlechtere Gelegenheit, um im PC nach den Daten der Blondine zu schauen, konnte es kaum geben. Julians anzüglichen Kommentar konnte er sich nur zu gut vorstellen.

„Ich glaube, Sandro ist ganz vernarrt in unseren neuen Gast.“ Liza grinste übers ganze Gesicht.

„Wie kommst du denn auf so eine Idee?“, fragte er sie leichthin.

„Du hast sie förmlich mit Blicken verspeist.“

„Echt? Hast du das?“ Julian tat nicht einmal so, als wollte er sich das Lachen verkneifen. „Das schaut dir aber gar nicht ähnlich.“

„Sie sieht echt ganz gut aus“, gab nun Liza wieder ihren Senf dazu.

„Ahh. Ganz gut …“

„Spart euch eure dämlichen Kommentare.“ Aber selbst er musste grinsen.

„Und heute Abend ein erstes Date bei Kerzenschein auf der Terrasse mit Blick auf die untergehende Sonne über dem See?“, stichelte Julian.

„Kein Date“, knurrte er.

„Wollte sie nicht?“

„Ich habe sie nicht gefragt.“

„Ach so.“ Julian klappte die Leiter zusammen und grinste vergnügt, während ihm die Locken wirr ins Gesicht hingen.

„Nichts *ach so*.“

„Sie hat dir eine Abfuhr erteilt.“

„Wie kommst du auf so eine Idee?“

„Du siehst aus wie früher, wenn du eingeschnappt gewesen bist."

Sandro warf Julian lediglich einen bösen Blick zu und schwieg.

„Sie heißt übrigens Lydia mit Vornamen", mischte sich Liza wieder ein.

„Wer heißt Lydia?" Gut gelaunt trat Noah, sein anderer Bruder, zu ihnen. Wie immer wirkte er vollkommen gechillt und lässig mit seinen locker zum Dutt geschlungenen Haaren und der sportlichen Kleidung.

„Die Frau, die es gewagt hat, Sandro eine Absage zu erteilen."

„Willst du noch lange mit der Leiter hier herumstehen?", fuhr Sandro Julian an, der nur lachend mit den Schultern zuckte.

„Soll ich sie mir einmal ansehen?" Noah schien plötzlich sehr interessiert.

„Lass ja die Finger von ihr!", fuhr er ihn an.

„Sie hat dir echt eine Abfuhr erteilt?"

„Nicht richtig", wich er aus.

„Wie?"

„Sie hat gesagt, dass sie keinen Babysitter braucht, als ich ihr das Zimmer zeigen wollte."

Noah starrte ihn an, dann prustete er los. „Du wolltest ihr gleich das Zimmer zeigen?"

„Den Weg dorthin." So langsam wurde er sauer.

„Und das war ihr schon zu viel?"

„Scheint so."

„Seid nicht so laut!" Liza klopfte auf die Theke, um sich Gehör zu verschaffen. „Und lasst Sandro in Frieden! Diese Lydia hatte ganz rote Wangen, als sie mit ihm zur Tür hereinkam.“

„Hm. Das sollte uns zu denken geben. Ist es schon so warm draußen?“

„Du Dummkopf! Es regnet“, fuhr Liza Julian an.

„Dummkopf? Das merk ich mir.“

Liza schwieg.

Sandro musste grinsen. Eigentlich war es wirklich wieder einmal Zeit, sich eine Frau zu suchen. Und zwar nicht nur für eine Nacht. Er war nun schon ziemlich lange allein. Egal! Diese Lydia reizte ihn maßlos.

Kapitel 2

Lydia schloss leise die Tür hinter sich. Zum Glück war dieser Sandro gegangen.

Zum Glück?

Glück fühlte sich eigentlich anders an, denn ihr saß nun ein dicker Kloß im Hals.

Mit einem Seufzen warf sie die Reisetasche aufs Bett und sich daneben. Sie streckte sich, starrte die Decke an und überlegte, ob sie nicht doch träumte. Die Ereignisse hatten sich förmlich überschlagen. Die gestrige Buchung, ihre Flucht, die Bahn- und anschließende Taxifahrt. Sie war wirklich gegangen. Fort aus ihrem normalen Leben, weg von Steffen, aber auch von ihrem Job. Ihrem einstigen Hobby – der Malerei.

In ihrer Reisetasche vibrierte es.

Lydia stützte sich hoch und starrte auf den anthrazit glänzenden Nylonstoff. Eine Gänsehaut bildete sich auf ihren Armen. Sie hätte das Handy ausschalten sollen, dann hätte sie eingehende Anrufe nicht gehört. Das wäre besser gewesen.

Endlich herrschte wieder Stille.

Langsam zog sie die Tasche heran, öffnete den Reißverschluss und griff nach dem Smartphone, das ganz oben auf der Wäsche lag. Das LED-Lämpchen blinkte, um ihr den Eingang von Anrufen oder Nachrichten mitzuteilen. Lydia drückte auf den kleinen Schalter an der rechten Seite des

Gehäuses. Sie musste keinen Pin eingeben, bereits auf dem Sperrbildschirm leuchtete ihr entgegen, dass beides eingegangen war. Kurz zögerte sie, aber es brachte nichts, nachzusehen. Es gab niemand, der sich um sie sorgen würde. Niemand außer Steffen. Ihre Mutter war schon vor Jahren gestorben und ihr Vater lebte in einem Pflegeheim und bekam seit einem Schlaganfall von seiner Umwelt nichts mehr mit.

Also drückte Lydia erneut auf den kleinen Schalter. Nicht nur kurz, um das Smartphone in den Ruhemodus zu versetzen, sondern, um es komplett auszuschalten.

Lydia lächelte, als sie das Handy beiseitelegte. Jetzt würde Steffen sie nicht mehr verunsichern.

Wieder fasste sie in ihre Tasche und holte Shirts, Hose, Rock und Unterwäsche heraus, um die Sachen im Schrank zu verstauen. Ihr Blick fiel auf ihre Armbanduhr. Kurz nach zwei. Abendessen gab es ab achtzehn Uhr, soweit sie sich erinnern konnte; sie hatte dies auf der kleinen Tafel im Eingangsbereich gelesen.

Was sollte sie so lange unternehmen?

Das Wetter wollte ihr keinen Gefallen tun, der Niesel- war wieder in einen Dauerregen übergegangen. Also brauchte sie sich den See nun nicht anzusehen. Und auf eine Wanderung mit Regenschirm in der Hand verspürte sie ebenfalls keine Lust. Lydia schaute auf ihren Bikini, den sie natürlich eingepackt hatte, nachdem es eigentlich Sommer war und das Hotel über zwei Schwimmbäder verfügte. Allerdings wäre ihr ein Badeanzug im Moment lieber gewesen. Sie mochte es nicht, sich so freizügig zu kleiden, aber Steffen bestand darauf. Er wollte sich gern mit einer schönen Frau zeigen, die ihren Körper zu präsentieren wusste. Aus diesem Grund stand er auf weite Ausschnitte, extrem kurze Hosen und eben auch auf Bikinis. Selbst ihre Unterwäsche suchte er immer nach seinem Geschmack aus. Deswegen besaß sie nur zueinander passende Dessous. Auch Bodys, die natürlich im Schritt offen waren, gehörten dazu. Allerdings hatte sie sie nicht eingepackt. Manch eine Frau mochte auf so viel Aufmerksamkeit seitens ihres Partners stehen, doch ihr war es des Guten zu viel, denn Steffen verlangte, dass sie die Sachen trug, ebenso wie er Sex forderte, wenn ihm danach war. Nur zu oft musste sie sich mit Gleitgel behelfen, weil ihr einfach die Lust fehlte. Es gab so viele Dinge, die sie nicht mochte, und Situationen, in denen sie an alles Mögliche, jedoch nicht an Sex dachte. Beispielsweise hasste sie es, beim Malen gestört zu werden. Wenn sie abends müde auf dem Sofa lag, war Leidenschaft ebenfalls ein Fremdwort für sie und morgens vor dem Zähneputzen sowieso.

Aber von dem erzwungenen Liebesleben würde sie sich nun erholen können. Am liebsten wäre sie im Schlabberlook angereist, doch dazu fehlten ihr leider die nötigen Kleidungsstücke.

Lydia nahm ihren Bikini in die Hand. Schwimmen wäre nicht schlecht, obwohl sie es seit vielen

Jahren nicht mehr getan hatte. Steffen mochte es nicht, wenn sie ihr Make-up und ihre Frisur im Wasser ruinierte.

Aber sie würde ganz allein gehen müssen …

Niemand, nicht einmal eine Freundin war an ihrer Seite.

Na und?

Schließlich hatte sie es auch bis ins Hotel geschafft. Da würde wohl der Weg zum Schwimmbad ein leichter sein.

Lydia stand vom Bett auf, ging ins Badezimmer und warf einen Blick in den Spiegel über dem Waschbecken. Komplett normal sah sie aus, sogar ganz hübsch. Niemand würde ihre Ängste und ihr kaum vorhandenes Selbstvertrauen bemerken. Sie musste nur einfach in Bewegung kommen, anstatt sich zu verkriechen.

Aufmunternd nickte sie ihrem Spiegelbild zu, dann verließ sie das Bad und packte Handtuch und Bikini in einen kleinen Stoffbeutel.

Ein Stoffbeutel – Steffen würde die Krise kriegen.

Wider Willen musste Lydia grinsen.

Trotz des schlechten Wetters trug sie Zehenstegsandaletten. Die waren definitiv schwimmbadfähig, beschloss sie, denn die Badeschlappen hatte sie vergessen mitzunehmen.

Lydia zog die Zimmertür ins Schloss und lief los. Im Aufzug folgte sie dem Wegweiser ins Untergeschoss. Als sich die Tür des Fahrstuhls öffnete, blieb sie erst einmal verwundert stehen. Sie hatte mit einer fensterlosen Ebene gerechnet, aber dem war nicht so. Wenn die Sonne geschienen hätte, wäre der Gang, der in einem Raum mit gemütlichen Bänken endete, sogar sonnendurchflutet gewesen, denn er bestand aus einer Glaswand sowie einem Dach aus demselben Material und führte hinaus auf eine große Terrasse. Ein paar Gäste saßen an der Theke und tranken Kaffee. Manche allein, manche zu zweit, eine Gruppe hatte es sich an mehreren Stehtischen bequem gemacht. Ihr Lachen klang bis zu ihr herüber. Lydia wandte ihren Blick ab. Ihr war weder nach Gesellschaft noch nach einem Kaffee. Ein Schild mit der Beschriftung *Bar* gegenüber dem Aufzug zeigte nach links, ein anderes mit *Schwimmbad und Sauna* geradeaus. Sie konnte sich folglich gar nicht verlaufen.

Lydia holte tief Luft und lief beherzt weiter. Bevor sie jedoch das Schwimmbad zu Gesicht bekam, landete sie in einem schmalen Gang mit einem langen Spiegel, unter dem im Abstand von wenigen Metern Föhne hingen. Gegenüber dem Spiegel befanden sich mehrere Gänge mit Kabinenelementen. An den meisten Türen steckten kleine Schlüssel, die an einem Plastikarmband befestigt waren. Für die Sicherheit ihrer Klamotten war folglich gesorgt. Lydia betrat eine der Umkleiden, zog sich um und warf einen prüfenden Blick in den kleinen Spiegel, der an der Kabinenwand angebracht war. Das Oberteil war ein wenig zu weit, das Höschen ebenso. Sie musste seit letztem Sommer abgenommen haben. Lydia betrachtete sich kritisch. Fast schon ein wenig mager sah sie aus und schrecklich bleich. Der hohe Zopf, zu dem sie ihre Haare gebunden hatte, machte es auch nicht besser, sondern betonte ihr fahles Gesicht und die eingefallenen Wangen. Nur ihre Augen blickten ihr gewohnt riesengroß entgegen.

Los jetzt!, sprach sie sich selbst Mut zu, verließ die Umkleide, ging zu den Duschen und ließ das warme Wasser über ihren Körper rieseln. Gern hätte sie sich noch ein wenig Zeit gelassen, aber es tummelten sich recht viele Badegäste in dem Raum, und es würde sicherlich seltsam wirken, wenn sie Stunden unter der Dusche verbrachte. So fasste sie sich trotz ihrer Nervosität ein Herz und legte die wenigen Meter zur Schwimmhalle zurück.

Warme Luft und der leichte Geruch nach Chlor schlugen ihr entgegen. Beides erinnerte sie an früher, als sie in der Schule ein Mal in der Woche nachmittags Schwimmunterricht gehabt hatte, von dem ihr Vater sie immer abgeholt hatte. Meist waren sie anschließend in die Bäckerei gegangen und er hatte ihr eine leckere Süßspeise gekauft, weil sie so ausgehungert gewesen war. Natürlich war das Schwimmbad von damals nicht mit diesem hübschen, oval gebauten Pool, der von sanftem Licht bestrahlt wurde, zu vergleichen.

Eine feine Gänsehaut bildete sich auf ihren Armen. Allein wegen der Vorstellung, gleich in das

Wasser einzutauchen. Keine Leiter, sondern eine breite Treppe führte in den Pool. Lydia betrat die erste Stufe. Das Wasser war angenehm warm und mehr zur Entspannung als zum ernsthaften Schwimmen geeignet. Schritt für Schritt stieg sie weiter in das herrliche Nass hinein. Als es ihr bis knapp über die Brust reichte, schwamm sie los. Zum ersten Mal seit Jahren.

Sandro glaubte, seinen Augen nicht zu trauen, als Lydia im knappen, wenn auch nicht hautengen Bikini die Schwimmhalle betrat. Wie dünn und bleich sie doch war. Sie schaute unnahbar und empfindsam zugleich aus. Seltsam, aber er war sich fast sicher, dass ihre zur Schau getragene Distanz in Verletzlichkeit verwurzelt war.

Wie gut, dass er sich bereit erklärt hatte, heute die Nachmittagsschicht hinter der kleinen Theke zu übernehmen, weil seine Brüder im Moment zu tun hatten. Lydia wirkte fast ein bisschen verloren, so langsam, wie sie ging. Nun blieb sie stehen, schaute sich um und schien irgendwelchen Gedanken nachzuhängen. Dann setzte sie sich wieder in Bewegung und stieg die Treppe in den Pool hinab.

Aufgrund des schlechten Wetters waren relativ viele Gäste anwesend. Doch sie ließ sich nicht irritieren, sondern schwamm eine Runde nach der anderen.

„Ein Wasser bitte, Sandro!“, riss ihn eine Frauenstimme aus seinen Gedanken.

„Gern, Larissa." Er lächelte die dunkelhaarige Schönheit freundlich an.

Seit drei Tagen wohnte sie nun im Hotel und ließ ihn kaum aus den Augen. Ihr Interesse an ihm war mehr als offensichtlich, doch trotz ihrer Attraktivität war sie nicht die geeignete Partnerin für ihn. Er mochte es nicht, wie sie manchmal andere Menschen behandelte. Sogar die Putzfrau hatte ihm bereits ihr Leid geklagt.

Wieder wanderte sein Blick zum Pool. Er sah Lydias Pferdeschwanz nicht mehr aus dem Wasser ragen. Auf den Liegestühlen, die um den Pool aufgereiht waren, saß sie jedoch auch nicht. Ob sie schon wieder gegangen war?

„Was machst du heute Abend?"

„Wie bitte?"

„Wo bist du heute nur mit deinen Gedanken?" Larissa schüttelte tadelnd den Kopf.

Er zuckte die Schultern.

„Hallo?"

Er wandte sich um und blickte in die blauesten Augen, die er je gesehen hatte. Blaue Augen, in die eben ein Wiedererkennen trat.

„I-ich …", stotterte sie.

„Ja?"

„Ich hätte gern … Könnten Sie mir …"

Er zog abwartend die linke Augenbraue in die Höhe.

„Kann ich auch Wasser mit Zitronenlimonade gemischt haben?"

Er nickte.

„Wollen wir heute zusammen zu Abend essen?“, meldete sich Larissa wieder zu Wort.

Er wollte die dunkelhaarige Frau nicht vor den Kopf stoßen, aber er hatte nicht vor, mit ihr zu speisen, da er ihr keine Hoffnung auf eine kleine Affäre machen wollte. Und so oft, wie sie ihn scheinbar versehentlich berührte, schien sie es genau darauf abgesehen zu haben.

Er ignorierte die Frage, als hätte er sie nicht gehört. Stattdessen mischte er Wasser mit Limonade, gab eine Zitronenscheibe hinzu und stellte Lydia das Glas auf die Theke.

„Danke“, murmelte sie und senkte ihren Blick, bevor er ihr in die Augen schauen konnte.

„Und, auch ohne Babysitter das Zimmer gefunden?“

Er konnte es nicht lassen, sie mit ihrer Aussage zu konfrontieren, denn er ahnte sehr wohl, dass ihr ihre pampige Äußerung von vorhin nun peinlich war. Besonders da sie sich nicht wie eine Frau verhielt, die sich so leicht auf ein Gespräch einließ. Von Flirten ganz zu schweigen. Sandro überlegte. Vielleicht war er auch einfach nicht ihr Typ, aber das würde er nur herausfinden, wenn er sie irgendwie aus der Reserve locken konnte.

Erst starrte Lydia noch in ihr Glas, dann hob sie langsam den Kopf. Ihre Wangen waren verräterisch gerötet.

„Sehen wir uns dann zum Abendessen?“ Larissas Stimme klang beleidigt, aber auch leicht wütend. Wieder verirrte sich ihre Hand auf den Tresen und kam seiner ziemlich nahe.

Erneut lächelte er sie freundlich an. „Ich esse heute nicht im Hotel."

Ihr Gesicht verzog sich ärgerlich. Sie rutschte vom Barhocker und trat nun neben Lydia.

„Nein?" Sie funkelte ihn zornig an.

„Nein." Er war immer noch höflich, aber er ließ seine Stimme bereits eine Nuance kälter klingen.

Da schlug Larissa mit der Handfläche laut auf die Theke und drehte sich fast gleichzeitig ruckartig um.

Lydia zuckte zusammen und riss erschrocken die großen Augen noch weiter auf, während ihr Arm in Richtung ihres Körpers ruckte, das Glas dabei streifte und es in hohem Bogen zu Boden schmetterte.

Larissa blieb stehen, schürzte die Lippen und schüttelte verständnislos den Kopf. Dann lief sie mit extra wiegenden Hüften davon.

Lydia dagegen starrte auf die Scherben, die sich auf den Fliesen verteilt hatten. Die Panik in ihrem Gesicht war nicht zu übersehen.

Sandro bückte sich, holte Besen und Schaufel und ging um die Theke herum. Da kniete sie bereits am Boden und versuchte, die Glassplitter zusammenzulesen.

„Ich mach das schon." Auch er ließ sich nun in die Hocke sinken.

Immer noch schaute sie ihn nicht an, so hielt er ihr die Schaufel hin, damit sie die gesammelten

Scherben darauflegen konnte. Sie zögerte kurz, dann kam sie der Aufforderung nach.

„Alles in Ordnung?"

Nun blickte sie ihn endlich an, presste jedoch die Lippen fest aufeinander. Erneut fasste sie nach einer Scherbe, ohne dabei allerdings auf den Boden zu sehen.

„Nein." Er ergriff ihre Hand und hielt sie fest. „Ich mach das."

Lydia starrte auf die Hand, die ihre hielt. Sie war warm, der Griff angenehm, nicht zu leicht und nicht zu fest.

„Ich mach das", hörte sie diesen Sandro sagen.

Warum war er immer noch so freundlich?

Freundlich, obwohl sie ihn erst beleidigt und sich dann zum Affen gemacht hatte, als sie wie ein schreckhaftes Huhn das Glas vom Tresen gewischt hatte. Nur, weil sie nicht damit gerechnet hatte, dass diese Frau neben ihr auftauchen und auf die Theke schlagen würde.

Eigentlich sollte sie sich entschuldigen. Sie hätte ihn bei ihrer Ankunft nicht so dumm von der Seite anreden dürfen.

Nur Anschauen konnte sie ihn bei ihrem Vorhaben nicht, denn immer noch starrte sie gebannt auf die große Hand, die ihre vollständig verbarg.

„Das mit dem Babysitter war nicht so gemeint", quetschte sie hervor.

„Nein?" Seine Stimme war dunkel. „Das ist schön zu hören."

Endlich schielte sie nach oben, blickte in das Dunkel seiner Augen und sah den Ernst, der in ihnen lag. Dieser Mann machte sich nicht über sie lustig.

„Ich bin erschrocken."

„Das habe ich gesehen."

„Ich bin es nicht gewohnt ..."

Sein Blick bohrte sich in ihren.

Was redete sie denn?

Was war sie nicht gewohnt?

Ein Getränk zu bestellen und es auszutrinken, ohne das Glas dabei zu zerschmettern?

Wie peinlich!

„Ich bin Sandro. Wir können gern Du sagen."

„Lydia." Sie räusperte sich. Ihr Hals fühlte sich wie ausgedörrt an. „Soll ich die Schaufel halten?"

„Gern."

Da verließ seine Hand die ihre. Schade.

Reiß dich zusammen!, ermahnte sie sich.

Sie griff nach der Schaufel und schaute Sandro zu, wie er die Scherben zusammenkehrte.

„Ist dir nicht heiß?", rutschte es ihr heraus. Schließlich trug er ein weißes Shirt. Ein Shirt, kein Hemd mehr, registrierte sie.

Er lächelte leicht. „Ich arbeite hier, werde aber nur in den Pool hüpfen, falls ich jemanden retten muss."

„Du hast aber viele verschiedene Jobs."

„Schon, aber mir und meinen Brüdern gehört das Hotel. Da macht man das gerne."

Ihm gehörte das Hotel? Dann war er also wahrhaftig einer der drei Hoteliers, von denen der Taxifahrer gesprochen hatte.

„Wohnt ihr dann auch hier?"

„In dem lang gestreckten Anbau, der sich neben dem Außenpool befindet." Er schmunzelte. „Du kannst mir nun die Schaufel wiedergeben."

Die Schaufel?

Immer noch hielt sie sie eisern fest. Beladen mit einem Häufchen Scherben.

Peinlich!

Langsam wanderte ihr Blick weiter. Im Gegensatz zu ihr trug Sandro Badeschlappen, Shorts und eben ein locker sitzendes Shirt. Seine Unterarme waren sehnig und die Oberarme muskulös, ebenso seine Oberschenkel. Er war vollkommen haarlos.

Manche Sportler rasierten sich komplett – Lydia hatte es irgendwann irgendwo gelesen. Ob er einer jener Männer war?

Du kannst mir nun die Schaufel geben, erinnerte sie sich an seine Worte.

„Natürlich", stotterte sie und reichte sie ihm.

„Hier kommt deine Ablösung, Bruderherz!" Ein Mann, ebenfalls mit Badeschlappen, Shorts und Shirt bekleidet, war neben sie getreten. „Ich hole mal den Nasssauger, damit wirklich alle Scherben weg sind."

„Gute Idee." Sandro stand auf, reichte seinem Bruder Besen und Schaufel und streckte ihr seine Hand entgegen, um sie hochzuziehen. Beherzt griff sie zu und schon stand sie auf ihren Beinen. Sandro fasste sie sacht um die Taille und zog sie ein Stückchen zur Seite. „Du bist barfuß. Nicht dass wir kleine Glasstückchen übersehen haben und du dich an ihnen schneidest."

Ungewohnt und gut fühlte sich sein Arm um ihre Taille an. Er hielt sie fest, als wäre es etwas ganz Natürliches. Gern hätte sie sich an ihn geschmiegt, aber so etwas tat sie nicht. Normalerweise versuchte sie, solchen Berührungen aus dem Weg zu gehen. Aber Sandro hatte etwas an sich, das sie anzog. Er wirkte so selbstsicher und souverän, ganz anders als Steffen, der in einer hektischen Art über sie bestimmte.

Sandros Bruder kam mit dem Nasssauger zurück. „Hast du Lust, nach dem morschen Baum zu sehen? Nicht, dass wir noch den Weg am See sperren lassen müssen?"

„Er gehört nicht zu unserem Anwesen."

„Die Gäste gehen dort dennoch gern spazieren."

„Regnet es noch sehr?"

„Nein, es scheint sogar wieder die Sonne."

Die Sonne sollte scheinen? Das war aber schnell gegangen.

„Wer's glaubt …" Sandro boxte seinen Bruder in die Seite. Dann wandte er sich an sie. „Hast du Lust, dir den See anzuschauen?"

Erst glaubte sie, sich verhört zu haben, aber anscheinend wollte er wirklich, dass sie mit ihm ging.

„Ich bin noch im Bikini."

Sein Blick wanderte über ihren Körper. „Was sehr verlockend ist, aber du kannst dich natürlich erst umziehen. Ich werde es auch tun.“

„Ist das dein Bademeisteroutfit?“

„Nicht ganz. Aber meine Schwimmbad-Kellner-Bekleidung.“

Sie lachte. „Wo treffen wir uns?“

„Vor dem Aufzug.“

Beschwingt ging Lydia zu den Kabinen, um sich ihre normalen Klamotten anzuziehen.

Lydia beeilte sich, aus dem immer noch nassen Bikini und in ihre schrecklich steifen Jeans zu kommen. Jetzt bereute sie es, dass sie sich zu dem Schwimmbadbesuch nicht luftiger angezogen hatte, denn die Hose klebte unangenehm an ihren feuchten Beinen. Als sie den Pferdeschwanz öffnete, hinterließen ihre Haare sofort nasse Spuren auf dem Shirt. Aber egal. Sie hatte keine Zeit zum Föhnen, denn sie wollte Sandro nicht warten lassen. Schnell schlüpfte sie noch in ihre Zehensandalen, stopfte den nassen Bikini in den kleinen, wenig modischen Stoffbeutel und stürmte aus der Kabine.

Sandro schaute ihr bereits entgegen.

Und wirklich schien helles Sonnenlicht in den verglasten Raum.

„Willst du dich noch umziehen?“ Er betrachtete sie schmunzelnd.

„Warum?“

Er zuckte die Schultern. „Ich mein nur.“

„Ich steh eben darauf, mit nassen Klamotten herumzulaufen“, flachste sie.

„Okay.“ Sein Blick streifte ihre Brüste, und Lydia wurde sich ihrer steifen Knospen sehr wohl bewusst.

Ebenso, dass sie sich durch das enge Shirt besonders gut abzeichneten. Und das nur, weil es wie eine zusammengezogene Haut an ihrem Rücken klebte. Blöderweise ließ Sandros Blick sie noch ein wenig steifer werden, was er bemerkt haben musste, denn sein Mundwinkel zuckte leicht.

„Vielleicht sollte ich mich doch erst umziehen.“

Wieder zog er die linke Augenbraue in die Höhe und schmunzelte.

Sein Handy klingelte. „Was gibt's, Liza?“ Er runzelte die Stirn. „Jetzt? Okay, ich bin gleich da.“

Sie ahnte, dass der Ausflug zum See genau in diesem Moment ins Wasser fiel.

„Ich werde gebraucht“, erklärte er und zuckte bedauernd die Schultern. „Wollen wir uns heute Abend treffen?“

„Ich dachte, du bist nicht im Hotel.“

„Manchmal ändert man seine Pläne eben.“

Ein freudiges Kribbeln breitete sich in ihrem Inneren aus.

„Gern.“

Er lächelte. „Isst du im Speisesaal?“

Sie nickte. „Ich habe es vor.“

„Gut. Dann werde ich dich finden.“

„Und die Frau aus dem Schwimmbad?“

„Ist ein Gast."

Sie lächelte nun auch und fühlte sich mit einem Mal wie etwas Besonderes. Schließlich hatte er der Frau einen Korb gegeben, sie dagegen wollte er sehen.

„Bis später." Sandro hob seine Hand und strich ihr kurz über die Wange.

Sie stand wie erstarrt. Er hatte sie berührt …

Würde er sie nun küssen?

Aber nichts dergleichen geschah.

„Ich geh hier gleich hinaus." Er zeigte zur Terrasse.

Sie nickte. Dann öffnete sich schon die Aufzugstür und sie stieg ein.

Kapitel 3

Lydia schloss die Tür ihres Hotelzimmers. Tief atmete sie durch. Dann ging sie hinaus auf den Balkon, legte ihren Bikini zum Trocknen auf den kleinen Tisch und trat ans Geländer. Nur wenige Meter entfernt lag das Ufer des Sees. Der See, an dem sie einen alten Baum hatten anschauen wollen. Doch nun war sie allein. Allein in ihrem Zimmer. Fast fühlte sie sich, als hätte Sandro ihr einen Eimer kaltes Wasser über den Kopf gekippt, obwohl er an dem Anruf komplett unschuldig war. Trotzdem hatte sie seine Absage getroffen. Und das, obwohl sie noch vor etwas über einer Stunde gar nicht damit gerechnet hatte, ihm erneut zu begegnen, und schon gar nicht, dass sie sich sympathisch finden könnten. Sie hatte sich abweisend verhalten wollen, aber es gelang ihr in seiner Gegenwart verdammt schlecht. Zu sehr sprach er sie als Mann an.

Doch nun war er weg.

Sie war während der letzten Jahre unheimlich empfindlich geworden und sehr leicht verletzbar, weil sie jedes krumme Wort auf sich bezog. Das mochte damit zu tun haben, dass sie sich die Beziehung mit Steffen einst ganz anders vorgestellt hatte und sie in eine Rolle gedrängt worden war, in der sie nicht sein wollte, die sie jedoch schwer verlassen konnte.

Früher hatte sie von einem starken Mann an ihrer Seite geträumt. Eigentlich so lange sie denken konnte. Vielleicht lag es daran, dass sie ohne Mutter aufgewachsen war, ihr Vater schon lange pflegebedürftig war und sie sich so sehr nach Geborgenheit sehnte. Sie wollte geliebt und beschützt werden – so dumm sich das auch anhören mochte.

Aber das war noch nicht alles. Ihre Träume gingen weiter. Zumindest in sexueller Hinsicht. Sie wollte einem Mann gefallen; schön und begehrenswert sein. Sie mochte ihm gern die Führung im Bett überlassen, wünschte sich, dass er sie einfach nahm, ohne dass sie groß agieren musste. In ihren Träumen hatte sie die unglaublichsten Sachen mit sich machen lassen. Sachen, die sie von selbst nie getan hätte, aber der Gedanke, sie irgendwann zu tun, erregte sie sehr.

Als sie Steffen kennengelernt hatte, war er so überzeugt von sich gewesen, dass sie geglaubt hatte, so einen Mann wie in ihren Träumen vor sich zu haben. Dabei war er dem nie auch nur annähernd nahegekommen. Der Sex mit ihm war nicht erfüllend, und doch bestand er zu jeder Tages- und Nachtzeit darauf. Mittlerweile war sie zur gekonnten Gleitgelbenutzerin geworden, weil sie die Lust an jeglichem Liebesspiel verloren hatte.

Steffen hatte sie zwar unterworfen, allerdings nicht im Bett, sondern in der Realität, sodass ihr Leben mittlerweile einem Gefängnis nahekam. Er hatte immer mehr Macht gewonnen und sie war im Gegenzug stetig schwächer geworden, wodurch sich seine Position ihr gegenüber weiterhin gestärkt hatte. Lange hatte sie darauf gewartet, dass er ihrer überdrüssig werden würde, weil er stets davon redete, dass er eigentlich nicht länger mit ihr zusammen sein wollte. Aber er blieb. Mittlerweile glaubte sie, dass das Gerede nur dafür da war, um sie noch weiter mürbe zu machen. Lydia verstand nicht, was er davon hatte. Auch ihre Art zu malen gefiel ihm eigentlich nicht, doch nach außen hin ließ er sich davon nichts anmerken und machte auf den stolzen und glücklichen Mann einer Künstlerin. In der Öffentlichkeit ging er extrem achtsam mit ihr um und hatte es irgendwie geschafft, ihr diesen psychisch leicht geschädigten Touch zu verleihen. Wenn sie nervös war, beruhigte er sie vor allen Leuten liebevoll, dabei war er es, der ihre Aufregung und Zappeligkeit schürte.

Aus all diesen Gründen war sie davongelaufen.

Inzwischen redete sie sich manchmal ein, nicht glücklich sein zu dürfen, obwohl sie wusste, dass dies Humbug war. Jeder war für sein Leben selbst verantwortlich. Sie hätte Steffen ja schon längst verlassen können. Doch so einfach war das leider nicht, denn sie war nicht diejenige, die gehen konnte. Das Haus, in dem sie wohnten, gehörte ihr. Und Steffen suchte sich nun einmal keine eigene Wohnung, obwohl er ständig davon redete.

All ihre Träume von einem Partner, mit dem sie glücklich sein konnte, waren zerronnen. Nie hätte sie damit gerechnet, für Männer noch attraktiv zu sein. Die Sache mit Sandro hatte sie wie ein Blitz aus heiterem Himmel getroffen. Gerade deshalb verletzte es sie, dass sie nun allein auf ihrem Balkon stand. Obwohl das wirklich an den Haaren herbeigezogen war.

Sandro trat aus der Dusche und trocknete sich ab. Er war zu spät, das Büfett im Speisesaal schon fast abgeräumt. Die Arbeit hatte länger gedauert als angenommen. Julian und er hatten Stunden damit verbracht, den Weg am See freizuräumen. Ein riesiger Ast der alten Eiche war abgeknickt und hatte bis ins Wasser gehangen. Sie mussten ihn erst zersägen, um die Holzstücke am Wegrand stapeln zu können.

Natürlich hatte er nicht vollkommen dreckig und verschwitzt in den Speisesaal stürmen wollen, nur um einigermaßen pünktlich zu sein. Trotzdem stieg er nun ziemlich eilig in seine Jeans und zog ein kurzärmeliges Shirt über. Die nassen Haare strich er lediglich schnell in Form. Er hoffte, dass er Lydia noch antreffen würde.

Barfuß trat er aus dem winzigen Bad in sein großes Einzimmerapartment. Praktischerweise war der lang gestreckte Anbau genau in drei dieser kleinen Wohnungen aufgeteilt. Ein Zufall, den sie gleich genutzt hatten, denn schließlich waren sie drei Brüder. Im Hotel schlafen wollten sie nicht, aber die Renovierung hatte so viel Geld verschlungen, dass sie sich richtige Wohnungen momentan nicht leisten konnten. Sandro ließ seinen Blick durch das Zimmer schweifen. Seine Lieblingsmöbel hatte er trotz der geringen Quadratmeterzahl untergebracht. Das große Bett mit den Metallstreben, das Sofa inklusive Ottomane mit einer gewaltigen Armlehne und den handgeschnitzten Tisch. Seitdem er hier war, hatte keine Frau mehr in seinem Bett gelegen. Aber er war noch nie ein Mann gewesen, der sich munter durch die Gegend gevögelt hatte. Eine Frau musste das gewisse Etwas haben. Und sie musste devot sein, denn ansonsten würde er keine Erfüllung in seinem Sexleben finden.

Was wollte er also von Lydia?

Es war diese Weichheit in ihren Zügen, die ihn ansprach. Außerdem wurde er das Gefühl nicht los, dass sie anfänglich nur so brüsk reagiert hatte, weil sie vor etwas Angst hatte. Sie war schreckhaft wie ein Reh. Die Vermutung lag daher nahe, dass sie nicht die besten Erfahrungen mit dem männlichen Geschlecht gemacht hatte. All das wollte er herausfinden. Leider blieb ihm dafür nur wenig Zeit, weil sie in ein paar Tagen wieder abreisen würde.

Sandro setzte sich auf die Ottomane und zog seine Schuhe an. Dann stand er auf, verließ sein Apartment und machte sich endlich auf den Weg zum Speisesaal.

Lydia hatte sich hübsch gemacht.

Aber was hieß das schon?

Alles an ihr musste immer perfekt aussehen. Sie hatte – außer zum Malen – gar nicht die Gelegenheit, im Schlabberlook herumzulaufen, da Steffen viel zu sehr auf ihr gutes Aussehen achtete. Selbst beim Arbeiten trug sie meist nur ihren Overall über - in seinen Augen - angemessener Kleidung. Selbstverständlich zog sie auch heute passenden BH und Slip an, wie sie es jeden Tag tat. Allerdings ersetzte sie die Jeans durch einen Bleistiftrock, der ihr bis zum Knie reichte. Lydia warf einen kurzen Blick in den Spiegel, der an der Tür angebracht war. Gut sah sie aus, aber auch, als ob sie etwas mit Steffen unternehmen würde.

Kein Bleistiftrock, beschloss sie, sondern doch wieder die Jeans.

Ja, so fühlte sie sich wohler. Sie wollte keine negativen Erinnerungen an Steffen mit zu dem Treffen mit Sandro nehmen. Als sie endlich mit ihrem Äußeren zufrieden war, machte sie sich auf den Weg. In ihrem Bauch kribbelte es vor Aufregung und Vorfreude.

Doch als sie im Speisesaal saß, kam kein Sandro, um mit ihr gemeinsam zu Abend zu essen. Ganz seltsam fühlte sie sich. Sie saß allein. Und das an einem Tisch für vier Personen. Eisern starrte sie auf ihren Teller und hoffte, dass niemand Fremdes neben ihr Platz nehmen würde. Sie war wohl wirklich zu einer Einzelgängerin mutiert, die eine gesellige Runde nicht mehr unbedingt gewohnt war. Lydias Magen knurrte vernehmlich. Eigentlich hätte sie total ausgehungert sein müssen, schließlich hatte sie seit dem Vormittag nichts mehr gegessen und selbst da nur eine Kleinigkeit. Das Büfett war reichhaltig und bestand sowohl aus kalten als auch aus warmen Speisen, die alle lecker dufteten. Gewohnheitsgemäß hatte sie nicht allzu viel auf ihren Teller gehäuft, dennoch stocherte sie nur in ihrem Essen herum, was sie erst auf die Nervosität schob, dann auf die Enttäuschung.

Nach über einer Stunde saß sie immer noch allein an dem Tisch. Kurz entdeckte sie die rothaarige Frau von der Rezeption, die ihr freundlich zunickte, aber von Sandro fehlte jede Spur.

Schließlich legte Lydia das Besteck beiseite, stand auf und verließ den Speisesaal. Sie überlegte, auf ihr Zimmer zu gehen, doch dann entschied sie sich dafür, ein bisschen frische Luft zu schnuppern. Der Regen war nicht wieder zurückgekehrt, und durch die Sonne war die Luft dunstig geworden. Vielleicht lag es auch daran, dass am See generell ein feuchteres Klima herrschte.

Sandro hatte erwähnt, dass er und seine Brüder in dem lang gestreckten Bau wohnten, der sich an das Hotel anschloss. Langsam schlenderte sie darauf zu. Rein aus Neugierde, denn sie würde sich bestimmt nicht die Blöße geben, bei ihm aufzutauchen.

„Suchst du mich?"

Lydia zuckte zusammen. Sandro stand unmittelbar vor ihr, der sanfte Geruch von Duschgel umgab ihn. Sogar sein schwarzes Haar war noch nass. Er hatte es lediglich aus dem Gesicht gestrichen.

„Ich … Du bist nicht gekommen." Erst jetzt bemerkte sie den Trampelpfad, der ebenfalls zu dem Anbau führte und wohl als Abkürzung benutzt wurde.

Peinlich!

„Ich bin leider nicht früher fertig geworden."

Die Erleichterung legte sich wie ein warmer Mantel um ihre Schultern. Sandro hatte sie nicht versetzt beziehungsweise hatte sie nie versetzen wollen.

„Wollen wir auf der Terrasse etwas zusammen trinken?"

Sie zuckte mit den Achseln. Eigentlich war ihr im Moment nicht mehr nach dem *Suite 6* und seinen Gästen. Viel lieber wäre sie ein paar Schritte gelaufen und hätte zu gern nur Sandros Gegenwart genossen, aber das traute sie sich nicht zu sagen.

„Oder wollen wir zu mir gehen? An Noahs Wohnung ist eine kleine Terrasse angeschlossen, die vom Hotel aus nicht einsehbar ist. Dort könnten wir uns in Ruhe unterhalten."

Zu ihm? War das nicht ein wenig übertrieben?

Aber eigentlich war es genau das, was sie wollte. Sie sehnte sich danach, mit ihm allein sein.

„Hat dein Bruder nichts dagegen?"

„Noah? Nein, wir nutzen alle die kleine Terrasse, wenn wir uns ungestört ins Freie setzen wollen. Außerdem wollte er nach Schließung des

Schwimmbades in die Stadt fahren. Wie ich ihn kenne, kommt er erst in den frühen Morgenstunden zurück."

Erleichtert atmete sie auf. Es war ihr egal, ob Sandro es bemerkte.

„Du bist nicht gern unter Leuten, oder?", kam prompt die Frage, auf die sie beinahe gewartet hatte.

Sie schüttelte den Kopf. „Nein, das bin ich nicht."

„Schon immer?"

„Nein."

Fragend blickte er sie an.

Sie wollte ihm nichts von Steffen erzählen. Sandro sollte nicht erfahren, dass sie sich in einer Beziehung befand. Und noch weniger durfte er wissen, wie sehr sie von ihrem Partner bevormundet wurde. Sie wünschte sich, dass er sie für eine ganz normale Frau hielt. Das war alles.

Lydia wich Sandros Blick aus und ließ sich von ihm zu seiner Wohnung beziehungsweise der Terrasse seines Bruders führen. Man musste an dem gesamten Anbau vorbei und eine kleine Treppe hinauflaufen, um zu ihr zu gelangen. Die Terrasse war mit einer etwa hüfthohen Mauer umgeben und vom Hotel fast nicht einsehbar. Zielstrebig ging Lydia darauf zu und schaute sich um. Auf der einen Seite befand sich die Poollandschaft, linker Hand hatte man einen freien Blick über den See, und auch auf den Wald konnte man hinabsehen.

Sandro war hinter sie getreten. Sein Atem kitzelte sie an ihrem Ohr. „Vor was hast du Angst, Lydia?“

Sie erstarrte. „Angst?“ Sie konnte die Panik in ihrer Stimme kaum verbergen.

„Ja, Angst“, bestätigte er. „Du zuckst bei der kleinsten Bewegung zusammen und du meidest Leute. All das erweckt den Eindruck, dass du vor irgendetwas oder irgendwem davonläufst.“

Sie erstarrte. „Ich mag nicht darüber reden“, quetschte sie hervor.

„Für den Moment ist das in Ordnung, aber eines Tages wirst du nicht darum herumkommen, mir diese Frage zu beantworten.“

Nein?

Das hörte sich gut an. So, als würden sie sich nicht nur heute Abend treffen.

„Dann wollen wir uns nun in Ruhe über den Babysitter unterhalten.“

Mist! Das Thema war immer noch aktuell? Damit hatte sie nicht gerechnet.

In ihrem Bauch begann es, erwartungsvoll zu kribbeln.

So eine Aussage passte perfekt in ihre Vorstellung von dem Beginn eines erotischen Spiels.

Lydia spürte Sandros Nähe, und obwohl er sie nicht berührte, waren nicht viele Zentimeter Luft zwischen ihnen. Sie starrte auf ihre Hände, mit denen sie sich sicherheitshalber an der Mauer festhielt. Zu sagen wusste sie nichts. Sie wartete seine Reaktion ab, die irgendwann folgen würde, sonst hätte er den Satz mit dem Babysitter nicht ausgesprochen.

Wenn Sandro allerdings damit rechnete, dass sie sich erneut entschuldigen oder gar rechtfertigen würde, irrte er sich.

Sie wollte nicht agieren, also würde sie es auch nicht. Aber Sandro sah anscheinend ebenfalls nicht ein, sich weiter zu dem Thema zu äußern. So standen sie still hintereinander und schauten auf den immer dunkler werdenden Wald.

Lydia wurde langsam ungeduldig.

So hatte sie sich den Abend nicht vorgestellt!

Warum tat er denn nicht irgendetwas? Besonders schön war die Aussicht doch nun wirklich nicht.

Sie räusperte sich. „Wollen wir uns nicht lieber setzen?“

Am besten tat sie so, als hätte er den Babysitter nie erwähnt. Außerdem war ihre Kehle ziemlich trocken. Er könnte ihr ruhig etwas zum Trinken anbieten. Ein Glas Wasser oder Wein wäre nicht schlecht.

Sandro reagierte nicht.

Hatte er sie nicht gehört?

Das konnte nicht sein, folglich tat er nur so, als hätte er Tomaten auf den Ohren.

„Ich habe dich etwas gefragt.“ So richtig hatte sie ihre Stimme nicht unter Kontrolle.

Er reagierte immer noch nicht.

Langsam wurde sie sauer. Sie ließ sich doch nicht verarschen. Am liebsten hätte sie ihren Fuß nach hinten geschwungen und gegen sein Bein getreten. Sandro konnte sich anscheinend so selbstgefällig verhalten, wie er aussah. Er dachte wohl, ein attraktives Gesicht wäre alles, was zählte. Vielleicht bildete er sich auch etwas darauf ein, dass er Miteigentümer des Hotels war. Viele Frauen schienen das toll zu finden. Wenn sie nur an die Dunkelhaarige aus dem Schwimmbad dachte.

„So geht das nicht!“ Mit einem Ruck fuhr sie herum und war ihm mit einem Mal sehr, sehr nahe. Er wich nicht zurück. Nicht einen winzigen Millimeter, und sein dunkler Blick bohrte sich in ihren.

Ihre Knie wurden weich, fühlten sich plötzlich wie Wackelpudding an. Trotzdem würde sie nicht wegsehen, denn es gab keine Veranlassung dazu. So starrte sie ihn also an. Auch wenn sie dabei in Gedanken krampfhaft bis zehn zählen musste.

„Was hast du nun zu dem Babysitter zu sagen?“ Keine Spur von Humor zeichnete sich in seinen Zügen ab.

Der ernste Klang seiner Stimme ließ sich ihren Unterleib vor Verlangen zusammenziehen. Sandro kam ihrer Vorstellung von einem richtigen Mann schon ziemlich nahe.

Und selbst wenn sie mit seiner Art nicht zurechtkommen würde, was sollte schon passieren? In einer Woche würde sie das Hotel bereits wieder verlassen haben.

„Nichts", piepste sie, doch dann riss sie sich zusammen. „Ich bin alt genug, ein Zimmer, das mit einer Nummer versehen ist, alleine zu finden."

„Ja?"

„Ja, denn sonst würde ich jetzt immer noch durch das Hotel irren."

„Weißt du was, Lydia?" Er musterte sie durchdringend.

„Was denn?", fragte sie herausfordernd.

„Du reizt mich im Moment außerordentlich."

„Womit?"

„Ich bin ein Mann, der sich solch freche Antworten in der Regel nicht gefallen lässt."

Er war anscheinend dominant.

Ach du liebe Scheiße!

Sie war ihrem Traum mit einem Mal verdammt nah. Vielleicht sogar zu nah.

Ihr Mund fühlte sich zumindest staubtrocken an.

„Es schockiert dich nicht, wie ich sehe."

„Doch."

„Lüg nicht!"

Sie fuhr zusammen.

Konnte er Gedanken lesen?

Sein Blick wurde noch eine Nuance dunkler, wenn dies überhaupt möglich war.

„Was würdest du sagen, wenn ich mir deine frechen Antworten nicht gefallen ließe?"

Nichts, du Idiot!

Schließlich würde es kaum über ihre Lippen kommen, dass sie sich so ein verbales Spielchen, wie sie es momentan spielten, schon lange erträumt hatte. Sie presste also die Lippen fest aufeinander. Eine trotzige Reaktion, die verbergen sollte, wie aufgewühlt sie innerlich war.

„Hmm. Magst du nicht mehr mit mir reden?“

Er legte seine Hand an ihre Wange und fuhr ihr mit dem Daumen langsam über ihren Mund. Sie hielt still, schickte die Berührung doch einen Stromstoß in ihre Mitte, die erwartungsvoll zu pochen begann.

„Da frag ich mich, warum das so ist.“

Verdammt! Sie fühlte sich wie das Mäuschen, das vor der hungrigen Schlange saß.

„Dann frag dich eben“, quetschte sie pampig hervor.

Augenblicklich schnellten seine Augenbrauen nach oben.

Wieder fuhr sein Finger über ihre Lippen, und sie konnte nicht anders, als ihn mit diesen zu liebkosen.

„Vielleicht sollten wir besser in mein Apartment gehen.“ Zärtlich strich er über ihre Wange.

„Ich begleite fremde Männer nicht in ihre Wohnung.“

Warum sie nun so extrem bockig auftrat, war ihr selbst ein Rätsel.

Sandro beugte sich hinab. Seine Lippen berührten ihre, die sich sofort willig öffneten. Leicht fuhr er mit der Zunge darüber, dann küsste er sie.

Ob sie es wollte oder nicht, ihr Körper schmiegte sich an ihn und wollte das Gefühl der Umarmung auskosten. Doch schon zog Sandro sich zurück.

„Dann müssen wir uns eben mit der Terrasse zufriedengeben."

Wie meinte er das?

Etwas sagte ihr, dass sich dieser Satz nicht gut anhörte. Oder zumindest nicht so klang, wie sie ihn als richtig empfunden hätte.

Aber Sandro ließ nur sanft seine Fingerkuppen von ihrer Wange über ihren Hals zu ihren Brüsten fahren. Allein die Vorstellung, dass er jeden Moment ihre empfindlichen Knospen berühren könnte, schickte einen weiteren heißen Stromstoß zwischen ihre Schenkel und ließ ihr Höschen feucht werden. Aber er umschloss nur ihre zarte Fülle und knetete sie genüsslich. Ganz kurz fasste er an ihre Spitzen und zupfte neckisch daran.

„Du hattest noch nie einen dominanten Partner?"

„Nein", hauchte sie.

„Es erschreckt dich aber nicht?"

Sie schüttelte den Kopf.

Sandro zog erneut seine linke Augenbraue in die Höhe.

„Nein", antwortete sie.

„Könntest du dir vorstellen, dominiert zu werden?"

Verschüchtert senkte sie ihren Blick.

„Sieh mich an!"

Sofort schaute sie zu ihm empor.

Warum fragte er? Konnte er nicht in ihren Augen lesen, wie sehr es sie reizte, eben jene Erfahrung zu machen, und dass sie sich schon immer nach einem Mann gesehnt hatte, der im Bett das Sagen hatte?

Er musste es doch sehen, es an ihrem Verhalten bemerken. Wäre es anders, wäre sie bei seinen Fragen doch schreiend davongelaufen.

Aber er wollte die Bestätigung aus ihrem Mund hören und kein Rätselraten spielen.

„Ja", antwortete sie deshalb.

„Ja?"

Sie nickte.

„Was reizt dich am meisten?"

Oh, was für eine Frage! Sollte sie wirklich ehrlich sein? Sie musste es, denn nur so würde sie die Erfahrung machen, nach der sie sich verzehrte.

„Ich weiß nicht allzu viel." Sie stockte. „Über Dominanz und Unterwerfung", fuhr sie mutig fort. Trotzdem spürte sie die Hitze in ihren Wangen.

„Und von den Dingen, die du zu kennen glaubst? Was würde dich da am meisten reizen?"

„Ganz ehrlich?"

Ernst blickte er sie an. „Natürlich. Anders geht es nicht. Ich muss doch wissen, was du gerne erleben möchtest und was weniger."

Nie hätte sie gedacht, über ihre sexuellen Fantasien reden zu können. Noch dazu mit einem Menschen, den sie gar nicht kannte.

Aber vielleicht war es sogar einfacher, da sie bald wieder auseinandergehen würden, denn dann wäre es nicht so schlimm, sollte ihr dieses kleine sexuelle Abenteuer doch nicht zusagen. Sie würden sich nie wiedersehen, so musste es weder ihr noch ihm unangenehm sein, wenn dieser Schritt in Richtung BDSM in die Hose ging.

Lydia schluckte. Ihr Hals fühlte sich immer noch staubtrocken an. „Ich möchte jegliche Kontrolle abgeben und nicht mehr gezwungen sein, etwas zu tun, um den anderen zu erfreuen." Sie holte tief Luft. „Ich möchte, dass der Mann handelt und nicht ich."

„Das würde dir Lust bereiten?"

„Ja." Ihre Stimme war nur ein Hauch, so seltsam erschien es ihr, über ihre Wünsche zu sprechen.

„Gibt es dabei etwas, was du besonders gern erleben möchtest?"

Sie musste nicht über eine Antwort nachdenken. Nach der Bevormundung der letzten Jahre sehnte sie sich natürlich nach Geborgenheit und Liebe, aber nicht, wenn es um reinen Sex ging. Sie hatte die ganze lange Zeit über versucht, die Tränen über ihre unglückliche Beziehung und damit auch über ihr unerfülltes Leben zurückzuhalten und all ihre Hilflosigkeit in die Bilder fließen zu lassen, indem sie nur schöne Dinge gemalt hatte. Ein Versteckspiel vor sich selbst und aus Angst, dass die Menschen erkennen könnten, wie es in ihrer Seele aussah.

„Ich möchte wissen, wie sich Lustschmerz anfühlt."

Sandro nickte nur. Doch ein Nicken brachte ihr nichts, also würde sie konkreter werden müssen.

„Ich möchte geschlagen werden. Ich möchte weinen."

„Weil es dich in deiner Fantasie erregt?"

„Ja, zumindest der Gedanke." Sie hob ihren Kopf und streckte ihr Kinn vor. „Und weil ich es möchte."

Sandros Blick war unergründlich, aber er fragte nicht weiter nach, ebenso wie er sich nicht nach den Wunden in ihrer Seele erkundigte. „Mit der Hand?"

„Nein, ich glaube, das wird nicht genügen, um …"

„Um was?"

„Um mich zum Weinen zu bringen, damit ich loslassen kann."

„Du bist Anfängerin." Er stockte. „Hast du schon einmal was von der Ampel gehört?"

Sie nickte. Natürlich hatte sie davon gelesen.

„Du weißt, was es mit den Farben auf sich hat?"

Wieder nickte sie.

„Da du weinen möchtest, werden wir später in meine Wohnung gehen müssen. Ist das in Ordnung für dich?"

In seine Wohnung? Natürlich. Sie konnte kaum das halbe Hotel zusammenschreien, nur weil sie wissen wollte, wie es sich anfühlte, lustvoll geschlagen zu werden. Aber das war nur die halbe

Wahrheit. Sie wollte endlich weinen können, um den Schmerz der vergangenen Jahre loszuwerden. Sie ahnte, dass es funktionieren konnte, denn es erregte sie, allein daran zu denken, von Sandro unterworfen zu werden. Am liebsten wollte sie diese Art der Leidenschaft, die schon lange in ihr schlummerte, zusammen mit der Wut über die erlebte Erniedrigung durch Steffen in die Welt hinausschreien. Natürlich war das so nicht möglich, und es konnte sehr wohl sein, dass sie die Intensität von Schmerz unterschätzte, aber sie wollte endlich wissen, wie er sich anfühlte. Falls sie sich irrte, was ihre Neigungen betraf, hatte sie sich ihnen wenigstens gestellt.

„Ja“, krächzte sie. „Aber ich möchte, dass du handelst oder mich dazu zwingst.“

Sein Blick bohrte sich in ihren. Fast schien es, als wollte er in die Tiefen ihrer Seele sehen.

„Falls du dich wehrst?“

„Dann wirst du Wege finden, mich davon abzuhalten.“

Er nickte, trat einen Schritt zurück und betrachtete sie prüfend.

Wenn er nun von ihr verlangen würde, sich auszuziehen, würde sie sich weigern. Sie konnte es nicht. Und wenn sie es noch so sehr wollte.

Sandro streckte seine Hände aus und fasste nach dem Saum ihres Shirts. Seine Finger berührten die weiche Haut ihres Bauches.

„Arme hoch!“

Wieder schluckte sie, dann hob sie die Arme. Ganz langsam zog er das Shirt empor, wobei sich sein Blick förmlich an ihrer Haut festzusaugen schien, damit ihm ja kein Millimeter entging. Schließlich stand sie nur noch im BH vor ihm. Seltsamerweise verspürte sie nicht den Wunsch, ihre Brüste zu verbergen. Sie trug stets schöne Wäsche, außerdem hatte Sandro sie bereits im Bikini gesehen. Aber es war nicht nur das. Sie wollte sich ihm zeigen, und zwar nackt. Sie nahm an, dass er als Nächstes ihre Jeans öffnen würde, doch er griff nach den Trägern ihres BHs und schob sie von ihren Schultern. Ein kurzer Griff auf ihren Rücken, schon hatte er die Haken geöffnet; ein weiterer und der BH landete auf dem Shirt am Boden. Sandros Blick war auf ihre entblößten Brüste gerichtet. Ihre Knospen reagierten darauf sofort und richteten sich steif auf.

Würde er sie nun anfassen?

Sandro schob den Knopf aus dem Knopfloch ihrer Jeans und zog den Reißverschluss herab. Seine Hände legten sich um ihre Taille, fuhren dann in ihre Hose, um sie kurz auf ihren Pobacken ruhen zu lassen, bevor sie die Jeans hinabschoben. Sie rekelte sich leicht, damit sie sie zu ihren Knöcheln befördern konnte. Diesen Teil würde sie von sich aus erledigen. Sie trat aus den Zehensandalen und schlüpfte aus den Hosenbeinen, ohne ihre Hände zu benutzen. Mit dem Fuß schob sie die Kleidungsstücke hinüber zu Shirt und BH. Nun trug sie nur noch ihren Slip. Doch schon spürte sie

Sandros Hände erneut auf ihren Pobacken, dann an der Rückseite ihrer Oberschenkel, um ihr Höschen an ihren Beinen hinabzustreifen. Als es an ihren Knöcheln landete, agierte sie wieder selbstständig und kickte es mit der Fußspitze zu den restlichen Klamotten. Sandro trat erneut zurück, dieses Mal aber nicht nur einen Schritt, sondern mindestens drei, und betrachtete sie in aller Ruhe.

Lydia klopfte das Herz bis zum Hals.

Was würde er als Nächstes mit ihr anstellen? Splitterfasernackt stand sie nun auf seiner Terrasse. Zwar war sie vom *Suite 6* aus nicht zu sehen, aber Spaziergänger, die im Wald unterwegs waren, könnten sehr wohl erkennen, dass eine unbekleidete Frau an der Mauer lehnte. Unruhig trat sie von einem Bein aufs andere. Sie wollte sich lieber nahe der Hauswand in Sicherheit bringen, aber Sandro machte keinerlei Anstalten, sie dazu aufzufordern, und sie hatte ihn ausdrücklich darum gebeten, zu bestimmen und sie nicht selbst handeln zu lassen.

Nur, dass er auf so eine dumme Idee kommen könnte, damit hatte sie natürlich nicht gerechnet.

In aller Gemütsruhe ging er zu einem der hölzernen Gartenstühle, die schon an kleine Sessel erinnerten, hob ihn hoch und stellte ihn kurz vor ihr ab.

Sicher würde er ihr gleich befehlen, Platz zu nehmen …

Aber nichts dergleichen geschah. Anstatt sie aufzufordern, setzte er sich selbst hinein und lehnte sich scheinbar bequem zurück.

So ein blödes Spiel!

Eines, das sie sich selbst eingebrockt hatte.

Naiv und gutgläubig war sie gewesen.

So wie immer.

Sie dumme Nuss!

Völlig teilnahmslos thronte Sandro in dem Gartensessel. Nun holte er auch noch sein Handy aus der Hosentasche und tippte darauf herum.

Sie räusperte sich.

Keine Reaktion.

Erneut räusperte sie sich. „Sandro?"

Er schaute nicht einmal auf, sondern behandelte sie, als wäre sie Luft.

„Ich finde das nicht lustig."

Er bearbeitete weiterhin sein Smartphone.

„Spaziergänger könnten mich hier stehen sehen. Schlimmstenfalls Leute, die ebenfalls im *Suite 6* abgestiegen sind."

All das interessierte ihn anscheinend auch nicht. Wie es aussah, fand er es gut, wenn eine nackte Frau auf seiner Terrasse stand. Als Aushängeschild sozusagen, dass er ein toller Kerl war, für den sich manch ein weiblicher Gast sogar nackig machte.

„Ich werde mich nun setzen." Langsam bewegte sie ihren Fuß, um einen Schritt nach vorn zu tun.

Schneller, als sie schauen konnte, fasste Sandro den Stuhl an den Armlehnen und rutschte auf sie zu. So dicht, dass sie gerade noch die Beine spreizen konnte, damit er nicht gegen sie stieß. Erschrocken keuchte sie auf.

„Gern.“ Das Handy verschwand wieder in seiner Hosentasche. „Aber auf die Mauer.“

Auf die Mauer?

Das konnte nicht sein Ernst sein!

„Wenn du dich gesetzt hast, wirst du deine Füße auf den Armlehnen des Stuhles abstellen.“

Hatte er noch alle Tassen im Schrank?

Niemals würde sie sich so zur Schau stellen.

„Wenn du diese Bewegung nicht allein ausführen willst, werde ich dir gerne dabei behilflich sein. Allerdings werde ich dann deine Füße an die Lehnen fesseln müssen, da ich mich nicht darauf verlassen kann, dass du nicht doch noch auf die Idee kommst, mir nicht zu gehorchen.“

Festgebundene Füße?

Das konnte sie nicht zulassen! Sandro würde es garantiert fertigbringen und sie so auf der Mauer sitzen lassen. Sie hätte keine Chance, davonzulaufen, denn wie sollte sie sich fortbewegen, wenn ihre Füße an dem Stuhl fixiert waren?

„Das ist nicht fair“, fauchte sie ihn an.

Er zuckte nur die Schultern. Auf eine Diskussion über Fairness wollte er sich anscheinend nicht einlassen.

„Du hast zehn Sekunden Zeit, deinen Hintern auf die Mauer und deine Füße auf die Lehnen zu schwingen.“

Sie starrte ihn an, wohlwissend, dass er die Sekunden bereits herunterzählte. Viel Zeit würde ihr nicht mehr bleiben.

Zaghaft versuchte sie, mit dem Hintern nach oben zu rutschen.

Autsch!

So würde sie sich nur ihre Pobacken aufschürfen. Also nahm sie die Arme zur Hilfe, stützte sich mit den Händen ab und schwang sich hinauf. Sandro setzte sich aufrecht hin. Sie musste sich beeilen. Erst der rechte, dann der linke Fuß landete auf den Armlehnen.

Sandro nickte nur, als wäre es längst Zeit geworden, dass sie seinem Befehl nachgekommen war. Er griff nach ihren Knöcheln und zog die Füße seitlich an den Lehnen vorbei, um sie ein Stückchen tiefer auf den kleinen Leisten, die sich an der Außenseite des Stuhls befanden, abzustellen. So saß sie zwar viel sicherer, aber ihre Schenkel waren wesentlich weiter gespreizt als zuvor.

Wie entwürdigend!

Breitbeinig hockte sie nun vor ihm und gewährte ihm den perfekten Blick auf ihre rasierte Pussy.

Doch das war nicht alles. Sie saß auch splitterfasernackt auf der Mauer, als wäre sie eine Galionsfigur.

Am liebsten hätte sie die Arme vor der Brust verschränkt, aber sie wagte es nicht, denn Sandro würde davon mit Sicherheit nicht begeistert sein, und ihren sicheren Halt würde sie ebenfalls gefährden. Zwar ging es nicht wirklich steil hinab, aber die Vorstellung, erst rückwärts die Mauer und dann den Abhang hinunterzupurzeln, war nicht sehr verlockend. Also blieb sie sitzen und versuchte, sich so klein wie möglich zu machen.

Verdammt, sie hatte sich das anders vorgestellt!

Sie hatte gedacht, Sandro würde sie über seine Beine legen und ihr den Arsch versohlen.

Ja, so hatte sie sich das vorgestellt.

In ihrer Fantasie waren seine Schenkel muskulös und sie hatte ihre Härte an ihrem Bauch fühlen können. Sie hatte angenommen, sich an seinen Beinen festhalten zu können und sich den Schmerz so lustvoll vorgestellt, dass sie allein schon bei der Vorstellung daran nass wurde.

Doch nun?

Nun saß sie wie eine ausgezogene Modepuppe auf der Mauer.

Blöder konnte es doch nicht laufen!

Sandro legte seine Hände auf ihre Knie und drückte sie noch weiter auseinander. Mit den Fingerspitzen seiner rechten Hand fuhr er an der weichen Innenseite ihres Schenkels hinauf zu ihrer feuchten Mitte. Normalerweise hätte sie schleunigst versucht, die Beine zu schließen, doch sie spreizte sie fast unmerklich weiter. Sein Finger fuhr zwischen ihren Schamlippen hindurch und berührte ihre Klit. Ein Seufzen drang über ihre Lippen. An der Leichtigkeit, wie sein Finger sich bewegte, spürte sie die Nässe an ihrer Pussy.

Es hatte sie wirklich erregt, sich nackt auf der Mauer zu zeigen und ihre Schenkel willig vor einem fast fremden Mann zu öffnen?

Lydia schluckte schwer. Ihr Körper verhielt sich anders, als sie es erwartet hatte.

Doch nun blieb ihr keine Zeit, darüber nachzudenken.

Wieder strich Sandro über ihre Klit und schob dabei einen Finger in ihre pochende Höhle. Ihre Muskeln schlossen sich fest um ihn.

Lydia schielte nach hinten. Der Wald war so nah. Vielleicht wurden sie beobachtet.

Der Reiz an ihrer Klit verstärkte sich.

Vielleicht standen Spaziergänger hinter den Bäumen verborgen und fanden es erregend, sie hier sitzen zu sehen.

Verdammt! Sie würde jeden Moment kommen.

„Sieh mich an!"

Sofort richtete sich ihr Blick auf Sandro, der zwischen ihren Beinen saß und eben einen weiteren Finger in ihr Innerstes schob. Mit dem Daumen stimulierte er weiter ihre Klit. Ein unaufhaltsamer Druck der Lust baute sich in ihr auf und ihr Kopf sank in den Nacken.

„Ansehen!", knurrte Sandro.

Sie gehorchte.

In diesem Moment verkrampften sich ihre Muskeln und schickten tausend kleine Zuckungen durch ihren Körper. Sie sah ihn immer noch an, ihre Gesichtszüge in einem fulminanten Orgasmus verzerrt.

Kapitel 4

Ernst blickte er Lydia an.

„Ich möchte jegliche Kontrolle abgeben und nicht mehr gezwungen sein, etwas zu tun, um den anderen zu erfreuen. Ich möchte, dass der Mann handelt und nicht ich."

Das war ein Geständnis ganz nach seiner Vorstellung, und doch nahm er an, dass Lydia ihm weit mehr verheimlichte, als sie zugab. Aber das würde er noch in Erfahrung bringen.

„Das würde dir Lust bereiten?", fragte er deswegen nur.

„Ja." Ihre Stimme war nur ein Hauch.

Er sah die Überwindung, die es sie kostete, über ihre sexuellen Wünsche zu sprechen. Schließlich hatten sie sich erst vor wenigen Stunden kennengelernt. Und doch waren die Worte nur so aus ihr herausgesprudelt. Er ahnte, dass sie schon lange davon träumte, einen dominanten Partner im Bett zu haben, und nun würden ihre Fantasien zum ersten Mal Wirklichkeit werden.

„Gibt es dabei etwas, was du besonders gern erleben möchtest?"

Sie musste nicht lange überlegen. „Ich möchte wissen, wie sich Lustschmerz anfühlt."

Er nickte.

„Ich möchte geschlagen werden. Ich möchte weinen."

Der erste Satz verwunderte ihn nicht. Viele Frauen wollten anfangs wissen, wie sich das Brennen der Schläge auf ihrer Haut anfühlte und wie es sich in Lustschmerz wandelte. Aber der zweite Satz, das sagte ihm sein Gefühl, bedeutete mehr. Dieser Wunsch, weinen zu wollen, musste einen tieferen Grund haben. Es musste etwas geben, das sie belastete. Etwas, weswegen sie weinen wollte und es sich durch seine Schläge herbeisehnte.

„Weil es dich in deiner Fantasie erregt?" Er war gespannt auf ihre Antwort, ließ sie keine Sekunde aus den Augen, damit ihm ihre Reaktion nicht entgehen würde. Er achtete auf alles, auf ein Zucken der Lippen oder ein Flackern ihrer Wimpern.

„Ja, zumindest der Gedanke." Beinahe trotzig schob sie ihr Kinn vor. „Und weil ich es möchte."

Und weil ich es möchte – das war eine Antwort, die unheimlich viel Wahrheit enthielt.

„Mit der Hand?" Wieder war er gespannt.

„Nein, ich glaube, das wird nicht genügen, um …"

„Um was?", hakte er sofort nach.

„Um mich zum Weinen zu bringen, damit ich loslassen kann."

Er überlegte, ihr ein Safeword zu geben, entschied sich dann aber für die Ampel. Es würde ihm einen besseren Einblick auf ihr Wohlbefinden geben.

Obwohl Lydia sich anfänglich geweigert hatte, ihn in seine Wohnung zu begleiten, stimmte sie nun zu. Aber nur, weil sie dort die Möglichkeit hatte, weinen zu dürfen.

„Aber ich möchte, dass du handelst oder mich dazu zwingst“, hörte er sie sagen.

Immer mehr verstärkte sich in ihm der Verdacht, dass sie kein erfülltes Leben führte. Ihr gehetztes Wesen zeigte ihm nur zu deutlich, dass etwas nicht stimmen konnte.

„Falls du dich wehrst?“

„Dann wirst du Wege finden, mich davon abzuhalten.“ Diese Antwort war ohne Zögern über ihre Lippen gekommen.

Natürlich wusste er Wege, sie davon abzuhalten oder ihr zu zeigen, dass sie mit der Konsequenz leben musste, die ihr Handeln hervorgerufen hatte.

Sandro sah die Erwartung in Lydias Augen. Sie forderte ihn förmlich dazu heraus, die Dinge mit ihr zu tun, nach denen sie sich sehnte. Genau aus diesem Grund würde sie warten und lernen müssen, sich in Geduld zu üben, weil sie sich seinen Wünschen fügen sollte. Auch für ihn würde die Verzögerung nicht leicht sein, denn sein Schwanz presste sich bereits jetzt unangenehm fest gegen den Stoff seiner Hose.

Stopp! Alles zu seiner Zeit.

Erst würde er ihr entgegenkommen und ihr beim Ausziehen behilflich sein. Natürlich in aller Ruhe, damit er und sie es auch genießen konnten.

Als Lydia schließlich vollkommen nackt vor ihm stand, blieb sie aufrecht und verschränkte nicht die Arme vor ihrer Brust. Lediglich ihre Nasenflügel bebten leicht.

Nur auf die Mauer wollte sie zuerst nicht hinauf. Doch trotz ihres anfänglichen Zögerns gehorchte sie schließlich und ließ sich sogar ihre Beine weit über die Stuhllehnen spreizen. Ihre Pussy glänzte feucht. Sich nackt zu zeigen, schien ihr wesentlich besser zu gefallen, als sie es selbst angenommen hatte.

Zielstrebig stimulierte er ihre Klit und ließ mehrere Finger in ihre nasse Höhle gleiten. Ihr Kopf sank in den Nacken.

„Ansehen!", knurrte er.

Sie gehorchte sofort. Er bemerkte, wie sich ihre Muskulatur verkrampfte und sich ihr Gesicht zu einem stummen Schrei verzog, als der Orgasmus sie überrollte.

Sandro entfernte seine Hand von ihrer Mitte und strich zärtlich über ihre Beine. Dann rückte er den Stuhl zurück, stand auf und zog sie in seine Arme.

„Bist du bereit?"

Sie schmiegte sich an ihn. „Für was?", nuschelte sie.

„Mir in meine Wohnung zu folgen."

Sie schwieg, kuschelte sich dafür fester in seine Arme. „Ja", drang es leise aus ihrem Mund.

„Dann komm!"

„Nackt?"

„Ja."

„Wir müssen am Gebäude entlanglaufen", wandte sie ein.

Ja, das mussten sie, aber mittlerweile war es fast dunkel und Gäste verirrten sich relativ selten zu dem Anbau. Doch das würde er ihr natürlich nicht sagen.

„Und wenn mich jemand sieht?"

Er antwortete nicht.

„Und meine Kleidung?"

„Die kannst du später holen."

„Falls einer deiner Brüder auf die Terrasse kommt?"

Wieder schwieg er.

„Ich will meine Sachen mitnehmen."

„Nein."

„Ich möchte aber."

„Nein." Er verlieh seiner Stimme einen scharfen Klang. Augenblicklich zuckte sie zusammen, und ihre Augen wurden noch größer, als sie in sein Gesicht blickte. Sie schien die Unnachgiebigkeit in seinen Zügen zu lesen.

„Los jetzt!"

Erst hatte er sie zwischen sich und der Wand laufen lassen wollen, um ihr die Sicherheit zu geben, von keinem Hotelgast entdeckt zu werden. Doch mittlerweile hatte er sich umentschieden.

Er machte eine einladende Handbewegung, um sie zum Loslaufen aufzufordern, aber Lydia blieb stocksteif neben ihm stehen.

In diesem Moment wurde ihm klar, dass sie sich nicht freiwillig vorwärtsbewegen würde. Sie brauchte seine Hilfe. Er hob seine Hand und fasste sie im Genick. So etwas wie Erleichterung glitt daraufhin über ihr Gesicht. Erleichterung, aber auch Bedenken, der Situation vielleicht doch nicht gewachsen zu sein. Es hätte ihn überrascht, wenn es anders gewesen wäre.

Er schob sie vor sich her, über die Terrasse, die Treppe hinunter, an dem Gebäudeteil entlang, bis sie vor seiner Haustür zum Stehen kamen. Niemand war ihnen entgegengekommen. Sandro holte den Schlüssel zu seiner Wohnung aus seiner Hosentasche und sperrte auf. Lydia stemmte kurz ihre Beine in den Boden, dann trat sie jedoch auf sein leichtes Schieben hin über die Schwelle. Er schaltete das Licht ein, dimmte es, damit es nicht zu grell leuchtete, und schloss die Tür.

Ganz still stand Lydia vor ihm und blickte sich um. Plötzlich hob sie den Kopf, entdeckte die Ringe, die an der Decke angebracht waren, und versteifte sich merklich. Er konnte förmlich sehen, wie sich ihre Gedanken überschlugen und sie sich fragte, ob sie wohl daran befestigt werden würde. Doch für eine Fesselung war momentan noch nicht der geeignete Zeitpunkt. Lydias Wünsche waren andere. Außerdem würde er ihr erst einmal die Möglichkeit geben, sich festhalten zu können. Gerade, weil sie zum ersten Mal diese Erfahrung machte.

Wieder griff er in ihren Nacken und führte sie zu seiner Ottomane, die praktischerweise an den Seiten relativ hohe Arm-, dafür jedoch keine Rückenlehnen hatte. Im Endeffekt sah sie wie ein Bett mit weich gepolstertem Kopf- und Fußteil aus und war das perfekte Möbelstück für das, was Lydia erleben wollte. Ein Spanking.

In dem Moment, als er sie auf die Ottomane zuschob, wurde ihr wohl klar, was er vorhatte, denn sie bewegte sich nicht mehr ganz so leichtfüßig vorwärts. Er ließ ihr keine Zeit zum Nachdenken, sondern drückte sie über die Lehne, sobald sie vor der Ottomane standen. Lydia musste den Atem angehalten haben, denn ein keuchendes Geräusch drang aus ihrem Mund, als sie mit dem Kopf auf dem Polster zum Liegen kam. Ihr Hintern ragte ihm nun einladend entgegen. Kurz ließ er ihr Zeit, um sich an die neue Situation zu gewöhnen, dann legte er seine Hände auf ihre Pobacken und strich fest über ihre Haut.

„Bist du bereit?“

Wieder hörte er ein lautes Ausatmen.

Ganz so entspannt war Lydia also doch nicht.

„Ja.“

Mit einem gut hörbaren Klatschen landete seine Hand auf ihrer rechten Pobacke. Lydia gab keinen Laut von sich, aber ihre Hände fuhren über den glatten Stoff der Ottomane und fassten rechts und links um den Rand des Polsters.

Der nächste Hieb landete auf ihrer anderen Pobacke. Sandro fand einen gleichmäßigen Rhythmus und schlug weiter zu, bis ihr Hintern von einer zarten Rötung überzogen war. Lydia schwieg immer noch, aber das würde sich bald ändern. Er holte erneut aus und der erste wirklich feste Schlag landete auf ihrem Arsch. Ein kleines Stöhnen war die Antwort. Er ließ weitere Hiebe folgen. Sie wollte weinen, sie würde weinen.

Kurz überlegte er, die Gerte zu holen, aber er entschied sich für seinen Gürtel, den er nur öffnen und aus den Laschen seiner Hose ziehen musste. Als er seine Hände von ihrem Hintern nahm, schien sie zu glauben, dass es das gewesen war, denn ihre verkrampften Hände lösten sich von dem Polster und ihr Körper entspannte sich sichtbar. Aus diesem Grund zog er das Lederband geräuschvoll zurück, bevor er den Metallsteg aus dem Loch schnippen ließ, sodass Lydia sehr wohl bewusst wurde, was er eben tat und was er vorhatte. Ihre Hände griffen augenblicklich wieder um den Rand der Ottomane, nun allerdings so fest, dass ihre Fingerknöchel weiß hervortraten.

Er musste sie nicht fragen, ob sie bereit war. Sie war es, ansonsten würde sie sich nicht auf die nahenden Schläge einstellen. Zärtlich ließ er das weiche Leder über ihren Rücken und ihren geröteten Hintern streichen. Auch ihre Schenkel berührte er damit. Dann holte er aus, ein zischendes Geräusch ertönte, bevor ein lautes Klatschen folgte. Und kurz darauf ein Stöhnen. Er schaute auf ihren Arsch. Die Haut zeigte nun schon eine ganz andere Röte. Wieder holte er aus.

Lydia stöhnte, dann wimmerte sie und wand sich auf der Lehne, als wollte sie davonlaufen, bis sie schließlich laut aufschluchzte.

Sandro legte den Gürtel beiseite. Er hätte sie sonst fesseln müssen, um sie am Davonlaufen zu hindern, und das wollte er beim ersten Mal nicht. Außerdem hatte er ihren Wunsch erfüllt und sie zum Weinen gebracht. Sanft strich er über die heiße Haut ihres Pos, bevor er seine Hand erst hinab zu ihren Schenkeln und dann hinauf zu ihrer nassen Mitte gleiten ließ. Er fand ihre Klit und stimulierte sie mit seinem Finger. Lydia wand sich erneut auf der Lehne. Nur dieses Mal vor Erregung. Hastig entfernte er seinen Finger von ihrer Perle und riss sich die Jeans förmlich herunter, fasste nur noch schnell in die Hosentasche, um das Kondom heraus zu fingern. In Windeseile riss er die Hülle auf und rollte es über seinen Schwanz. Dann stieß er mit seiner Eichel gegen ihre klatschnasse Pussy und drang langsam tief in sie ein.

Lydia empfand die Schläge durch Sandros Hand als schmerzhaft, aber auszuhalten. Ihre Haut brannte, doch sie mochte dieses Brennen, das ein Ausmaß hatte, mit dem sie umgehen konnte. Zudem erregte es sie ungemein, ihm dadurch, dass sie über der Lehne hing, ausgeliefert zu sein, und mit entblößtem, hochgerecktem Hintern vor ihm zu liegen. Sandro schien ihren Anblick zu mögen, und aus einem ihr unbekannten Grund wollte sie ihm gefallen. Steffen hatte sie nie genügt. In keiner Weise. Selbst ihre Kunst hatte er nie verstanden und der Sex mit ihm war für sie schon vor langer Zeit zu einer einzigen Qual geworden.

Nun lag sie hier, tat nichts und glühte vor Lust.

Glühte – ein Wort von großer Bedeutung, denn nicht nur ihre Mitte, sondern auch ihr Hintern war siedend heiß.

Da hörte sie, wie Sandro seinen Gürtel laut aus den Laschen seiner Jeans zog. Bald würde sie wissen, ob die Realität ihren Träumen standhalten konnte. Wenn nicht, musste sie nur *Rot* rufen und Sandro würde damit aufhören, sie zu schlagen. Es konnte ihr folglich gar nichts passieren. Und doch wappnete sie sich vor dem nahenden Schmerz, indem sie in den glatten, mit bunten Motiven bedruckten Stoff der Ottomane fasste. Ihre Finger schlossen sich um die Seiten des Polsters, während sich ihre Lippen konzentriert aufeinanderpressten, ihre Augenlider sich schlossen und sie das heftige Klopfen ihres Herzens spürte, das in ihren Ohren widerhallte. Da berührte sie etwas. Etwas Weiches. Sein Gürtel, es musste sein Gürtel sein. Weiches Leder. Irgendwie war sie jetzt beruhigt. Sie mochte Leder.

Dann vernahm sie ein zischendes Geräusch, gefolgt von einem lauten Klatschen.

Verdammt! Ihr Hintern brannte, als hätte ihn ein Feuerstrahl geküsst. Es war schmerzhaft, sodass sie ihre Augen und Lippen noch mehr zusammenpresste, um angestrengt darauf zu warten, dass die Pein nachließ. Doch da ertönte das Geräusch erneut und der Schmerz biss sich wieder tief in ihre Haut. Ihre Finger griffen fester in das Polster, um dieses fiese Beißen so lange zu ertragen, bis es sich abschwächte. Der nächste Hieb folgte. Und kurz darauf ein weiterer. Es blieb ihr keine Zeit zum Erholen, denn bevor der eine Schmerz abgeklungen war, traf der nächste bereits ein. Sie konnte nicht einmal mehr die Lippen aufeinanderpressen. Stöhnen und Wimmern drangen aus ihrem Mund. Sandro ließ ihr keine Pause. Das Leder küsste immer wieder ihre Haut. Tränen liefen aus ihren Augen. Sie erkannte, dass sie nicht nur schluchzen, sondern bald keuchen würde, weil sie an eine Grenze gelangte, die ein Ertragen kaum mehr zuließ.

In diesem Moment hörten die Schläge auf.

Eine Hand strich über ihre geschundene Haut, fuhr weiter hinab zwischen ihre Schenkel und hinauf zu ihrer Klit. Sie war nass, aber auch unheimlich erschöpft. Doch der Reiz an ihrem empfindlichen Punkt quälte, um sie immer weiter zu erregen. Sie wand sich auf der Lehne vor Lust und spürte die Vorboten des nahenden Höhepunkts.

Die Hand verschwand.

Stattdessen drückte sich nach kurzem Rascheln die Kuppe von Sandros Penis gegen ihre Pussy. Er schob sich weit in sie und füllte sie vollständig aus. Dann zog er sich wieder aus ihr zurück, um noch tiefer in sie zu stoßen. Sie war erschöpft, und doch presste sie ihm ihren Hintern förmlich entgegen. Sofort fand Sandro einen Rhythmus aus tiefen, festen Stößen. Seine Leisten klatschten auf ihr weiches, wundes Fleisch und erinnerten sie an den beißenden Schmerz, den sie eben ertragen hatte. Schon baute sich der Druck der Lust erneut in ihrem Inneren auf und sie fasste fest um die Seitenteile des Polsters. Als Sandro seinen Schwanz noch tiefer in sie rammte, liefen tausend kleine Zuckungen durch ihren Körper. Sie bog ihren Rücken durch und die Wellen des Orgasmus rannen über sie hinweg.

Ihr Kopf sank auf das Polster hinab. Sandro zog seinen Penis aus ihr, ging zwei, drei Schritte, um das Kondom, das er eben entfernt hatte, im Abfalleimer zu entsorgen. Dann kam er zu ihr zurück, setzte sich vor sie auf die Ottomane und strich zärtlich durch ihr Haar.

Lydia war durcheinander, aufgewühlt und gleichzeitig völlig erschöpft. Immer noch hing sie mit ihrem Hinterteil über der Lehne. Jetzt fasste Sandro sie unter den Achseln und zog sie auf die Ottomane. Sie winkelte die Beine an und rollte sich zusammen wie ein Kätzchen.

„Ich bin gleich wieder bei dir.“ Sandro legte ihren Kopf vorsichtig auf das Polster und stand auf.

Was hatte er vor?

Sie blickte ihm nach, wie er zu der kleinen Küchenzeile hinüberging, den Kühlschrank öffnete und sowohl eine Flasche Wasser als auch eine Flasche Saft herausholte, beides in zwei Gläser goss und miteinander mischte. Er nahm einen großen Schluck, ließ sein Glas auf der Arbeitsplatte stehen und brachte ihr das andere. Dankbar trank sie es komplett aus. Sandro lächelte und stellte es auf dem Holztisch ab. Dann stand er erneut auf, ging dieses Mal ins Badezimmer und kam mit einer Tube zurück.

„Leg dich auf den Bauch!“, wies er sie an. „Ich will deinen Hintern versorgen.“

Lydia gehorchte sofort. Aus den Augenwinkeln sah sie, wie Sandro ein wenig Salbe aus der Tube drückte und sie auf seinen Fingerspitzen verteilte. Sie entspannte sich. Schon berührten seine Hände ihre heiße Haut und verteilten vorsichtig die kühlende Creme. Dann setzte er sich wieder zu ihr.

„Dreh dich zur Seite, damit die Salbe einziehen kann!“

Erneut gehorchte sie. Da fasste er vorsichtig ihren Kopf und legte ihn zurück auf seine Beine. Sanft strich er über ihre Wange.

Sie fühlte sich ganz seltsam. Noch mehr durcheinander, als würden all ihre Gefühle Karussell fahren, und wahrscheinlich taten sie das auch.

„Was ist mit dir?“ Wie dunkel und weich Sandros Stimme doch klingen konnte.

Natürlich wusste sie, auf was er hinauswollte. Schließlich war er nicht blind.

„Es ist alles nicht so einfach“, sagte sie leise.

„Du bist in einer Beziehung?“

Er musste geraten haben, Gedankenlesen konnte er schließlich nicht.

Eigentlich hatte sie es ihm nicht sagen wollen, aber lügen würde sie nicht. „Ja.“

„Du bist nicht glücklich?“, fuhr er fort, Fragen zu stellen.

„Nein, das bin ich nicht.“

„Weiß dein Partner, dass du ein paar Tage im *Suite 6* verbringst?“

„Nein“, krächzte sie.

„Du wolltest Abstand?“

Sie versuchte zu nicken, obwohl das auf seinen Beinen gar nicht so einfach war.

„Du hast Angst davor, zurückzugehen?“

Eine Träne lief ihr über die Wange. Sandro wischte sie mit seinem Daumen beiseite.

„Willst du mir von dem Warum erzählen?“

„Ich weiß nicht.“

„Vielleicht finden wir gemeinsam einen Weg. Manchmal sieht ein Außenstehender eine Situation aus einem ganz anderen Blickwinkel.“

„Es ist eine lange Geschichte.“

Sandro warf einen Blick auf seine Uhr. „Wir haben erst zehn. Die Nacht ist noch jung.“

„Musst du morgen nicht arbeiten?“

„Doch, aber erst am Nachmittag.“

Lydia rollte sich noch weiter zusammen. Ihre Hand strich leicht über Sandros Bein.

Wollte sie ihm wirklich erzählen, was sie belastete? Wie schlimm ihre Beziehung mit Steffen war? So etwas erzählte man doch keinem Mann, mit dem man schlief. Gerade da hatte ihre Lebensgeschichte nichts verloren, denn ihre gemeinsame Zeit sollte leicht und unbeschwert sein.

„Ich möchte sie hören“, sagte Sandro mit Nachdruck.

Sie räusperte sich. „Niemand würde mir glauben. Das ist das Schlimmste. Vielleicht klingt es auch gar nicht so schlimm, wie ich es empfinde.“

„Das wirst du mich selbst beurteilen lassen müssen.“ Erneut lag dieser unnachgiebige Unterton in seiner Stimme, der ihr ein angenehmes Frösteln schickte.

Lydia seufzte. „Steffen bevormundet mich in allem, was ich tue. Er kontrolliert mich und findet überall etwas Schlechtes. Nichts kann ich richtigmachen. Er nimmt mir die Luft zum Atmen.“ Sie stockte. „Ich traue mich kaum mehr allein vor die Tür. Selbst dort befinden sich Kameras. Wenn ich eine Ausstellung habe, begleitet er mich, und er ist dann derjenige, der spricht. Er sagt den Leuten, dass ich eine labile Persönlichkeit bin. Nicht direkt, aber er macht ständig unterschwellige Andeutungen.“ Sie schnappte nach Luft. Die Worte waren nur so aus ihr herausgepurzelt. „Aber ich kann nicht gehen. Das Haus gehört mir. Und er wird mich nicht verlassen. Zumindest so lange nicht, bis er eine andere Frau gefunden hat.“ Wieder lief ihr eine Träne über die Wange, eine zweite folgte. Sie weinte.

„Du bist Künstlerin?“

„Ich male.“

Sandro räusperte sich. „Wenn du nicht zerbrechen willst, musst du dich von diesem Mann trennen.“

„Ich weiß“, schluchzte sie. „Aber ich kann nicht. Ich weiß nicht, was danach kommen wird. Ich habe einfach Angst. Er wird mir alles kaputtmachen. Ich weiß es. Er wird mich nicht ungeschoren davonkommen lassen. Das ist nicht seine Art.“

„Du hast nur für drei Tage gebucht, nicht wahr?“

„Ja.“

„Dann haben wir noch zwei. Wir werden einen Weg finden.“

Sie fasste nach seiner Hand und hielt sie fest. Ihre Träume wurden nun zur Realität, auch wenn diese nur noch zwei Tage andauern würde.

Sandro hatte fast etwas in der Art vermutet, wie Lydia es ihm eben erzählt hatte. Er kannte solche Typen, die andere aussaugten und fertigmachten. Sadisten, die sich am Seelenleid ihrer Mitmenschen ergötzten. Lydias Charakter war weich. Sie würde dem Druck dieses Mannes nicht mehr lange standhalten. Irgendwann würde ihre Seele krank werden, und dann hatte der Kerl sie dort, wo er sie haben wollte.

Aber das würde er verhindern!

Er würde diese zierliche Frau nicht von ihm zerstören lassen.

Sie war sanft und unheimlich stark zugleich, denn sie konnte über sich selbst hinauswachsen. Sie hatte ihm ihre Wünsche mitgeteilt, über ihre Sehnsüchte und Ängste gesprochen, ohne ihn näher zu kennen.

Sie hatte weinen und dadurch vergessen wollen. Dass sie vergessen hatte, bezweifelte er, dafür hatte sie pure Lust empfunden.

Ein Kloß klebte in seinem Hals. Lydia war etwas Besonderes. Er wollte sie beschützen und auffangen, obwohl sie sich erst kennengelernt hatten. Sandro blickte auf sie hinab, wie sie zusammengerollt auf seinen Beinen lag. Ihre Wangen waren leicht gerötet, ihre Augen geschlossen. Sie war eingeschlafen.

Vorsichtig schob er seine Arme unter ihren Körper, verlagerte das Gewicht auf die Beine und stand auf. Im Halbschlaf schlang sie ihre Arme um seinen Hals und hielt sich an ihm fest. Er trug sie hinüber zu seinem Bett, legte sie vorsichtig ab und deckte sie zu.

Wieder rollte sie sich zusammen. Die Zärtlichkeit, die dieser Anblick in ihm erweckte, war schwer in Worte zu fassen. Er ahnte, dass diese Frau sein Leben ziemlich durcheinanderbringen würde, aber er wusste, dass er eine Lösung für ihr Problem finden musste, weil sie im Moment nicht dazu in der Lage war.

Kapitel 5

Lydia blinzelte. Helle Sonnenstrahlen schienen auf ihr Gesicht. Sie rekelte sich. Ihr Hintern schmerzte trotz der kühlenden Salbe, die Sandro aufgetragen hatte. Sofort kam die Erinnerung an den gestrigen Abend. Sie fasste neben sich, aber der Platz war leer. Wo war Sandro?

Sie schlug die Augen auf. Der Duft von frisch gebrühtem Kaffee stieg ihr in die Nase. Zwei Tassen standen auf der Arbeitsfläche der kleinen Anbauküche, aber von Sandro fehlte jede Spur. Er musste sie, bevor er gegangen war, hingestellt haben.

Lydia richtete sich auf. Es war ihr unangenehm, allein in einer fremden Wohnung zu sein.

Sie konnte nicht auf ihn warten. Sie wollte zurück ins Hotel. Und zwar schnell.

Ihre Gedanken überschlugen sich.

Was hatte sie getan?

Sie hatte mit einem fremden Mann geschlafen, aber nicht nur das. Sie hatte sich von ihm dominieren lassen. Ein geheimer Traum war zur Realität geworden. Doch das brachte ihr nichts, denn sie würde bald in ihr altes Leben zurückkehren müssen. Sandro hatte gesagt, sie würden einen Weg finden. Schön hatten sich seine Worte angehört und ihr ein Gefühl der Sicherheit vermittelt. Für immer würde sie es in ihrem Herzen behalten, nur leider sah die Wirklichkeit anders aus. Sie hatte einen Beruf, Verpflichtungen, Terminarbeiten, die sie einhalten musste. Außerdem besaß sie ein Haus, in dem sich nun Steffen allein befand.

Vielleicht sah sie einfach alles zu krass und musste ihm nur einmal die Stirn bieten. Vielleicht würde er sie dann anders behandeln, wenn er bei ihr bleiben wollte.

Träum weiter!, schnaubte die Vernunft.

Egal! Sie musste sich nicht von einer Beziehung in die nächste stürzen. Oder sollte sie in Bezug auf Sandro eher von einem erotischen Abenteuer sprechen? Einer Affäre? Wahrscheinlich.

Lydia schwang die Beine aus dem Bett. Nun würde sie sich erst einmal anziehen.

Anziehen?

Nein!

Ihre Kleidungsstücke lagen auf der Terrasse.

Und jetzt?

Sie konnte kaum am helllichten Tag nackt draußen herumlaufen, um ihre Klamotten zu holen.

Verdammt! Wo war Sandro?

Lydia stand auf und ging zur Anbauküche hinüber. Der Schalter der Kaffeemaschine leuchtete. Folglich konnte er noch nicht lange weg sein, denn die meisten Elektrogeräte besaßen eine automatische Abschaltung, damit sie nicht überhitzten. Sie lief zu der einzigen Tür in der Wohnung und öffnete sie. Warmer Dampf schlug ihr entgegen. Es war ein kleines Bad mit einer Dusche, stellte sie fest. Aber auch dieser Raum war leer.

Wie tief musste sie geschlafen haben, dass ihr Sandros Aktivitäten entgangen waren!

„Handtücher sind im Regal."

Lydia fuhr herum. Sie hatte Sandro nicht kommen hören. „Musst du mich so erschrecken?"

„Deine Ohren sind nicht die besten." Er grinste vergnügt.

„Wo sind meine Klamotten?"

„Dort, wo du sie ausgezogen hast."

„Bist du verrückt?", fuhr sie ihn an.

Augenblicklich verfinsterte sich sein Blick.

„Warum hast du sie nicht geholt?"

„Ich sehe keine Veranlassung dazu."

Er sah was nicht?

Im ersten Moment war sie sprachlos, dann dämmerte ihr langsam der Sinn seiner Worte.

„Was willst du damit sagen?" Leichte Panik mischte sich in ihre Stimme.

„Dass du mir nackt noch besser gefällst."

„Das geht nicht", quetschte sie hervor.

„Warum nicht?"

„Ich muss ins Hotel."

„Ja?" Er zog seine rechte Augenbraue in die Höhe.

„Ja", entgegnete sie bestimmt.

„Wieso?"

„Ich habe für den Aufenthalt bezahlt."

„Was hattest du dir für heute vorgenommen?"

Ihre Gedanken arbeiteten fieberhaft. „Massage."

Sandro runzelte kurz die Stirn. „Massage? Leg dich aufs Bett. Aber bitte auf den Bauch."

„Hast du das gelernt?“

„Masseur? Nein, aber ich eigne mich bestimmt ganz gut für den Job.“

„Ich will aber eine professionelle Behandlung.“

„Die kannst du gerne bekommen.“ Sein anzüglicher Blick wanderte über ihren nackten Körper und blieb an ihren Brüsten hängen. Prompt reagierten ihre Knospen und richteten sich steif auf. *Verräter!,* schoss es ihr durch den Kopf.

„Ich habe Hunger“, quengelte sie, um von ihrem Körper abzulenken.

„Brötchen?“ Er hielt eine Papiertüte hoch.

Das war es also gewesen. Er hatte sich um ihr Frühstück gekümmert.

„Sandro, pass auf“, begann sie.

Seine rechte Augenbraue schnellte nach oben.

Lydia holte tief Luft. „Ich bin keine Frau für ein paar vergnügliche Tage.“

„Wie kommst du auf die Idee, dass ich an ein paar vergnüglichen Tagen Interesse hätte?“, wiederholte er ihre Worte. Besonders freundlich hörte er sich dabei allerdings nicht an.

„Wir kennen uns doch kaum“, stotterte sie.

„Ach so, und deswegen glaubst du zu wissen, was ich denke und fühle?“

„Ich …“

„Hör gut zu.“ Die Brötchentüte landete neben den Tassen auf dem Tresen. Schon stand er vor ihr, fasste nach ihren Schultern und zwang sie, ihn anzusehen. „Nur weil dieser Mann dich niedermacht, heißt das nicht, dass andere das ebenfalls vorhaben. Ich verstehe, dass du nicht weißt, wie alles weitergehen soll, aber ich habe gesagt, dass wir uns gemeinsam darüber Gedanken machen werden, und das habe ich auch so gemeint. Wenn du allerdings gehen möchtest, weil du mit meiner Art nicht klarkommst, werde ich dich natürlich nicht aufhalten."

„Und mir meine Kleidung holen?", erkundigte sie sich leise. Ihr Hals fühlte sich merkwürdig rau an.

„Selbstverständlich."

Nun hatte sie die Gelegenheit, zu gehen und das Erlebte zu vergessen. Ganz so, wie sie es sich eben gewünscht hatte.

Aber stimmte das wirklich?

Wollte sie Sandro tatsächlich nur in ihrer Erinnerung behalten und in ihr altes Leben zurückkehren?

„Wenn du dich allerdings entschließt zu bleiben, werde ich über deine anfängliche Unentschlossenheit nachdenken müssen."

„Wie meinst du das?"

„Ich meine, dass ich dir dann verständlich machen müsste, dass ich auf solch ein Verhalten nicht unbedingt stehe."

Lydia zog die Lippen zwischen ihre Zähne und kaute nervös darauf herum, wie immer, wenn sie unsicher war.

„Mein Hintern ist noch wund."

Mit einem Ruck drehte er sie um und betrachtete eingehend ihre Rückseite. „Nein, ist er nicht. Die kühlende Salbe hat wahre Wunder gewirkt."

Und wieder wurde sie gedreht, sodass sie ihn erneut ansehen konnte.

„Aber ich stimme dir zu, dass wir die Sache mit uns langsam angehen lassen sollten."

Na, ging doch …

Aber etwas an seinem Tonfall sagte ihr, dass er seine Worte anders meinte, als er sie ausgesprochen hatte.

Er lächelte sie liebevoll an. „Deswegen habe ich mir überlegt, dass es eine gute Idee wäre, mit Noah zusammen zu frühstücken."

Mit Noah?

Wie stellte er sich das vor?

„Dann kannst du auch gleich deine Klamotten holen."

Ähhhh …

„Ich werde dir natürlich eines meiner Shirts geben, damit du nicht nackt im Sonnenlicht herumspazieren musst."

Lydia kniff die Augen zusammen. Am liebsten hätte sie ihn erdolcht.

„Warte!" Er ging zu dem Holzschrank mit den hübschen Verzierungen, öffnete die Tür und holte ein weißes Shirt hervor. „Bitte schön!" Er warf es ihr zu.

Der wartet nur darauf, dass du dich zickig verhältst, sagte das Stimmchen in ihrem Kopf.

Diesen Gefallen würde sie ihm allerdings nicht tun. Also breitete sie das Shirt aus und zog es sich kommentarlos über.

Verdammt! Es reichte gerade bis über ihren Po. Und das auch nur, wenn sie ganz still stand. Sobald sie sich bewegte, würde es nach oben rutschen.

Aber nein, sie würde nichts sagen!

„Gefalle ich dir?“ Betont aufreizend drehte sie sich um ihre eigene Achse.

„Ein bisschen weit.“ Er griff an den Gürtel seiner Hose.

Entsetzt sog sie die Luft ein.

Er würde doch wohl nicht verlangen, dass sie ihn sich umschnürte? Sie würde sich weigern.

„Oder gefällt es dir so?“

„Ich finde es sehr hübsch“, würgte sie hervor. *Du verdammter Mistkerl!* Aber natürlich sprach sie die Beleidigung nicht aus.

„Wenn ich deine Reaktion richtig deute, hast du vor, zu bleiben.“

Lydia presste die Lippen fest aufeinander. Völlig blauäugig war sie in seine Falle getappt, indem sie sich brav das Shirt übergezogen hatte. Weigern hätte sie sich sollen. Wenigstens ein bisschen. Ihn schmoren lassen. Offensichtlich wollte er, dass sie blieb, doch er war sich bei ihr scheinbar nicht so sicher gewesen.

Oder täuschte sie sich?

Egal, jetzt hatte sie sich auf sein Spiel eingelassen. Sollte sie sich nun nicht in dem ultrakurzen

Oberteil nach draußen wagen, würde er von ihr verlangen, dass sie sich den Gürtel umschlang, wodurch ihre Pobacken erst richtig zu sehen wären, da ihr Höschen, ebenso wie der Rest ihrer gestern getragenen Kleidungsstücke, auf der Terrasse vor Noahs Wohnung lag.

Sandro grinste sie wissend an.

Am liebsten hätte sie ihm eine gescheuert. Sie hasste amüsierte Männer.

„Und jetzt?“, fuhr sie ihn an.

„Jetzt gehen wir frühstücken.“

„Und danach?“

„Danach werde ich über deine Unentschlossenheit nachdenken.“

Sie schnappte hörbar nach Luft.

„Lass uns gehen!“ Immer noch war er nett. Er hatte seinen höflichen Tonfall die ganze Zeit über beibehalten. Sandro machte eine einladende Geste Richtung Tür.

Und sie?

Sie ging den ersten Schritt darauf zu.

„Du scheinst ja doch hungrig zu sein.“

Lydia war versucht, ihm ihren Ellenbogen in die Seite zu rammen. Aus reinen Vorsichtsgründen unterließ sie es jedoch. Stocksteif stellte sie sich neben ihn, denn sie hoffte, dass so das Shirt ihren Hintern verdecken würde. Nur leider würden sie jetzt ein paar Meter laufen müssen …

Hoffentlich war niemand auf der Terrasse.

Dummkopf! Ihr werdet mit Sandros Bruder frühstücken.

Das Stimmchen in ihrem Kopf hatte definitiv recht.

Da verirrte sich plötzlich Sandros Hand auf ihre linke Pobacke.

Was sollte das?

Sie glitt zwischen ihre Schenkel, fand ihre Scham und strich über ihre Klit.

„Wie ich sehe, gefällt dir die Vorstellung, so hinauszugehen."

Wie bitte? Was für ein dummes Gerede!

Doch ihr Bauch zog sich verlangend zusammen und ihre Mitte begann, vor Hitze zu pochen. Sie spürte, dass sie feucht war und Sandro sich eben davon überzeugt hatte.

„Also los!" Er klapste leicht auf ihren Hintern.

„Wir können auch hierbleiben", quetschte sie hervor.

Er schüttelte den Kopf. „Später. Jetzt wird gegessen."

Sandro holte die Brötchentüte, eilte zur Tür und öffnete sie. Helles Sonnenlicht schien ihr ins Gesicht. Geblendet schloss sie für einen Moment die Augen.

„Nach dir." Er machte erneut eine einladende Handbewegung.

Entferntes Lachen drang an ihr Ohr.

Wenn bloß niemand sie sehen würde.

Mit staksigen Beinen trat sie aus der Wohnung. Schon fiel die Tür hinter ihnen ins Schloss und sie standen unwiderruflich im Freien.

„Soll ich dich führen?"

Wie meinte er das?

In dem Moment senkte sich seine Hand. Wenn er sie erneut auf ihre Pobacke legen würde, würde ihr Hintern blank herausleuchten. „Nein danke!" Schließlich war sie ein höflicher Mensch. Selbst in einer Situation wie dieser.

Sandro nickte nur.

Gemeinsam liefen sie auf die kleine Treppe zu und glücklicherweise begegneten sie niemandem. Die Stufen rannte sie förmlich empor, aber nur, um dann erstarrt stehen zu bleiben.

„Guten Morgen!" Der Mann aus dem Schwimmbad lächelte ihr freundlich entgegen. Vollkommen relaxed saß er an einem gedeckten Tisch. Der Duft von frisch gebratenen Eiern und Schinken stieg ihr in die Nase. Es gab auch Butter und Honig, ebenso wie dampfenden Kaffee.

Ihr Magen meldete sich knurrend zu Wort, dabei war ihr im Moment so gar nicht nach essen zumute.

„Setz dich doch!"

Sandro zog ihr betont fürsorglich den Stuhl zurück, aber Lydia ignorierte es. Er schenkte ihr einen kurzen Seitenblick und nahm Platz.

„Bist du gar nicht über Nacht geblieben?", wandte er sich an seinen Bruder.

Noah schüttelte den Kopf. „Nein, der Abend war zwar ganz nett, aber irgendwie haben wir uns auseinandergelebt."

„Ich habt euch nichts mehr zu sagen?"

„Nicht viel."

„Keinen Spaß mehr?“

„Ich bin derjenige, der sich verändert hat.“

„Du wirst eben erwachsen.“

„Wirst?“ Noah boxte seinem Bruder scherzhaft in die Seite. Dann wandte er sich ihr zu. „Willst du dich nicht endlich setzen?“

Leider nahm er nun wieder Notiz von ihr. Lydia trat unsicher von einem Fuß auf den andern.

„Möchtest du Ei oder Brötchen?“

Ihr Magen grummelte vor Hunger, was letztendlich den Ausschlag gab, dass sie überhaupt darüber nachdachte, sich nun doch zu setzen. Ihre Knie knickten ein und ihr Hintern berührte das angenehm warme Holz des Stuhles. Schnell schlug sie die Beine übereinander.

Noah betrachtete sie sichtlich amüsiert, aber Sandros Augenbraue hob sich leicht missbilligend. Glücklicherweise sagte er nichts.

Langsam entspannte sie sich etwas. Für Noah schien es vollkommen normal zu sein, dass sie halb nackt beim Frühstücken saß. Also versuchte sie, all ihre Gedanken zu verscheuchen und sich das Essen schmecken zu lassen. Aus den Augenwinkeln hatte sie inzwischen auch ihre Kleidungsstücke entdeckt. Ordentlich gefaltet lagen sie auf einem Stuhl gleich neben der Terrassentür. Das war ihr dann doch peinlich.

„Löst du Liza um fünfzehn Uhr an der Rezeption ab?“, erkundigte sich Noah.

Sandro nickte. „Julian?“

„Sie wollen sich einen Wagen für Lizas Mutter ansehen."

„Ja, natürlich. Wir brauchen dringend mehr Personal, sonst sind wir ständig rund um die Uhr im Einsatz."

„Stimmt. Sicherlich suchen ab Herbst wieder ein paar Studenten einen Job."

„Die Uni liegt ja nicht so weit entfernt. Aushilfsjobber wären eine gute Alternative, um zu sehen, wie viele Angestellte wir im Endeffekt auf Dauer benötigen."

„Das habe ich mir auch schon gedacht."

Sandro zog sein Handy aus der Hosentasche und warf einen kurzen Blick darauf. „Schon fast Mittag. Dann werden wir mal wieder gehen."

Noah nickte schmunzelnd, verkniff sich aber einen anzüglichen Kommentar.

Sandro stand auf. „Kommst du?"

Lydia schlug vorsichtig die Beine auseinander und schloss sie sofort wieder. Dann erhob auch sie sich. Sofort fasste sie in den Saum des Shirts und zog es sich über den Hintern.

„Willst du deine Sachen mitnehmen?", erkundigte er sich.

Sie nickte. Natürlich wollte sie. Mit nur wenigen Schritten gelangte sie zu dem Stuhl, auf dem ihre Kleidung lag. Lydia bückte sich, um sie aufzuheben.

Sofort rutschte das Shirt nach oben. Besser gesagt, ihr Hintern reckte sich darunter hervor. Augenblicklich schnellte sie herum und hielt dabei ihre Klamotten fest an sich gedrückt. Am liebsten wäre sie an Ort und Stelle in ihren Slip geschlüpft, aber Sandro schien genau darauf zu warten.

So ein Mistkerl! Er hatte sehr wohl gewusst, was beim Bücken geschehen würde. Auch Noah sah mit einem Mal viel interessierter aus als noch vor ein paar Minuten. Die zwei hatten bewusst auf ihren Arsch gestarrt. Wenigstens hatte ihr Vergnügen nur wenige Sekunden gedauert.

Hoffentlich hatten beide nun eine schmerzhafte Erektion. Das gönnte sie ihnen von Herzen. Auch Noah, der sich auf das dämliche Spiel seines Bruders eingelassen und nichts dagegen unternommen hatte.

Die zwei Männer starrten sie unverhohlen an.

„Gehen wir nun?“, fragte sie so cool, wie es ihr möglich war. Nur das Rot in ihren Wangen verriet ihre wahren Gefühle.

„Bist du nass?“ Sandros Blick nagelte sie fest.

Hatte sie sich eben verhört?

Diese Frage war wohl mehr als deplatziert.

Aus genau diesem Grund würde sie sie auch ignorieren, denn ansonsten müsste sie ihm ihre Meinung sagen, damit er begriff, dass er vor anderen Personen solche Äußerungen zu unterlassen hatte.

Zielstrebig lief sie auf die Treppe zu.

„Stopp!“

Sie sollte stehen bleiben? Das konnte er vergessen. Sie sprang förmlich die Stufen hinunter.

Lydia spürte den Luftzug, bevor sich Sandros Hand wie eine Stahlklammer um ihren Nacken schloss.

„Wo willst du hin?" Pure Kälte schlug ihr entgegen.

„Lass mich los!", zischte sie. Zu gern hätte sie nach ihm getreten, aber barfuß ergab das wenig Sinn. Niemals würde sie ihm die Frage nach einer etwaigen Nässe zwischen ihren Schenkeln beantworten.

„Wenn du mir nicht antworten willst, werde ich mich wohl vergewissern müssen."

Scheißkerl!

Schon verirrte sich Sandros andere Hand auf ihren Hintern und zog das Shirt empor.

„Schöner Arsch!", hörte sie Noah sagen.

Da wusste sie, dass auch er sich erhoben hatte und sie ebenfalls ausgiebig betrachtete.

Sandro drückte ihren Kopf hinab, sodass ihr Po noch weiter entblößt wurde. Dann klopfte er leicht zwischen ihre Schenkel, damit sie sie öffnete. Doch das hatte sie nicht vor. Am liebsten hätte sie sie so fest zusammengepresst, dass seine Hand gar nicht dazwischen gepasst hätte. Da kniff er fies in die empfindliche Haut an der Innenseite ihres Oberschenkels.

Autsch!

Automatisch trat sie einen Schritt zur Seite. Nun hatte er erreicht, was er wollte. Sofort fand sein Finger an ihre Scham und weiter an ihre Klit. Sie wusste, dass sie nass war.

„Und?“, fragte Noah.

„Rate mal!“

„Klatschnass.“

„Hmm.“

„Aber sie hat dir nicht gehorcht“, fügte der Fiesling hinzu.

„Nein, das hat sie nicht.“

„Sie hat sich dir sogar widersetzt.“

„Ich weiß. Was würdest du mir raten?“

Lydia glaubte, ihren Ohren nicht zu trauen. Die zwei beratschlagten wahrhaftig, wie Sandro sie dafür bestrafen könnte. Erneut strich er über ihre Klit. Ein unterdrücktes Stöhnen drang über ihre Lippen.

„Es hört sich ganz so an, als sehnte sie sich danach, für ihr ungezogenes Verhalten zur Verantwortung gezogen zu werden“, gab Noah seine Weisheiten ab.

„Vielleicht überlegt sie es sich das nächste Mal dann besser.“

„Dann musst du aber gründlich vorgehen.“

Gründlich vorgehen?

Die hatten doch echt eine Meise!

„Seid ihr total irre?“, presste sie hervor.

Stille.

„Habt ihr mich gehört?“

Wieder keine Antwort.

„Die Hand reicht da nicht aus“, ließ sich Noah vernehmen.

„An was denkst du?“

„Hat sie schon dein Spielzeug bewundern können?“

„Nein, sie ist noch nicht in den Genuss gekommen.“

„Ich würde sagen, dann wird es langsam Zeit.“

Spielzeug? Sandro hatte doch nicht wahrhaftig vor, sie mit irgendwelchen Foltergeräten zu züchtigen? Oder etwa doch? Wenn sie doch wenigstens ihr verdammtes Mundwerk gehalten hätte …

Wieder fuhr Sandro leicht über ihre Klit.

„Können wir nun endlich gehen?“ Sie würde sonst noch wahnsinnig werden. Ficken sollte er sie und …

„Oh, sie sehnt sich förmlich nach ein bisschen Aufmerksamkeit.“ Noah konnte seine Anzüglichkeiten nicht lassen, aber das war ihr mittlerweile egal.

„Ob sie dich darum bitten wird?“

Jetzt übertrieb er aber.

„Bestimmt.“

Wie selbstgefällig Sandro doch sein konnte.

Niemals würde sie ihn bitten, sie zu … Was denn überhaupt?

„Solltet ihr euch nicht langsam einmal Gedanken machen, was ihr so von euch gebt?“, fuhr sie die beiden an.

Sandro sog scharf die Luft ein.

„Sie fühlt sich schon sehr stark.“ Noah konnte seine Kommentare einfach nicht für sich behalten.

„Nicht mehr lange.“

Oh, da irrte sich Sandro aber!

Sie würde sich nicht weiter erniedrigen lassen. Das konnten die zwei aber ganz schnell vergessen. Und bitten würde sie nie im Leben. Nur über ihre Leiche.

Doch da war dieser Finger, der ihre Klit immer weiter reizte.

Lydia presste ihre Lippen aufeinander, um nicht laut zu stöhnen. Auch stützte sie sich mittlerweile mit den Händen auf ihren Oberschenkeln ab, was unbequem war und sie leicht zum Schwanken brachte. Sandro hätte sie wenigstens zur Hauswand führen können. Aber nein, sie stand mitten auf dem kleinen Weg unterhalb der Treppe.

Aber nicht nur das.

Sie trieb auch unaufhaltsam auf ihren Höhepunkt zu.

Wie entwürdigend!

Doch da entfernte sich der Finger.

Nein!

Instinktiv wusste sie genau, was Sandro hören wollte, und sie fühlte sich völlig machtlos, denn ihre Mitte pochte wie verrückt vor ungestilltem Verlangen.

„Also …“, sagte er nur.

„Ich möchte in deine Wohnung.“

„Ja?“

„Hm.“

„Antworte in vollständigen Sätzen!“

„Ich wünsche mir, dass wir nun gehen.“

„Weiter!“, befahl er.

„Du darfst mir dann dein Spielzeug zeigen.“

„Ich darf?“, spottete er.

„Ich möchte es sehen“, quetschte sie hervor.

„Nur anschauen?“

„Du sollst entscheiden.“

„Das ist dein Wunsch?“

„Ja.“

„Und jetzt möchtest du hier für mich kommen?“

„Wenn du es willst“, stöhnte sie.

„Du nicht?“

„Doch“, hauchte sie.

„Das hört sich aber nicht danach an.“

„Bitte!“, flehte sie.

Da legte sich sein Finger wieder auf ihre Klit, und schon baute sich der Druck der Lust in ihrem Inneren auf, um in tausend einzelne Facetten zu zerschellen.

Lydia sank auf die Knie, griff Halt suchend nach Sandros Oberschenkeln und ließ ihren Kopf gegen sie sinken.

„Komm jetzt!“ Seine Stimme klang rau.

Als sie hochschaute, nahm sie die nicht zu übersehende Beule in seiner Hose wahr. Nun würden sie in seine Wohnung gehen und er würde sie ficken. Und vielleicht noch viel mehr.

Sandro hielt weiterhin Lydias Nacken fest. Allerdings ließ er sie aufrecht vor sich herlaufen. So gelangten sie zu seiner Wohnung. Eilig holte er den Schlüssel aus seiner Hosentasche und schloss die Tür auf. Am liebsten hätte er sich sofort die

Jeans heruntergerissen und Lydia gevögelt, aber natürlich beherrschte er sich.

„Leg dich über die Lehne der Ottomane!“ Er ließ sie los, denn er würde sie nicht hinführen. Diesen Weg musste sie allein zurücklegen.

„Warum?“, piepste sie.

„Mir haben so ein paar deiner Äußerungen nicht gefallen, von deinem ständigen Zaudern ganz zu schweigen.“

„Und jetzt?“

„Du hast gehört, über was ich mit Noah gesprochen habe?“

„Ja“, hauchte sie.

„Du möchtest herausfinden, wie sich diverses Spielzeug auf deiner Haut anfühlt?“

Lydia schwieg.

„Nein?“

„Doch“, krächzte sie. „Wirst du mich knebeln müssen?“

Er stutzte, glaubte im ersten Moment, sich verhört zu haben.

„Nein, wieso?“

„Wie würde dann die Ampel funktionieren?“

„Das werden wir später besprechen, wenn du möchtest.“

„Ja.“

„Jetzt leg dich auf die Ottomane!“

Immer noch stand Lydia an derselben Stelle. „Ich weiß nicht.“

„Was?“

„Gehst du mit mir?“

„Nein“, sagte er weich, aber bestimmt. „Du wirst dich selbstständig über die Lehne beugen.“

„Ich …“

„Das ist keine Bitte.“

„Sondern?“

„Ein Befehl.“ Er legte nun mehr Schärfe in seine Stimme.

Zaghaft setzte Lydia einen Fuß vor den anderen. Kurz blieb sie vor der Ottomane stehen und schaute auf sie hinab, dann senkte sie die Hände und beugte sich langsam über die Lehne.

Sandro schluckte schwer. Der Anblick war einfach verführerisch, und es erfüllte ihn mit Stolz, dass sie seiner Anweisung nachgekommen war.

Er trat zu dem Koffer, der neben dem Schrank stand, hob ihn hoch und legte ihn auf dem Holztisch ab, bevor er ihn öffnete und ein Paddle hervorholte. Eines, das einer ledernen Schuhsohle glich und biegsam, aber nicht zu weich war.

Langsam ging er zu Lydia hinüber. Sie hatte den Kopf zur Seite gedreht, und er wusste, dass sie versuchte, zu erkennen, was er geholt hatte, aber er ließ es nicht zu und legte das Paddle erst einmal beiseite. Dann strich er fest über die zarte Haut ihrer Pobacken, die sich schon allein durch die kräftigere Berührung zu röten begann. Anschließend klapste er ein paarmal leicht darauf, bevor er seine Hände wieder von ihr nahm, um erneut nach dem Paddle zu greifen.

Lydia entwich zischend die Luft, die sie in der Erwartung des ersten Schlages angehalten hatte.

Nur zu gern ließ er sie noch ein wenig länger ausharren. Es gefiel ihm außerordentlich gut, wie sie so nervös über der Lehne hing und nicht wusste, was auf sie zukam. Wie gestern griff sie fest in das Polster, um einen gewissen Halt zu finden.

Da holte er aus und ließ das Leder kräftig auf ihre rechte Arschbacke sausen. Ein gurgelndes Geräusch aus ihrer Kehle war die Antwort. Ein schöner roter Abdruck zierte nun ihre Haut.

Erneut schlug er zu. Das Gurgeln wurde zu einem Röcheln.

Und wieder ließ er das Paddle niedersausen, stetig, in einem gleichbleibenden Rhythmus. Die Knöchel von Lydias Fingern traten weiß hervor, so fest umkrallte sie das Polster. Ihr lautes Stöhnen ging in ein Wimmern über. Da hielt er inne, legte das Paddle zur Seite und ließ seine Hand zwischen ihre Schenkel gleiten.

Sie war nass, so, wie er es erwartet hatte. Er öffnete seine Jeans und ließ seinen Penis förmlich herausspringen. Hastig fasste er in die Hosentasche, zog ein Kondom hervor, riss die Folie auf und rollte es sich über seinen Schwanz. Dann positionierte er seine Eichel an ihrer feuchten Mitte, drückte dagegen, bevor er seine Erektion vollständig in sie schob. Sofort begann er, sich zu bewegen. Mit harten, tiefen Stößen drang er immer wieder in sie ein. Lydia hielt weiterhin das Poster umklammert. Als sich ihre inneren Muskeln um seinen Schwanz herum verkrampften, fasste er nach ihren Hüften und stieß besonders tief in sie, um sich kurz darauf tief in ihr zu ergießen.

Schwer atmend stand er über ihr, hielt sie immer noch fest gepackt. Lydia hatte ihren Kopf wieder zur Seite gedreht, sodass nun ihre Wange auf dem Polster lag. Ihre Augen waren geschlossen, aber ihre Finger hatten sich endlich aus dem Stoff gelöst. Sandro zog seinen Penis aus ihr und das Kondom herunter. Ein paar Schritte und er hatte es im Abfalleimer entsorgt.

Dann ging er zurück zur Ottomane, setzte sich und strich Lydia liebevoll das Haar von der verschwitzten Wange.

„Willst du so liegen bleiben?" Er schmunzelte, ragte doch ihr glühender Hintern immer noch einladend in die Höhe.

„Hm."

„Wirklich?"

Da krabbelte sie über die Lehne und rollte sich auf seinen Oberschenkeln zusammen.

Genau wie gestern, fuhr es ihm durch den Kopf. Er mochte es, und ein ihm unbekanntes Gefühl schlich sich in sein Inneres.

Kapitel 6

Lydia betrat ihr Hotelzimmer. Sofort schlüpfte sie aus ihren Schuhen, zog sich Jeans, Shirt und Unterwäsche aus. Sie brauchte nun eine erfrischende Dusche, um Klarheit in das Gedankenchaos in ihrem Kopf zu bekommen. Sie warf einen kurzen Blick in den Spiegel an der Tür. Ihre Wangen waren leicht gerötet, was die wächserne Blässe vertrieb. Lydia drehte sich zur Seite, um ihren Hintern anschauen zu können. Auch er war zart gerötet, und sie konnte immer noch die Spuren sehen, die das Paddle auf ihrer Haut hinterlassen hatten.

Aber: zart gerötet?

Sie musste über ihre eigenen Gedanken grinsen. Sandro war wie ein Orkan über sie hinweggerauscht. Überhaupt Sandro – nie hätte sie gedacht, dass ihr eines Tages ein so gut aussehender Mann, dominant, wie sie es sich in ihren kühnsten Träumen nicht auszumalen getraut hatte, über den Weg laufen würde. Die Realität war besser, als es ihre Vorstellungskraft je vollbracht hatte.

Und doch würde die Wirklichkeit sie bald wieder einholen, denn der zweite Tag in Freiheit näherte sich bereits seinem Ende. Sandro würde bis zweiundzwanzig Uhr arbeiten müssen. Viel gemeinsame Zeit blieb ihnen also nicht mehr.

Lydia seufzte, betrat die kleine Duschkabine und drehte den Hahn auf. Lauwarm prasselte das Wasser auf ihren Körper. Sie legte den Kopf in den Nacken und ließ es sich über das Gesicht rinnen.

Sie konnte es drehen und wenden, wie sie es wollte: Sie war dabei, sich in Sandro zu verlieben. Er sprach sie nicht nur als Mann an, sondern auch ihr Herz zog es immer mehr zu ihm hin. Sie hatte sich verknallt. Hals über Kopf.

War jetzt nicht der geeignete Zeitpunkt, sich von Steffen zu trennen? Endlich den entscheidenden Schritt zu wagen und wieder zu leben, anstatt in Angst dahinzuvegetieren?

Vielleicht, aber sie wusste nicht, wie. Und sie wollte Sandro nicht noch weiter in ihr Beziehungsdrama hineinziehen. Es reichte schon, dass er davon wusste.

Das wird Sandro aber anders sehen, meldete sich das Stimmchen in ihrem Kopf zu Wort.

Lydia seufzte, stellte das Wasser aus, trat aus der Dusche und hüllte sich ein weiches Handtuch. So lief sie zum Bett hinüber, angelte nach der Reisetasche und holte ihr Handy hervor. Es ergab keinen Sinn, wenn sie es ausgeschaltet ließ. Sie musste sich der Konfrontation mit Steffen stellen. Auch wenn sie sich damit ihren restlichen Kurzurlaub vermieste.

Mit einem weiteren Seufzen drückte sie auf den kleinen Knopf an der Außenseite des Gehäuses und schaltete das Smartphone an. Dreiundzwanzig verpasste Anrufe und elf WhatsApp-Nachrichten zeigte das Display an. Lydia sog scharf die Luft ein, um anschließend den Atem anzuhalten. Alle waren von Steffen. Natürlich. Was hatte sie auch anderes erwartet?

Als Erstes änderte sie die WhatsApp-Einstellungen, sodass er nicht sehen konnte, dass sie seine Nachrichten gelesen hatte. Sie verspürte keine Lust, sofort wieder von ihm zu hören.

Wo bist du?, las sie.

Nächste Nachricht: *Bist du jetzt total irre?*

Komm sofort zurück!

Wenn du nicht in der nächsten Stunde hier auftauchst, wirst du Ärger bekommen.

Wer denkst du eigentlich, wer du bist?

Lydia?

Ich informiere die Polizei, wenn du nicht anrufst.

Noch eine Stunde, dann melde ich dich als vermisst und teile den Beamten mit, dass du eine labile Person bist und psychische Probleme hast.

Lydia starrte das Handy an. Sie konnte nicht weiterlesen. Steffen würde sie noch in die Psychiatrie bringen, dabei war er derjenige, der immer mehr durchdrehte.

Was sollte sie nur tun?

Sie musste ihn anrufen und irgendwie beschwichtigen. Ansonsten würde er ihr Leben völlig zerstören.

Es würde nie eine Zukunft für sie und Sandro geben. Ihre Träume würden mit dem Ende ihres

Kurzurlaubs vergehen und bleiben würden nur Erinnerungen.

Ich bin übermorgen wieder da, tippte sie. *Du kannst mich so lange nicht erreichen, da ich mein Ladekabel verlegt habe und der Akku fast leer ist,* log sie.

Als hätte sie sich an dem Gerät verbrannt, ließ sie das Smartphone fallen. Der Kloß in ihrem Hals war riesig.

Alles ergab keinen Sinn mehr. Ihr Leben. Die Zukunft.

Sie wollte nicht zu Steffen zurückkehren, aber es existierte kein Ausweg.

Am liebsten hätte sie das Hotelzimmer verlassen und wäre einfach losgelaufen. In den Wald hinein. Ohne jemals zurückzukommen.

Sandro schaute immer häufiger auf die Uhr. Lydia war nicht zum Abendessen erschienen. Ebenso wenig hatte sie bei ihm an der Rezeption vorbeigeschaut. Wenn doch endlich die Frau aus dem Ort zur Nachtschicht kommen würde. Etwas stimmte nicht. Er konnte es förmlich riechen.

Um Punkt zweiundzwanzig Uhr stürmte er los. Er nahm nicht den Aufzug, sondern das Treppenhaus. Nur noch ein paar Meter den Gang entlang, dann klopfte er an Lydias Tür.

Sie öffnete nicht.

Er war sich aber sicher, dass sie das *Suite 6* nicht verlassen hatte. Sie hätte an ihm vorbeigemusst. Wäre sie abgereist, hätte sie die Schlüssel abgegeben. Überhaupt gab es keinen Grund für so ein überstürztes Handeln. Er ahnte, dass ihr ungewöhnliches Verhalten mit diesem Steffen zusammenhing. Er musste sie erreicht haben, wahrscheinlich übers Handy. Irgendetwas in der Art.

Doch was war dann geschehen?

Die Konfrontation mit ihrem Lebensgefährten würde ihr bestimmt zugesetzt haben.

Sandro verspürte eine unbändige Wut auf diesen Mann, der eine Frau so schlecht behandelte. Diesen Mann, der es genoss, einen Menschen zu zerstören.

Wieder pochte er gegen die Tür. Dieses Mal schon lauter.

„Ja?" Ein Hauch, nicht mehr.

„Mach auf!" Er versuchte, die Panik in seiner Stimme zu unterdrücken. Wenn er jetzt nicht ruhig blieb, würde er Lydias Vertrauen nie gewinnen.

Er hörte leise Schritte. Sie musste direkt hinter der Tür stehen.

„Was willst du?"

Was er wollte?

Verdammt, er wollte für sie da sein, sie auffangen und sich zusammen mit ihr eine Lösung überlegen, wie sie sich am besten von diesem Mann trennte.

„Zu dir", sagte er nur.

„Warum?"

Was sollte er nun antworten?

„Du bedeutest mir mehr, als es mir lieb ist." Das war die Wahrheit.

„Das ist nicht gut“, schluchzte sie.

„Das ist mir egal. Mach jetzt auf!“

Da hörte er, wie sich der Schlüssel im Schloss drehte, und er öffnete langsam die Tür. Mit vollkommen wirren Haaren stand Lydia vor ihm. Sie war nackt, nur ein Badetuch war notdürftig um ihre Brust geschlungen. Sie hatte nicht geweint, aber ein gequälter Ausdruck lag auf ihrem Gesicht. Er zog sie in seine Arme, hielt sie fest und gab der Tür einen Tritt, sodass sie ins Schloss fiel. Erst machte sich Lydia steif, doch dann schluchzte sie laut auf und klammerte sich verzweifelt an ihn. Er führte sie zum Bett, setzte sich und zog sie auf seinen Schoß. Zärtlich strich er ihr über das zerzauste Haar.

„Es ergibt keinen Sinn“, presste sie hervor. Ihre Brust hob und senkte sich hektisch. „Ich muss zu Steffen zurück. Er will die Polizei rufen und seine psychisch labile Freundin als vermisst melden.“

So ein Arschloch!

Sandro knirschte mit den Zähnen. Nur zu gern würde er diesem Mistkerl eines Tages seine Faust in den Magen rammen.

„Warum hast du aufs Handy gesehen?“ Es konnte sich nur so zugetragen haben.

Erneut schluchzte sie. Dieses Mal aber schon wesentlich leiser.

„Ich kann doch nicht ewig davonlaufen“, wisperte sie.

„Natürlich kannst du das nicht. Aber wir wollten uns doch gemeinsam eine Lösung überlegen", wies er sie ruhig zurecht.

„Es gibt keine."

„Nein? Er wird dich kaum festbinden können."

„Aber es gehört doch alles mir. Das Haus, der Wagen ..."

Ihr Eigentum? Beinahe hätte er verständnislos den Kopf geschüttelt, und doch begann er zu ahnen, in welcher Bedrängnis Lydia sich befinden musste.

„Ist doch noch besser. So hast du wenigstens keinen Verlust." Bewusst versuchte er, Optimismus auszustrahlen.

„Nein", widersprach sie. „Das ist es nicht. Anders könnte ich einfach gehen."

„Das wäre doch auch ein bisschen feige, oder?"

Mit einem Ruck hob sie den Kopf. „Wie meinst du das?"

„Ich glaube, dieser Steffen braucht klare Worte, damit er begreift, was er in Zukunft zu tun und zu lassen hat."

„Das ist völlig unmöglich."

„Warum?"

Sie schwieg.

„Du hast Angst, dass er dein Leben ruinieren könnte, aber das wird er erst recht tun, wenn du dich nicht wehrst. Er ist doch schon ziemlich erprobt darin."

„Er wird mir alles kaputtmachen und mich schlechtreden. Das hat Auswirkungen auf meinen

Beruf und mein gesamtes Umfeld. Die Leute werden ihm glauben und nicht mir."

„Und mit so einem Menschen willst du weiterhin zusammenleben?" Sandro hätte sie schütteln können, wusste aber, dass Angst ein schwieriger Gegner war.

„Mir bleibt gar nichts anderes übrig."

„Oh doch. Du hast sehr wohl die Wahl."

„Was denn für eine?"

„Heute ist es zu spät, aber morgen Vormittag werde ich einen Freund von mir anrufen. Er ist Anwalt, spezialisiert auf Scheidungsrecht. Ich glaube, er weiß, was in so einem Fall zu tun ist, auch wenn ihr nicht verheiratet seid."

„Sandro ..."

„Wenn du glaubst, dass ich dabei zuschaue, wie dieser Mann dein Leben zerstört, hast du dich getäuscht."

„Aber wo soll ich denn hin?", fragte sie hilflos.

„Du kannst solange hierbleiben, bis er ausgezogen ist", sagte er, als wäre es das Normalste von der Welt.

„Er wird nicht gehen."

„Glaube mir, das wird er. Aber erst musst du mit dem Anwalt sprechen."

„Ich will ihn aber nicht gleich einschalten."

„Er ist ein Freund von mir. In dieser Position wirst du ihm deine Lage schildern. Wir werden sehen, was er für Möglichkeiten sieht. Und dann können wir - oder du - überlegen, welchen Schritt du machst. Falls du nach dem Gespräch immer noch zu Steffen zurückwillst, kannst du das jederzeit tun."

Sie kannten sich zwar erst wenige Stunden, aber er hatte das sichere Gefühl, dass er das Richtige tat, wenn er ihr half und für sie da war.

Mit einem Mal fühlte sich Lydia geborgen. Sandro würde nicht zulassen, dass ihr etwas zustieß. Er würde ihr beistehen, weil er es so wollte. Sie zog ihn nicht in die Geschichte mit Steffen hinein. Er war freiwillig an ihrer Seite, und das, obwohl sie sich gerade erst kennengelernt hatten. Lydia glaubte zu träumen. In ihrer Verzweiflung und Hoffnungslosigkeit existierte nun ein Licht, das ihr möglicherweise einen Weg zeigte.

Es tat unheimlich gut, Sandros Umarmung zu fühlen und seine aufbauenden Worte zu hören. Er überließ ihr die Entscheidung. Zwar schlug er den Anwalt vor; ob sie ihn letztendlich beauftragen würde, blieb aber ihre Wahl. Sie konnte es kaum glauben. Er ließ sie atmen, setzte sie nicht unter Druck und stand wie ein Fels in der Brandung hinter ihr.

Sanft fasste er unter ihr Kinn, hob es an, sodass sie ihm in die Augen blicken musste. Sein Daumen strich leicht über ihre Lippen. Dann beugte er sich zu ihr hinab und küsste sie. Nicht verlangend und gierig, sondern einfach nur zärtlich. Eigentlich war ihr nicht nach Sex zumute, aber ihr Körper reagierte auf Sandro, auch wenn ihr Verstand sagte, dass es in diesem Moment völlig unpassend war. Eigentlich hätte sie nur seine Umarmung und das Gefühl der Geborgenheit genießen wollen. Aber ein Kuss reichte ihr nicht.

Doch was sollte sie tun?

Von sich aus agieren war etwas, das ihr unheimlich schwerfiel, und sie wusste auch nicht, ob es Sandro gefallen würde. Schließlich war er derjenige, der gern den Ton angab. Aber sie wollte ihm etwas zurückgeben, wollte ihm zeigen, wie gut er ihr tat und wie dankbar sie ihm war.

Zaghaft ließ sie ihre Hände an seinen Armen empor zu seinen Schultern streichen, von dort aus hinab zu seiner Brust und weiter zum Saum seines Shirts. Schon spürte sie seine nackte Haut. Sie warf ihm einen scheuen Blick zu, aber er betrachtete sie lediglich abwartend.

„Würdest du …“, begann sie.

Nein, sie würde ihn nicht fragen, ob er sich sein Oberteil auszog, denn das konnte sie selbst tun.

Sandro saß mittlerweile auf dem Bett. Sie rutschte von der Matratze und stellte sich vor ihn hin. Fast musste sie kichern, noch nie war sie größer als er gewesen. Dann beugte sie sich hinab, fasste erneut in den Saum seines Shirts, zog es nach oben, und er hob die Arme, damit sie es über seinen Kopf bekam. Achtlos ließ sie es aufs Bett fallen. Ihr Blick wanderte bewundernd über seine breiten Schultern und die muskulösen Arme. Wie von selbst knickten ihre Beine ein und sie sank vor ihm auf die Knie, genau zwischen seine leicht gespreizten Schenkel.

Lydia schluckte schwer, als sich seine nackte Brust vor ihrem Gesicht hob und senkte. Vorsichtig streckte sie die Hände aus und ließ sie über seine Haut gleiten. Sie lugte nach unten und entdeckte die nicht übersehbare Beule in seiner Jeans. Sie stützte sich auf seinen Schenkeln ab und hauchte einen Kuss darauf, bevor sie sich auf ihre Fersen setzte und die Hände zum Bund seiner Hose gleiten ließ. Ihre Finger zitterten leicht, als sie den Knopf durch das Loch schob, um sogleich zum Reißverschluss zu greifen und den Steg nach unten zu ziehen.

Sandro trug keinen Slip und sie liebte es. Es gab kaum etwas Erregenderes, als seinen mächtigen Schwanz sofort nach Öffnen der Jeans vor sich zu haben. Noch nie in ihrem Leben hatte sie sich getraut, die Führung zu übernehmen, weil sie zu eingeschüchtert gewesen war. Lydia benetzte ihre trockenen Lippen, dann beugte sie den Kopf hinab, leckte zaghaft über die weiche Haut seiner Eichel und ließ ihre Zunge spielerisch in den kleinen Spalt gleiten. Sanft umschloss sie die Kuppe seines Schwanzes mit ihren Lippen und saugte leicht daran.

„Nimm deine Hände auf den Rücken!“ Sandros Stimme klang belegt.

Keine Hände, die sich einen Halt suchen konnten?

Sandro würde erneut die Führung übernehmen und sie auch nicht wieder abgeben, bis er sich in ihr ergossen hatte.

Sie wusste es und dieses Wissen erregte sie.

Ohne zu zögern verschränkte sie die Hände auf dem Rücken. Sandros legten sich auf ihren Kopf und drückten sie sanft, aber stetig abwärts, sodass seine Erektion tief in ihren Mund getrieben wurde. Kurz bevor sie würgen musste, lockerte er den Griff. Automatisch schnellte ihr Kopf zurück. Allerdings nur so weit, wie Sandro es zuließ, um ihr die Gelegenheit zum Luftholen zu geben. Dann schob er sich erneut tief in sie, und sie versuchte, die Fülle zu verkraften und im geeigneten Moment zu atmen. Schon wurden seine Bewegungen schneller und er schoss seinen Saft in ihren Mund. Lydia würgte kurz, dann schluckte sie.

„Ich möchte dich gern ansehen. Ganz. Nicht auf dem Boden kniend."

Lydia hob den Kopf. Natürlich wollte sie, dass Sandro sich nun ihrer Lust widmete. Schließlich sehnte auch sie sich nach Erfüllung ihrer Sehnsüchte.

Aber ansehen? Wie stellte er sich das vor? Sollte sie sich vor ihm zur Schau stellen und sich im Kreis drehen? Er konnte sie doch auch so ausreichend betrachten, schließlich war sie splitterfasernackt.

Reichte es nicht, was sie eben getan hatte?

Sie war über ihren eigenen Schatten gesprungen, und zwar weiter, als sie es je von sich erwartet hatte. Aber ihm bewusst ihren nackten Körper zeigen – das konnte sie nicht. Schließlich war sie keine Meisterin darin, sich zu präsentieren. Sie hasste es geradezu.

Dennoch machte es ihr unheimlich Freude, Sandros Wünsche zu erfüllen.

„Du darfst dich dazu gern hinstellen", kam es in dem Moment aus seinem Mund.

Wie gnädig, dachte sie, sprach es aber nicht aus.

Ihre Hände fanden zurück auf Sandros Oberschenkel, um sich aufzustützen. Ihr erster Fuß suchte den Boden, der zweite folgte; ihre Beine zitterten etwas, was aber dem Knien und nicht ihrer Aufregung geschuldet war.

Lydia trat zwei Schritte zurück und ließ die Arme locker neben ihrem Köper hängen.

Sandro nickte zufrieden. „Dreh dich!"

Nein!

Aber sie tat es trotzdem und fühlte sich seltsamerweise nicht schlecht dabei.

„Und nun stützt du dich auf dem Fensterbrett ab."

Wo? Was sollte das?

„Gibt es ein Problem?" Seine Stimme nahm an Schärfe zu.

„Nein", stotterte sie.

Ohne seine Hilfe lief sie die wenigen Schritte zum Fenster und tat, wie ihr geheißen. Allerdings überkreuzte sie dazu die Arme, sodass wenigstens ihre nackten Brüste von draußen nicht zu sehen waren. Sandro schnalzte missbilligend mit der Zunge, aber sie ignorierte es

„Darüber werden wir uns noch unterhalten."

Das konnten sie gern tun. Irgendwann eben. Nur nicht jetzt.

Plötzlich wurde es hell im Zimmer. Er schien das Licht angeschaltet zu haben.

Sie zuckte zusammen. Am liebsten wäre sie herumgeschossen. Doch sie beherrschte sich, wusste sie doch ganz genau, dass Sandro auf so eine Reaktion nur wartete.

Ihr Atem ging schnell.

Jeder konnte nun hereinsehen und sie entdecken, wenngleich sie ihre Nacktheit zu verbergen versuchte.

„Du magst es sicherlich, wenn deine Schönheit gut zu erkennen ist."

Mistkerl!

Doch sie sagte keinen Ton. Hätte sie seine Anweisungen genau befolgt, wäre das Licht mit Sicherheit aus geblieben.

Sandro trat hinter sie. Seine Hand legte sich erst auf ihre rechte Pobacke, um gleich darauf zwischen ihre Schenkel zu gleiten. Er fand ihre Klit, rieb leicht darüber und schob dabei zwei Finger in ihre pochende Mitte, während er ihren empfindlichen Punkt weiter stimulierte. Das Wissen, am hell erleuchteten Fenster zu stehen, und Sandros Hand zwischen ihren Schenkeln zu spüren, trieb sie binnen weniger Sekunden ihrem Höhepunkt entgegen. Schnell baute sich der Druck der Lust in ihrem Inneren auf, und eine Unzahl unkontrollierbarer Zuckungen jagte durch ihren Körper, bevor ein gewaltiger Orgasmus über sie hinwegrauschte und sie laut stöhnend in ihre verschränkten Arme keuchte.

Sandro hob sie hoch – wieder für jeden sichtbar - und trug sie hinüber zu ihrem Bett. Wie eine Ertrinkende klammerte sie sich an ihn. Festhalten wollte sie ihn und nie wieder loslassen, obwohl sie gleichzeitig glühende Rachegedanken gegen ihn hegte.

Kapitel 7

Die Sonne schickte ihre ersten Strahlen in das Hotelzimmer. Lydia war gerade frisch geduscht aus dem Bad gekommen. Eigentlich konnte sich Sandro nun etwas Besseres vorstellen, als Martin anzurufen, denn sein Schwanz drückte auch schon wieder unangenehm gegen den harten Stoff seiner Jeans. Aber Sex hatte Zeit bis später. Jetzt ging es darum, eine Lösung für Lydias Probleme zu finden. Allerdings wusste sie nicht, dass er Martin gestern Abend bereits eine WhatsApp-Nachricht geschrieben und daraufhin heute Nacht noch mit ihm telefoniert hatte. Er empfand diesbezüglich keine Gewissensbisse. Schließlich hatte er seinen Freund bestmöglich auf Lydias Fall vorbereiten wollen.

Splitterfasernackt krabbelte Lydia zu ihm auf das Bett. Was für eine kleine Hexe! Sie wusste genau, dass er Martin anrufen wollte, aber anstatt offen zuzugeben, dass sie Angst davor hatte, einen Anwalt einzuschalten, musste sie ihn nun komplett durcheinanderbringen.

Er klapste ihr leicht auf den Hintern. „Jetzt nicht!"

Aus zwei großen Augen blickte sie ihn an, als wollte sie sagen: *Was soll das?*

Sandro wählte Martins Kanzleinummer, landete bei seiner Sekretärin und wurde sofort zu ihm durchgestellt.

„Lydia ist nun wach. Du kannst ihr deine Fragen gern selbst stellen." Er reichte Lydia sein Handy.

„Du hast …? Wann?" Wütend funkelte sie ihn an.

„Heute Nacht."

„Das ist nicht fair."

„Doch. Das ist es. Nimm das Telefon oder drück den Anruf weg."

In ihrem Gesicht arbeitete es sichtlich. Natürlich hatte er sie überfahren, aber er wollte Martin nicht zu viel Zeit stehlen, und Lydia sollte handeln, statt die Entscheidung vor sich herzuschieben. Auf ein Zwischending würde er sich nicht einlassen. Er wollte, dass sie sich von diesem Steffen trennte. Wenn sie es nicht wenigstens versuchte, ergab sein Engagement keinen Sinn, und er hatte nicht vor, sein Herz an eine Frau zu verlieren, die nicht zu ihm stand, auch wenn sie es vielleicht aus irgendeinem persönlichen Grund nicht konnte. Er hatte sich schon einmal auf so etwas eingelassen. Nie wieder würde er das tun. Wenn schon Beziehung, dann ganz. Für eine Affäre war Lydia nicht der Typ, und er ebenso wenig.

Mit zittrigen Fingern nahm sie das Smartphone. „Ja?"

Kurze Stille.

„Lydia Lieb."

Wieder eine Pause.

„Sein Name ist Steffen Neubauer", fuhr sie fort.

Sandro hörte Martins Stimme, konnte aber nicht verstehen, was er sagte.

„Ich würde das gern erst mit Sandro besprechen."

Sie drückte die Auflegetaste.

„Was hat Martin dir geraten?"

Lydia griff nach einem Shirt und wollte es sich überziehen, doch er hielt sie davon ab.

„Kannst du mir nicht antworten?"

„Doch, ich bin nur …"

„Was?"

„Nervös."

„Warum?"

„Weil sich mein ganzes Leben ändern wird."

„Ist das so schlimm?"

„Nein." Sie stockte. „Aber ungewohnt."

„Wie würde Martin nun vorgehen?"

„Er will Steffen noch heute einen Brief zukommen lassen, in dem geschrieben steht, dass er binnen eines Monats mein Haus zu verlassen hat. Wenn ihm einfallen sollte, mich zu bedrohen, würde dein Freund gerichtlich gegen ihn vorgehen. Ebenso, wenn Gegenstände, die sich in meinem Besitz befinden, entwendet oder mutwillig beschädigt werden."

Sandro nickte zustimmend. „Sollst du in die Kanzlei kommen?"

„Ja. Er würde den Brief heute aufsetzen und ich soll morgen in seinem Büro vorbeischauen, falls ich ihn mit dem Mandat beauftrage."

„Wirst du es tun?"

Nervös kaute sie auf ihrer Unterlippe herum. „Ich habe Angst, diesen Schritt zu unternehmen." Sie zögerte. „Meinst du, es gibt noch eine andere Möglichkeit?"

Er verstand sie. Irgendwie zumindest, und doch hätte er sie schütteln können, damit sie endlich aufwachte.

„Ja, natürlich gibt es die. Du kannst auch zu Steffen zurückgehen", antwortete er trocken.

Entsetzt blickte sie ihn an. „Nein, das will ich nicht. Aber wo soll ich denn hin? Meine Bilder, meine Arbeit, von all den Gegenständen, an denen ich hänge, ganz zu schweigen. Ich brauche auch Kleidung." Sie schnappte hektisch nach Luft. „Und selbst wenn Steffen ausziehen sollte, er wird mich nie in Frieden leben lassen."

„Solange du immer wieder nachgibst, wird er das auch nicht tun."

„Und jetzt?"

„Das ist deine alleinige Entscheidung. Ich kann dir zwar meine Hilfe anbieten, aber treffen musst du sie für dich selbst, und zwar nicht, weil ich dich dazu überredet habe, sondern, weil du es möchtest."

„Ich habe Angst. Verstehst du das nicht?"

„Doch. Aber sie wird in den kommenden Monaten nicht weniger werden, wenn du nicht endlich beginnst, dich zu wehren."

„Wo soll ich denn hin?", jammerte sie erneut.

„Ich habe dir bereits angeboten, hierzubleiben."

„Im *Suite 6*?“

„Ja, oder bei mir. Das liegt an dir.“

„Das war wirklich dein Ernst?“

„In solchen Dingen scherze ich nicht.“

„Warum?“

Tja, das fragte er sich auch.

„Weil du etwas in mir berührst.“

Wenn sie nun wieder nach dem Grund fragen würde, könnte er ihr nicht antworten. Er wusste ja selbst nicht, weshalb das so war.

Eine Träne löste sich aus ihrem Augenwinkel.

„Und meine Sachen?“

„Wir werden deine nötigsten Dinge mit dem Lieferwagen holen. Auch die Bilder, an denen du momentan arbeitest.“

„Steffen wird das nicht zulassen.“

„Martin soll es ausdrücklich in dem Brief erwähnen, damit wir die Sachen in den nächsten Tagen abholen können. Julian und Noah sollen uns begleiten.“

„Aber er wird …“

„Was denn? Weder ich noch meine Brüder haben Angst vor ihm. Es ist dein Haus. Du machst dir unnötige Gedanken.“

„Ich will ihn nicht sehen“, klagte sie.

„Da wirst du durchmüssen. Wir werden deine Wohnung nicht ohne dich betreten.“

Wieder zog sie ihre Unterlippe zwischen die Zähne. Dann seufzte sie. „Wollen wir deinen Freund noch einmal anrufen?“

„Ja, das wollen wir." Sandro zog sie in seine Arme, griff gleichzeitig nach dem Handy und drückte auf Wahlwiederholung.

Erneut wurde er sofort zu Martin durchgestellt. „Du kannst den Brief aufsetzen. Wir sehen uns dann morgen Vormittag in deiner Kanzlei."

Sandro legte das Smartphone beiseite und strich sanft über Lydias Wange, bevor er seinen Kopf hinabbeugte und sie zärtlich küsste. Er ahnte, dass Steffen es ihnen sicherlich nicht leicht machen würde, aber da würden sie drüberstehen. Außerdem war er sich ziemlich sicher, dass Lydia und er eine realistische Chance auf eine gemeinsame Zukunft hatten. Und darüber war er glücklich.

Epilog

Lydia fasste allen Mut und ging am nächsten Tag mit Sandro zu seinem Freund in die Kanzlei. Der Brief an Steffen war bereits verschickt. Er konnte sie nun nicht mehr belästigen, denn Sandro hatte ihr eine neue Rufnummer besorgt, und sie hatte sich dazu bereit erklärt, die alte Simkarte bei ihm im Schrank aufzubewahren.

Auch das Abholen ihrer persönlichen Gegenstände verlief reibungslos. Sandro, Noah und Julian umgaben sie wie ein menschlicher Schutzschild.

Mittlerweile war sie schon seit fast zwei Wochen im Hotel. Nachts schlief sie bei Sandro und tagsüber arbeitete sie an ihren Bildern. Die Brüder hatten ihr dafür in der obersten Etage einen besonders sonnigen Raum zur Verfügung gestellt. Natürlich wusste sie nicht, was die Zukunft bringen würde, aber im Moment war sie zum ersten Mal seit Jahren einfach nur glücklich.

Layla Sommer

Suite 6

Teil 3 – Mr. Perfect

Kapitel 1

Sandra lenkte ihren Wagen auf den hoteleigenen kleinen Parkplatz. Die neueren Häuser besaßen fast alle eine Tiefgarage, aber hier handelte es sich um ein älteres Hotel, das erst kürzlich renoviert und wiedereröffnet worden war. Dafür war diese Location preiswerter als die restlichen, die sie sich im Hundert-Kilometer-Umkreis angesehen hatte. Doch auch die Wellnessangebote sprachen für sich und die Landschaft war ein einziger Traum. Fast fühlte sie sich in eine alte Raubrittergeschichte zurückversetzt. Tiefe Wälder, bizarre Felswände, durchbrochen von schmalen, kurvigen Straßen, und hin und wieder sah man eine Burg auf einem der Berge. Wer auf ein ausschweifendes Nachtleben stand, hatte schlechte Karten, denn Fuchs und Hase schienen sich hier noch regelmäßig eine gute Nacht zu wünschen. Aber genau das gefiel ihr. Sie hatte dieses Hotel auch gebucht, um ein paar Tage ihre Ruhe zu haben. Sie liebte ihren Job, aber die Kids in der Kindertagesstätte hielten sie ganz schön auf Trab. Eigentlich hatte sie sich eigene Kinder gewünscht, doch mittlerweile war sie vierunddreißig und ihr Leben irgendwie gänzlich anders verlaufen, als sie es sich einst erträumt hatte. Vor sechs Jahren hatte sie ihre Jugendliebe Carsten geheiratet, aber der hatte sich in der Zeit, als es mit dem Schwangerwerden nicht geklappt hatte, verändert. Mittlerweile ging er ihr mit seinem ständigen Gemecker ziemlich auf die Nerven, was auch der Grund dafür war, warum sie sich eine Auszeit nahm. Zwar nur für ein paar Tage, aber das war mehr, als sie sich die letzten Jahre gegönnt hatte. Jeden Urlaub verreisten sie, was immer in Stress ausartete. Natürlich war es interessant, andere Länder zu erkunden, dennoch hätte sie sich gern einmal nur ausgeruht. Ein bisschen Strand, Meer und Sonne anstatt Rucksack und Laufen. Aber Carsten war in dieser Beziehung nicht wirklich kompromissbereit. In fast keiner, wenn sie ehrlich war.

Sandra fuhr in die einzige freie Parklücke, stellte den Motor ab und stieg aus. Sie fröstelte. Das Hotel lag doch einige Meter höher als die Stadt, und sofort war es empfindlich kälter, aber das würde sich im Laufe des Tages ändern. Der Himmel leuchtete in einem tiefen Blau, wie es nur Ende des Sommers zu sehen war. Bald würde sich das Laub verfärben. Sandra schnupperte und seufzte zufrieden auf, denn die Luft roch bereits nach süßen, überreifen Früchten. In der Stadt hatten noch dicke Nebelfelder zwischen den Häusern gehangen, aber hier oben schien die Sonne. Ja, sie würde sich mit Sicherheit gut erholen.

Es schepperte.

Sandra zuckte zusammen. Dann sah sie die Bescherung. Ein Weinkarton war aus einem Lieferwagen, der ebenfalls auf dem Parkplatz stand, gefallen und der Asphalt verfärbte sich durch den auslaufenden Rotwein bereits dunkel. Ein junger Mann konnte gerade noch den nächsten Karton festhalten, bevor er hinterherstürzte. Sandra überlegte nicht lange, sondern machte sich auf den Weg, um ihm zu helfen. Wenn sie sich nicht beeilte, würden bald weitere Kartons folgen, so schief wie sie sich bereits Richtung Boden neigten. Der Mann hielt den Turm zwar fest, war aber nicht in der Lage, ihn wieder gerade hinzustellen.

Sandra rannte jetzt zu ihm hinüber. Ohne zu fragen, kletterte sie in den Lieferwagen und nahm vorsichtig einen Karton nach dem anderen von dem wackeligen Stapel, während er ihn von unten so lange in Schach hielt, bis sie fertig war.

„Du warst meine Rettung!“, sagte der Mann mit einem Lachen und strich sich die blonden Strähnen, die sich aus seinem Zopf gelöst hatten, hinter die Ohren.

„Sie sollten …“, begann sie, dann erinnerte sie sich, dass er sie geduzt hatte. Eigentlich mochte sie das nicht. Viele Eltern im Kindergarten duzten sie, während sie immer beim Sie blieb. Einerseits legte ihre Chefin, die Leiterin der Tagesstätte, Wert darauf, andererseits bewahrte sie dadurch eine gewisse Distanz in ihrer Position als Erzieherin. Doch von ihrer Einstellung konnte dieser Mann, der eindeutig jünger war als sie, nichts wissen.

„Was sollte ich?“, erkundigte er sich und schaute sie neugierig an.

„Besser stapeln", antwortete sie trocken.

In seinen blauen Augen blitzte es amüsiert auf. Blaue Augen in einem gebräunten Gesicht sahen echt gut aus – das war nicht zu leugnen. Überhaupt erinnerte er sie an Sonne, Sommer, Strand und Meer. Nur zu gut konnte sie sich vorstellen, wie er auf einem Surfbrett stand und sein muskulöser Körper der Bewegung der Wellen folgte. Sandra befeuchtete ihre trockenen Lippen.

„Die Kartons waren perfekt gestapelt", widersprach er lachend. „Ich bin wohl nur ein bisschen zu schnell die Serpentinen heraufgefahren."

„Ein bisschen?" Sie zog skeptisch die Augenbrauen in die Höhe.

Da musste er aber ordentlich aufs Gas gedrückt haben. Auf der ganzen Strecke galt eine Geschwindigkeitsbegrenzung von dreißig Stundenkilometern, erinnerte sie sich. An manchen Abschnitten waren sogar nur zehn erlaubt.

Er nickte. „Ein bisschen", bestätigte er und sein rechter Mundwinkel zuckte amüsiert nach oben.

„Jetzt kommst du aber klar, oder?" Das Du war ihr merkwürdigerweise ganz leicht über die Lippen gekommen.

„So kann man das nicht sagen."

Wie meinte er das? Schließlich standen die Kartons nun wieder sicher. Bis auf den einen, dessen Flaschen zerschellt waren. Doch sie hakte nicht nach. Small Talk war sie zwar gewohnt, aber der beschränkte sich größtenteils auf Kindersorgen.

„Wie lange bleibst du eigentlich?", fragte er unvermittelt.

„Ein paar Tage", antwortete sie vage. Schließlich ging es ihn nichts an.

„Hast du Lust, heute Abend etwas mit mir trinken zu gehen? Als Dankeschön für deine Hilfe."

War das sein Ernst? Sie fühlte sich außerordentlich geschmeichelt.

„Ich weiß nicht", wich sie aus.

Wie kam sie nur auf die Idee, dass er die Frau in ihr sehen könnte? Er musste doch Augen im Kopf haben und bemerken, dass sie viel älter war als er, auch wenn sie jünger wirkte als Mitte dreißig. Er wollte bestimmt einfach nur nett sein. Das war alles.

„Etwa zehn Kilometer von hier ist eine kleine Stadt. Dort hat in Uninähe eine Pizzeria eröffnet, die echt gut und auch günstig ist."

Sandra verkniff sich ein Schmunzeln. Mit *günstig* hatte schon lange niemand mehr geworben, wenn es um eine Einladung zum Essen ging.

„Ich kenne weder die Stadt noch die Pizzeria", wich sie aus. Immer noch wusste sie nicht, wie sie reagieren sollte. Schließlich war sie seit einer gefühlten Ewigkeit nicht mehr auf ein Bier oder gar zu einem Essen eingeladen worden.

„Das denke ich mir." Er grinste sie fröhlich an. Überhaupt strotzte er nur so vor guter Laune. „Solange ich bei dem Lieferdienst, für den ich eben auch diverse Getränke ausfahre, jobbe, darf ich den Wagen auch privat nutzen. Ich könnte dich also heute Abend abholen. Natürlich nur, wenn du möchtest."

Sandra fühlte sich leicht überrumpelt. Einerseits war sie hierhergekommen, um ihre Ruhe zu haben, andererseits wollte sie ihn auch nicht vor den Kopf stoßen. Ganz zu schweigen davon, dass sie ihn äußerst attraktiv fand. Auf eine sonnige Art und Weise, die ihr guttat.

Sandra räusperte sich, unschlüssig, wie sie sich verhalten sollte.

„Du müsstest dich allerdings ziemlich schnell entscheiden. Ich muss die restlichen Getränke reinbringen und dem Koch gestehen, dass ich seinen extra angeforderten Wein nicht liefern kann." Er grinste übers ganze Gesicht. „Und die Gefahr, dass du inzwischen davonläufst, ist mir echt zu groß."

Veralberte er sie? Nein, er schien seine Einladung wirklich ernst zu meinen.

„Ja", krächzte sie.

„Ja?" Er strahlte sie an. „Um acht?"

Sie nickte.

„Vorm Hotel?"

Wieder nickte sie zustimmend.

„Dann bis heute Abend." Er packte zwei der Kartons.

„Gibt es hier keinen Lieferanteneingang? Musst du die Flaschen bis zum Haus schleppen?"

„Bis in den Lagerraum", berichtigte er sie. Dann seufzte er. „Der Parkplatz für anliefernde Fahrzeuge ist von einem Möbelwagen versperrt. Ich war wohl ein bisschen zu spät oder die Möbelfirma zu früh."

„Nur ein bisschen?" Nur mit Mühe konnte sie sich ein Lachen verkneifen.

„Logisch. Deswegen musste ich ja schneller als gewöhnlich fahren." Er schien seine Worte völlig ernst zu meinen.

Was für eine Erklärung!

„Das verkneifst du dir aber bitte heute Abend."

Er verzog das Gesicht, als hätte er ein schlechtes Gewissen. „Keine Angst, ich werde pünktlich sein."

„Ich spreche vom Schnellfahren", gluckste sie.

Er stutzte. „Okay, ich verspreche dir, den Wagen im Schneckentempo fortzubewegen." Angestrengt versuchte er, ernst auszusehen. „Aber jetzt muss ich mich beeilen. Sonst bin ich den Job schneller los, als mir lieb ist."

Sandra schüttelte amüsiert den Kopf, als er davonlief. Dann ging sie zu ihrem Auto, öffnete den Kofferraum, holte ihren Trolley heraus und machte sich auf den Weg zum Eingang des Hotels.

An der Rezeption wurde Sandra von einem freundlichen Mann mit braunen schulterlangen Locken empfangen, der ihr den Schlüssel für ihr Zimmer aushändigte. Gut gelaunt machte sie sich auf den Weg zum Aufzug, der sie in den dritten Stock bringen sollte. Die Schiebetür öffnete sich, doch laute Stimmen hielten sie davon ab, den Lift zu betreten.

„Kannst du mir sagen, wo ich nun diesen speziellen Wein herbekommen soll?“ Tief, männlich, aber unüberhörbar verärgert.

„Gibt es wirklich keinen alternativen Anbieter, der vielleicht teurer, aber dafür in der Nähe ist?“

„Nein, ich habe alle Weinhandlungen angerufen. Eine Lieferung vor morgen Vormittag ist nicht möglich. Der Gast hat jedoch ausdrücklich auf diese Sorte bestanden. Er wird sich mit einer Alternative nicht zufriedengeben.“

Ein genervtes Seufzen erklang. „Dann werde ich mich wohl doch bei unserem Lieferanten beschweren müssen, dass er sich seine Arbeiter besser aussuchen soll.“

„Dieser Lars hat seine Gedanken nicht beisammen. Ständig bringt er etwas Falsches. Er meint wohl, jeder sieht ihm seine Schludrigkeit nach, solange er nur nett lächelt.“

„Vielleicht tust du ihm unrecht. Es ist natürlich unglücklich, dass er gerade diesen Karton hat fallen lassen, aber Absicht war es sicherlich keine.“

„Jemand anderem wäre so ein Missgeschick nicht passiert“, knurrte es. „Der Typ geht mir mit seiner flapsigen Art auf die Nerven.“

„Ich werde mit ihm reden.“

„Das kannst du dir sparen.“

„Es fällt auf das *Suite 6* zurück, wenn es uns nicht gelingt, die Wünsche unserer Gäste zu erfüllen.“

„Nicht unbedingt. Es fällt hauptsächlich auf mich als Gastronom zurück, denn die Gruppe hat auf Empfehlung anderer Gäste gebucht."

Die Stimmen kamen näher. Sandra war so gespannt, wer über den netten Lieferwagenfahrer - um jemand anderen konnte es sich kaum handeln - lästerte, dass sie vor dem offenen Aufzug stehen blieb. Zwei Männer bogen um die Ecke, die ihr bisher die Sicht versperrt hatte. Einer trug einen Dutt, und der andere strahlte so viel Männlichkeit aus, dass es ihr schier die Luft nahm. Er war breitschultrig, ein Bär von einem Kerl.

Doch hatte sie sich noch vor wenigen Minuten eingebildet, attraktiv zu wirken, fühlte sie sich aus einem unerklärlichen Grund im Moment klein und unscheinbar. Plötzlich traf sie ein Blick aus dunklen Augen. Unverständnis spiegelte sich darin, dann so etwas wie Amüsement. Was schaute er denn so? Sie mochte diesen Mann nicht.

„Ist was?", zischte sie.

„Wollen Sie nicht einsteigen?"

Einsteigen? Was meinte er?

Da machte er eine einladende Handbewegung Richtung Aufzug. Sandra erstarrte, als sie die offene Kabine bemerkte. Ihre Wangen wurden heiß, und sie ahnte, dass sie rot leuchteten. Am liebsten hätte sie einen garstigen Kommentar von sich gegeben oder diesen Lars – sie war sich sicher, dass es sich bei ihm um den netten jungen Mann, dem der Weinkarton heruntergefallen war, handelte - verteidigt, aber kein einziger Ton drang über ihre

Lippen. Stattdessen stakste sie mit steifen Beinen in den Aufzug. Hastig drückte sie auf die Drei und hoffte, dass sich die Tür endlich schließen würde. Der dunkelhaarige Riese betrachtete sie aufmerksam, während sich der Mann mit dem Dutt mühsam ein Lachen verkneifen musste. Zu gern hätte sie den beiden Männern die Zunge herausgestreckt, so wie es die Kinder in der Kita sicherlich getan hätten. Aber sie war kein Kind, sondern eine erwachsene Frau. Und blamiert hatte sie sich bereits genug.

Endlich schloss sich die Tür und sie fuhr dem dritten Stock entgegen.

Kapitel 2

Sandra trat aus der Dusche. Ihr Handy klingelte. Automatisch setzten sich ihre Gedanken in Bewegung.

Hatte sie vergessen, die Wäsche zu bügeln?

Nein, sie hatte es lediglich nicht mehr geschafft, sie in den Schrank zu räumen. Wahrscheinlich rief Carsten aus diesem Grund an. Er hasste es, wenn nicht sorgfältig aufgeräumt war.

Sandra warf einen Blick auf das Smartphone. *Unbekannt*. „Hallo?“, meldete sie sich.

„Ich weiß, du hast Urlaub, aber könntest du den Rest der Woche für Christine einspringen?“ Birgits Stimme tönte ihr hektisch entgegen. Sie musste als Vertretung der Kitaleitung stets die unangenehmen Aufgaben erledigen. „Du kannst die Tage auch anhängen, wenn sich der Krankenstand wieder normalisiert hat.“

Kranke? Am Freitag waren noch all ihre Kolleginnen putzmunter gewesen. Sandra schwante Schlimmes. „Was ist denn los?“

„Die Magen-Darm-Grippe. Heute Vormittag hat sich die Hälfte der Erzieherinnen krankgemeldet. Der Ausfall bei den Kindern ist ebenfalls gravierend, aber wir wollen versuchen, dennoch vier Gruppen zu besetzen. Allerdings haben wir in jeder momentan nur noch eine Kraft.“

Magen-Darm-Grippe – sie hasste es. Jedes Mal, wenn die Kinder sie anschleppten, wusste sie, dass sie ebenfalls nicht ungeschoren davonkommen würde. Doch anscheinend hatte sie dieses Mal Glück gehabt. „Ich kann nicht. Tut mir leid." Dabei tat es ihr in diesem speziellen Fall nicht leid. Sie war froh, wenn sie dem Drama entgehen konnte.

„Du kannst uns doch nicht im Stich lassen", japste Birgit.

Oh doch, das konnte sie, und das würde sie auch!

„Ich bin für ein paar Tage weggefahren."

„Weggefahren? Ich habe Carsten doch vorhin an der Tankstelle gesehen."

Was hatte das mit ihr zu tun?

„Ich bin alleine verreist."

„Alleine?" Es war nicht zu überhören, dass Birgit diese Möglichkeit vollkommen ausgeschlossen hatte.

„Ja."

Stille.

„Darf ich fragen, wohin?"

„Wellness." Sandra seufzte. „Ein paar Tage Erholung."

„Aber Carsten hat doch den stressigeren Job von euch beiden."

„Ja?", erkundigte sie sich interessiert.

„Ich meine ...", stammelte Birgit. „Du gehst doch sonst nirgendwo ohne ihn hin. Und er engagiert sich trotz seiner Arbeit im örtlichen Sportverein und spielt sogar noch Fußball."

„Genau", stimmte Sandra ihr zu. „Er ist sportlich, ich aber nicht."

Warum gab sie eigentlich so genau Auskunft? Schließlich ging es ihre Kollegin nichts an, wie ausgelastet Carsten und sie waren.

„Du kommst morgen also nicht?"

„Ich kann nicht", sagte sie jedes einzelne Wort betonend.

„Bist du zu weit weg?"

„Ich habe gebucht. Das Hotel ist bereits bezahlt."

„Und du bist wirklich ganz alleine?"

Was sollte diese Frage?

„Nein."

Sie hörte, wie Birgit scharf die Luft einzog.

„Mit hundert anderen Gästen", fügte sie hinzu.

„Ach so. Dann sehen wir uns nach deinem Urlaub."

Birgit bemerkte die Fettnäpfchen, in die sie ständig trat, gar nicht.

„Viel Erfolg noch bei der Vertretungssuche!"

Doch den würde Birgit nicht haben. Alle Kolleginnen fuhren an ihren freien Tagen fort. Selbst wenn sie es nicht taten, gaben sie es jedoch an. Die ständigen Anrufe und die Frage, ob man seinen Urlaub nicht verschieben könne, nervten jeden. Besonders in der Ferienzeit sah es personalmäßig eng aus, denn dann herrschte in der Tagesstätte sowieso Minimalbesetzung, aber auch die übrigen

Zeiten waren durch diverse Krankheitswellen schwer kalkulierbar, da der Springerposten nicht erneut ausgeschrieben worden war. Im Moment war wohl wieder Land unter. Warum dennoch vier Gruppen besetzt werden mussten, war ihr ein Rätsel. Hätten es übergangsweise nicht auch zwei getan? Aber Improvisieren war keine Stärke der Leiterin oder Birgits. Sobald es Abweichungen vom Arbeitsalltag gab, taten sich die beiden schwer. Zusammen waren sie manchmal wirklich eine Katastrophe.

Sandra warf seufzend das Handy aufs Bett. Jetzt würde sie sich nicht mit Gedanken an die Kita belasten, sondern sich um ihre Optik kümmern. Gewohnheitsgemäß schlüpfte sie in ihre Jeans, krempelte sie allerdings hoch, sodass sie nur noch eine Siebenachtel-Länge besaß. Zum Glück hatte sie ihre alten Leinensneaker eingepackt. Auch die waren in, nur kam sie sich darin leider wie ein weiblicher Zwerg vor. Aber egal. Sie vermutete, dass Lars Student war und nebenbei als Lieferfahrer jobbte. Schließlich hatte er die Uni erwähnt. Ihr lässiges Outfit würde gut zu seinem trendigen Surferlook passen.

Sandra überlegte. Sie trug gern hohe Absätze, wenn sie ausging, aber heute benötigte sie einen jugendlichen und keinen sexy Style. Sie schmunzelte. Als ob sie sich sexy kleiden würde … Die hohen Absätze gönnte sie sich nur, wenn sie mit einer Freundin zum Essen ging, und das war höchstens viermal im Jahr der Fall. Carsten war in seiner Freizeit eher der praktische, sportliche Typ. Deswegen waren ihre Füße auch fast nur noch komfortable Schuhe gewohnt.

Sandra betrachtete skeptisch ihre Zehen und beschloss, trotz trendiger Sneaker Nagellack aufzutragen und auf Socken zu verzichten. Carsten würde nur missbilligend die Stirn runzeln, denn seiner Meinung nach war Strümpfetragen in geschlossenen Schuhen Pflicht. Aber das konnte ihr egal sein, denn schließlich war er hundert Kilometer von hier entfernt und sie fühlte sich plötzlich ungewohnt frei. Eigentlich hatte sie den Aufenthalt in dem Hotel ja auch gebucht, um alte Gewohnheiten über Bord zu werfen und einen anderen Blickwinkel auf ihr Leben zu gewinnen, denn insgeheim wusste sie, dass ihre Ehe mit Carsten nur noch auf dem Papier existierte. Klar, sie teilten eine Wohnung und sie fuhren zusammen in den Urlaub. Aber ansonsten verbanden sie keine Gemeinsamkeiten. Ihre Interessen hatten sich im Laufe der Zeit in grundverschiedene Richtungen entwickelt; das Einzige, was sie sich beide von ganzem Herzen gewünscht hatten, waren Kinder, und dieses Ziel hatten sie akribisch verfolgt. Allerdings ohne Erfolg. Jahrelang hatte sie strikte Tabellen über ihren Zyklus geführt. Ein Leben für den Eisprung, um dann Sex in den angeratenen Abständen zu vollziehen. Nicht zu wenig, sonst bestand die Gefahr, dass man den richtigen Zeitpunkt verpasste, aber auch nicht zu oft, sonst war das Sperma qualitativ nicht so gut. Ein Stress, der mit Lust nichts mehr zu tun gehabt hatte. Erst jetzt bemerkte sie immer deutlicher, dass sie ihr Leben auf Dauer nicht so führen wollte, wie es Carsten vorschwebte. Eigentlich wäre eine Trennung leicht und schnell durchführbar. Sie besaßen kaum gemeinsames Eigentum und lebten in einer Mietwohnung. Keinem würde ein großer finanzieller Nachteil entstehen. Allerdings würde Carsten schwer mit einer Trennung klarkommen. Und diese Tatsache band sie immer noch an ihn. Ihr Zögern konnte also ruhig schlechtes Gewissen genannt werden.

Und jetzt hatte sie keines?

Gewissensbisse quälten sie, weil sie über eine Trennung nachdachte, was im starken Kontrast dazu stand, dass sie mit einem fremden Mann ausgehen und sich für dieses Date extra in Schale schmeißen konnte. Das entbehrte jeglicher Logik. Dennoch freute sie sich auf den heutigen Abend. Schließlich verletzte sie niemanden damit, dass sie sich ein bisschen Abwechslung suchte. Ganz zu schweigen davon, dass sie sich nicht zu rechtfertigen brauchte. Carsten war an der momentanen Situation nicht unschuldig, denn er nahm ihr mit seiner pingeligen Art jegliche Luft zum Atmen. Eine Tatsache, die sie krankmachte, aber für andere schwer nachvollziehbar war. Er war für viele Mister Perfect und sie undankbar.

Sandra zog ihren Mikrofaser-BH an, der zu ihrem Slip aus dem gleichen Material passte, schlüpfte in ihr weißes Shirt und steckte es vorne in den Gürtel, wie es momentan modern war. Dann kramte sie in dem Kulturbeutelchen nach dem Nagellack, fand ihn, stellte ihr Bein auf den Stuhl und lackierte sich die Nägel. Etwas, was sie seit Jahren nicht mehr getan hatte. Skeptisch betrachtete sie ihre Füße. Nur ein zarter Nudeton, aber definitiv besser als zuvor. Zufrieden setzte sie sich und wackelte mit ihren Zehen, um den Lack schneller trocknen zu lassen. Jetzt würde sie sogar barfuß gut aussehen. Nach kurzer Wartezeit schlüpfte sie in die Leinensneaker und betrachtete sich im Spiegel. Sie sah gut aus und machte sich zufrieden auf den Weg zu ihrer Verabredung mit einem Mann, der mit Sicherheit einige Jahre jünger war als sie.

Sandra saß entspannt im Lieferwagen. So entspannt, wie man eben in so einem Fahrzeug sein konnte, wenn der Fahrer dieses ein wenig zu flott durch die Kurven lenkte. Dennoch verlief die Unterhaltung immer noch locker, so wie den gesamten Abend über. Sie hatte gut getippt, Lars war wirklich Student. Das Wintersemester begann erst in ein paar Wochen, so lange wollte er den Lieferantenjob ausüben. Anfangs der Ferien war er im Süden unterwegs gewesen. Jedoch nicht auf dem Surfboard, sondern als Rucksacktourist. Sandra war auf das Thema *Rucksacktourist* vorsichtshalber nicht näher eingegangen, da sie diesbezüglich ja bereits genug Erfahrung gesammelt hatte. Allerdings mit dem Unterschied, dass sie jeden Tag eine von Carsten eingeteilte Route zu bewältigen gehabt und nachts in einem vorab gebuchten Hotel geschlafen hatten, während Lars in dem Tempo lief, in dem es ihm Spaß machte.

Wieder hielt sie sich sicherheitshalber am Türgriff fest, da Lars für ihr Empfinden erneut zu zackig um eine Kurve bog. Selbst der Lambrusco ließ sie nicht lockerer werden, was seine Fahrweise betraf.

Zum Glück hatten sie die Serpentinen hinter sich gelassen und fuhren die letzten Meter Richtung Hotel. Schon bog Lars zu dem Parkplatz ab, wo sie sich heute Vormittag kennengelernt hatten. Sandra ließ den Abend gedanklich noch mal Revue passieren. Beim Essen hatte sie viel gelacht. Über die fallenden Kartons bis zu seiner Schilderung des wütenden Kochs. Dass sie dem ebenfalls bereits begegnet war, verschwieg sie. Sie wollte Lars nicht erzählen, wie schlecht über ihn gesprochen worden war. Sonst würde sie noch in eine Geschichte hingezogen, die sie nichts anging. Wenn sie ehrlich war, konnte sie den Koch sogar verstehen. Lars schien sein ganzes Leben locker zu nehmen und sich über andere Menschen wenig den Kopf zu zerbrechen. Insgeheim musste sie sich eingestehen, dass sie trotz des lustigen Abends keinerlei Gemeinsamkeiten besaßen. Dennoch hatte sie sich gut amüsiert und sich eigentlich auch super mit ihm unterhalten. Über viele Themen, die mit ihrer beider Leben nicht viel zu tun hatten und eher oberflächlicher Natur waren. Vielleicht waren die Stunden eben aus diesem Grund so ungezwungen verlaufen.

Lars bog in eine Parkbucht ein und stellte den Motor aus.

„Sehen wir uns morgen?“, fragte er direkt.

Sandra räusperte sich. „Gern.“

Gern – sie hatte zugesagt. Sie, die Frau, die Carsten immer treu gewesen war und keinen Gedanken an andere Männer verschwendet hatte. Fast kam es ihr vor, als träumte sie. Nur hatte sie keine Ahnung, wohin dieser Traum sie führen sollte.

„Gibst du mir deine Handynummer? Ich schreibe dir eine WhatsApp-Nachricht, wenn ich mit dem Ausfahren fertig bin. Morgen stehen nicht allzu viele Liefertermine an. Vielleicht können wir schwimmen gehen, wenn das Wetter mitmacht.“

„Im Hotelpool?“

Er lachte. „Nein. Im See.“

Scherzte er? Die Temperaturen sanken nachts bereits Richtung null Grad. Das Wasser konnte sich selbst am sonnigsten Tag nicht mehr so sehr erwärmen, dass man guten Gewissens darin baden konnte.

„Wenn du erfrieren willst“, entgegnete sie trocken.

Wieder lachte er. „Du bist doch bei mir.“

„Ich mag keine eiskalten Männer aus dem See fischen.“

„Nein?“

„Nein.“

„Schade." Lars rutschte auf der durchgehenden Sitzfläche näher und beugte sich zu ihr. Sein Atem strich warm über ihr Gesicht.

Würde er sie küssen?

Und wenn? Niemand würde je davon erfahren. Außerdem war sie hierhergekommen, um über ihre Ehe nachzudenken.

Aber nicht, um sich einem fremden Mann an den Hals zu werfen, berichtigte sie ihre Gedanken.

Plötzlich trafen seine Lippen auf ihre. Wie ein Hauch. Weich und sanft. Instinktiv zuckte sie einen Millimeter zurück und sofort hielt er inne.

Wollte sie wirklich, dass er aufhörte?

Sandra legte ihre Hand an seinen Hals und zog ihn wieder zu sich. Lars fuhr leicht mit seiner Zunge über ihre Lippen. Instinktiv öffnete sie ihren Mund, den er sofort erkundete. Willig drückte sie sich ihm entgegen. Lars schob sie zurück, um zu ihr zu rutschen.

Sex im Auto – das kam nicht infrage.

Abwehrend stemmte sie ihre Hände gegen seine Brust. „Nicht hier!"

Mit einem bedauernden Seufzen rutschte er zurück hinter das Lenkrad. „Okay, dann sehen wir uns morgen."

Sandra nickte. Und doch war sie sich plötzlich nicht mehr sicher, ob sie nicht gerade einen Fehler machte.

Wie sollte Sex in dem alten Lieferwagen überhaupt funktionieren? Die Rückenlehne war nicht neigbar. Und den Laderaum würde sie nicht betreten. So tief war sie noch nicht gesunken, um sich zwischen irgendwelchen Kisten vögeln zu lassen. Ihr reichte es schon, dass Carsten immer so blöde Ideen hatte, die ihr gar nicht gefielen. Einer der Gründe, warum sie die gemeinsamen Urlaube nicht mochte. Immer wieder kam er beim Wandern auf die Idee, kurz Rast zu machen und sie an ihre ehelichen Pflichten zu erinnern. Sie hasste es, fand es unästhetisch. Im schlimmsten Fall klebten ihr auch noch Erde oder Blätter am Hintern.

Und nun kam Lars mit Sex im unbequemen Lieferwagen. Nein danke!

Sandra wandte sich ihm zu.

„Bis morgen“, sagte sie. Dann öffnete sie die Tür und sprang aus dem Fahrzeug. Lars hielt sie nicht auf, sondern startete den Motor, sobald sie die Tür hinter sich zugeschlagen hatte. Er fuhr aus der Parklücke, gab Gas und winkte ihr aus dem offenen Fenster nochmals zu. Kurz darauf sah sie nur noch die hellen Rücklichter in der Dunkelheit verschwinden.

Sandra atmete auf. Sie fühlte sich einerseits ein bisschen von der Schnelligkeit, wie sich die Dinge im Laufe des Abends entwickelt hatten, überfahren, andererseits irgendwie beschwingt. Sie fröstelte und schlang die Arme um ihren Oberkörper, hatte sie doch keine Jacke mitgenommen. Nicht einmal ihr Smartphone, denn sie hatte befürchtet, dass Carsten sich melden könnte. Und sie wollte nicht, dass Lars erfuhr, dass sie verheiratet war. Dabei interessierte es ihn wahrscheinlich nicht einmal. Wenigstens wusste sie ihre Handynummer auswendig, sonst hätte sie ihm nicht einmal die geben können.

Sven hatte Feierabend und hatte eigentlich gerade in sein Auto steigen wollen, als der Lieferwagen auf den Parkplatz fuhr. Er wusste sofort, dass es sich um Lars handelte. Nur er nutzte das Firmenfahrzeug tatsächlich in seiner Freizeit. Doch was hatte er um diese Uhrzeit beim Hotel zu suchen?

Neugierig wartete er ab, aber niemand stieg aus. Sven strengte seine Augen an und konnte die schemenhaften Umrisse eines sich küssenden Pärchens erkennen. Wenn sie meinten, hier miteinander schlafen zu müssen, würde er das zu verhindern wissen. Normalerweise wäre er lächelnd weitergegangen. Auch die Hotelgäste waren manchmal recht erfinderisch, wie und wo sie ihrer Lust nachgingen, aber den Angestellten, ebenso wie dem Personal, das das Hotel belieferte, waren solche Aktionen auf dem Gelände nicht gestattet. Ganz zu schweigen davon, dass er wirklich wütend auf Lars war. In seinen Augen war er dafür verantwortlich, dass der Abend in einer kleinen Katastrophe geendet hatte. Er und sein Küchenteam hatten sich alle Mühe gegeben, den Anforderungen der angemeldeten Gruppe gerecht zu werden. Trotzdem würden die Gäste seine Kochkünste wahrscheinlich nicht wieder in Anspruch nehmen, da er den gewünschten Wein nicht serviert hatte. Heute hatte er keine Zeit mehr gehabt, aber morgen würde er sich beim Lieferanten darüber beschweren und den Vertrag mit ihm kündigen. Glücklicherweise hatte er die Möglichkeit dazu, denn er war nicht im Hotel angestellt, sondern hatte die Küche mitsamt den Gasträumen gepachtet. Da die drei Hoteliers ziemlich viel Geld in die Renovierung des Hauses gesteckt hatten, waren ihnen wenige Reserven geblieben, um in zusätzliches Personal zu investieren. Für ihn war die Übernahme des Gastronomiebereiches ein Glücksgriff gewesen. Das Hotel, das landschaftlich sehr schön gelegen war, war zwar klein, aber fein, und wurde gut besucht. Im Sommer lag der Schwerpunkt auf Erholung, in den Wintermonaten kam noch der Skisport hinzu. Allerdings existierte kaum ein Nachtleben und somit stiegen hauptsächlich stressgeplagte Menschen in dem Haus ab.

Sven überlegte, ob er noch warten oder gleich zu dem Lieferwagen gehen sollte, als die Tür geöffnet wurde und eine Frau aus dem Fahrzeug sprang. Er stutzte. Sie kam ihm selbst in der Dunkelheit bekannt vor. Er musste nicht lange nachdenken. Zu gut konnte er sich an ihren entgeisterten Gesichtsausdruck erinnern, als er sie heute Vormittag gefragt hatte, warum sie den Aufzug nicht betrat. Kurz zuvor hatte er von dem Dilemma mit den zerbrochenen Weinflaschen erfahren. Jetzt wurde ihm auch klar, warum sie nicht in die Kabine getreten war. Sie hatte sein Gespräch mit Noah, dem Hotelier, belauscht. Wahrscheinlich hatte sie genau gewusst, von was und über wen er geredet hatte.

Und nun?

Nun hatte sie zurück in Lars' Arme gefunden. Dabei war sie ein ganzes Stück älter als der Student. Aber dessen Ruf war eh ziemlich schlecht, was seine Frauengeschichten betraf. Wie konnte sie sich nur auf so einen Typen einlassen? Er verstand sie nicht. Wahrscheinlich fühlte sie sich von der Aufmerksamkeit eines jungen Mannes geschmeichelt. Das hätte er ihr auf den ersten Blick gar nicht zugetraut. Er hätte sie eher für ein bisschen bieder gehalten. Und auch für ein wenig verpeilt.

Auf eine öffentliche Auseinandersetzung mit Lars verspürte er keine Lust. Diese Angelegenheit würde er über die Lieferfirma regeln. Aber diese kleine Frau würde gleich erfahren, dass er ihre Knutscherei bemerkt hatte. Womöglich interessierte es sie nicht, aber er war aus einem unerfindlichen Grund auf ihre Reaktion gespannt. Sven wartete, dass sie näherkommen würde, doch sie blieb stehen, schlang die Arme um ihren Oberkörper, legte den Kopf in den Nacken und betrachtete den Sternenhimmel.

Eine kleine Romantikerin!

Völlig entspannt lehnte er an seinem Wagen. Er räusperte sich. Erschrocken zuckte sie zusammen. Sie musste ahnen, dass er sie beobachtet hatte.

Erst stutzte sie, doch dann kam sie langsam auf ihn zu und betrachtete ihn von oben bis unten. Oh nein, er würde sich nicht von diesem Blick provozieren lassen.

Er schaute ihr direkt ins Gesicht. Sie blieb stehen und zog leicht die Augenbrauen in die Höhe.

„Ist was?“, fragte sie betont selbstbewusst, doch ihre Stimme klang eine Idee zu hoch.

Betont ernst blickte er sie an.

Ihre Wangen glühten. Wein, vermutete er. Eigentlich war sie nicht der Typ Frau, der sich in einem Lieferwagen verführen ließ.

„Nein.“ Nur mit Mühe konnte er sich ein Schmunzeln verkneifen.

Sie musste das leichte Zucken um seine Mundwinkel bemerkt haben, denn sie kam einen weiteren Schritt näher. Ihre Nasenflügel weiteten sich, dann trat ein sonderbarer Ausdruck in ihre Augen und sie senkte beschämt den Blick. Amüsiert betrachtete er sie.

„Schönen Abend noch“, murmelte sie und wandte sich um.

Er schwieg und ließ sie gehen. Doch morgen würde er ein Auge auf sie haben.

Sandras Herz schlug wie ein Presslufthammer, als sie die große, dunkle Gestalt bemerkte. Sie erkannte ihn sofort. Es war der Typ aus dem Hotel.

Der Koch. Wie lange er wohl Lars' Lieferwagen beobachtet hatte? Hatte er gesehen, wie nahe der Student ihr gekommen war? Vielleicht hatte er abgewartet, wie weit sie gehen würden. Allein die Vorstellung trieb ihr die Röte in die Wangen. Aber das würde sie sich nicht anmerken lassen. Aus genau diesem Grund trat sie auch bewusst forsch auf ihn zu.

„Ist was?"

Am liebsten hätte sie sich auf die Zunge gebissen. Sie war normalerweise niemals unhöflich.

Doch was war das?

Anstatt wütend zu werden, schien sie ihn zu amüsieren.

Am liebsten hätte sie ihm gegen das Schienbein getreten. Doch dafür musste sie erst einmal näher an ihn herankommen. Mutig machte sie einen Schritt nach vorn und ihr stieg der Geruch von frischem Duschgel in die Nase.

Uff. Sie mochte diesen Duft.

Wie hypnotisiert starrte sie auf seinen Hals. Ja, auf seinen Hals, denn er überragte sie um mindestens einen halben Kopf. Was für eine Wahnsinnsfigur! Wie es sich wohl anfühlte, wenn sich diese kräftigen Armen um sie schließen und ihr Kopf an seine muskulöse Brust sinken würde?

Mit einem Mal war ihr Mund staubtrocken.

Sie musste hier weg. Die Gedanken waren nicht gut. Dieses Hotel vernebelte ihren Verstand.

„Schönen Abend noch", presste sie hervor. Dann

drehte sie sich abrupt um und eilte dem Gebäude entgegen. Sie hatte kein Auge mehr für die Schönheit des nächtlichen Himmels, sondern war komplett durcheinander.

Kapitel 3

Sandra wachte erst spät am Morgen auf, da sie die halbe Nacht nicht geschlafen hatte. Ständig waren ihr der gut gelaunte Lars und der breitschultrige Koch durch den Kopf gegangen. Dass sie an Lars denken musste, verstand sie ja noch irgendwie, aber die Anziehung, die der andere Mann rein durch seine körperliche Nähe auf sie ausgeübt hatte, war ihr ein Rätsel. So etwas war ihr noch nie passiert. Und das, obwohl er ihr nicht einmal besonders sympathisch war.

Ihr Handy vibrierte. Carsten.

„Hallo?", krächzte sie und ärgerte sich deswegen.

„Hallo?", tönte es ihr entgegen. „Was ist mit deiner Stimme passiert?"

„Ich muss mich erkältet haben", schwindelte sie. Wieder einmal fragte sie sich, warum sie sich überhaupt rechtfertigte.

„Du lernst es nie, dich den Witterungsbedingungen gemäß zu kleiden, oder?"

Sie zuckte die Schultern, obwohl er es nicht sehen konnte. Schon bildete sich der bekannte Knoten in ihrem Magen, wie immer, wenn Carsten etwas zu bemängeln hatte oder sie belehrte. Sie konnte sich gar nicht mehr erinnern, wann sie begonnen hatte, sich wegen seiner ständigen Kritik dermaßen unter Druck zu setzen.

„Was hast du an Sportangeboten gebucht?", erkundigte er sich.

Sportangebote? Mit so einer Frage hatte sie nicht gerechnet, aber sie sah Carsten ähnlich. Nur zu genau hatte er sich wahrscheinlich das angebotene Programm durchgelesen.

„Ich habe mich noch nicht informiert. Im Hotel gibt es ein Schwimmbad, und ein See ist direkt vorm Haus."

„Das ist alles?", höhnte er. „Ein Schwimmbad und ein See?"

„Wahrscheinlich nicht", stotterte sie. „Ich habe mich nur noch nicht erkundigt."

„Hattest du noch keine Zeit?" Purer Spott schlug ihr entgegen.

„Ich bin gestern erst angekommen", verteidigte sie sich.

„Gestern", schnaubte er. „Du hast es eben gesagt. Gestern und nicht heute."

„Ich bin hier, um mich zu erholen", presste sie hervor und wünschte sich, er würde endlich auflegen.

„Von was? Den Kindern?" Er lachte laut.

„Hör bitte auf!"

„Ich warte auf deine Antwort. Von was willst du dich erholen?"

Von dir, lag es ihr auf der Zunge, aber natürlich sprach sie es nicht aus.

„Warum bist du eigentlich erst jetzt an dein Handy gegangen?", wechselte er das Thema.

Die Hitze stieg ihr in die Wangen. Glücklicherweise konnte Carsten sie nicht sehen. „Ich habe vergessen, dass ich es während der Anfahrt lautlos gestellt habe“, schwindelte sie.

„Kannst du nicht einmal an so eine Kleinigkeit denken?“, stöhnte er.

Sandra presste die Lippen aufeinander. Was sollte sie darauf antworten? Dass sie zu dumm war, um überhaupt irgendetwas richtig zu machen?

„Und nach den paar Tagen willst du frisch und erholt in den Alltag starten?“, fuhr er unbarmherzig fort.

„Ja“, krächzte sie.

Wieder stöhnte er. Sandra sah ihn förmlich vor sich, wie er den Kopf über so viel Dummheit schüttelte. „Treib viel Sport und geh in die Sauna! Vielleicht kannst du so die Erkältung noch abwehren“, riet er. „Ich habe gleich gesagt, dass der Kurztrip nur rausgeworfenes Geld ist. Wellness, wenn ich das schon höre.“ Er schnaubte verächtlich auf. „Ein Gang ins Fitnessstudio hätte mehr gebracht.“

„Ich hasse Fitness“, quetschte sie hervor, dabei ahnte sie, dass sie mit der Aussage noch mehr Öl ins Feuer schüttete.

„Das ist nicht zu übersehen“, kam es prompt.

„Wie meinst du das?“

Warum konnte sie nicht einfach ihren Mund halten? Wollte sie seine Antwort wirklich hören?

„Vor zehn Jahren hattest du eine richtig gute Figur."

„Und jetzt?", fragte sie kaum hörbar.

„Jetzt? Jetzt ist davon nicht mehr viel davon übrig. Du bist zwar noch nicht pummelig, aber von straff kann keine Rede mehr sein."

Sandra zog zischend die Luft ein. Mit diesem Mann hatte sie einst unbedingt Kinder in die Welt setzen wollen? Da konnte sie ja von Glück reden, dass es nicht geklappt hatte. Carsten war der festen Überzeugung, dass sie keine bekommen konnte. Sie wusste es nicht, hatte aber seinem Wunsch nach einer Bauchspiegelung nicht zugestimmt, nachdem ihre Hormonwerte gepasst hatten. Seitdem gab er ihr die Schuld, dass sie keine Klarheit hatten. Dabei lag es vielleicht gar nicht an ihr, denn er hätte sich ja auch untersuchen lassen können. Wahrscheinlich passten sie wirklich nicht zueinander und die Natur hatte das frühzeitig erkannt.

Sandra überlegte, Carsten anzufahren, aber ihr war nicht nach Streit zumute. Ein kurzes *Tschüss* würde er allerdings ebenfalls nicht akzeptieren. Also tat sie etwas, was sie noch nie getan hatte: Sie drückte das Gespräch weg.

Tief atmete sie durch.

Warum hatte sie sich zu so einer Reaktion hinreißen lassen? Ohne Sinn und Verstand hatte sie gehandelt. Sie musste wahnsinnig sein.

Seltsamerweise rief Carsten nicht noch einmal an. Sandra warf einen vorsichtigen Blick auf ihr

Handy. Das WhatsApp-Zeichen zeigte den Eingang einer Nachricht an. Lars hatte ihr geschrieben.

Um eins am See?, las sie.

Es wäre ein Fehler, wenn sie sich auf ein erneutes Treffen einließe. Noch mehr Stress für ihre strapazierten Nerven.

Sandra fühlte sich irgendwie überfordert, dennoch beschloss sie, Lars zu treffen. Aber schon um eins? Hatte er bereits so früh Feierabend? Egal, nicht ihr Problem.

Ja, tippte sie. *Ich warte am Steg.*

Zuvor konnte sie noch eine Kleinigkeit essen.

Aber nicht zu viel, ermahnte sie sich. Wenn schon Carsten keinen Gefallen mehr an ihrer Figur fand, würde Lars es erst recht nicht tun. Und sie würde einen Bikini tragen müssen. Ansonsten fühlte sie sich alt und spießig.

Mein Gott, sie brauchte keine Verabredung, sondern einen Psychotherapeuten, der ihr half, zu begreifen, dass es nicht um die Meinung anderer ging, sondern darum, sich selbst zu akzeptieren. Leider war sie davon im Moment meilenweit entfernt. Sie machte ihr Schönheitsempfinden, und damit ihr Wohlgefühl, nur von der Meinung diverser Männer abhängig.

Sandra seufzte, dann warf sie einen Blick aus dem Fenster. Hell strahlte die Sonne vom tiefblauen Himmel. Nachmittags würden es sicherlich fünfundzwanzig Grad werden.

Schon lief ihr Gedankenkarussell wieder an. Schließlich konnte sie sich kaum in Shirt und Bermuda sonnen. Das erschien ihr zu bieder. Bermuda war sowieso out, denn sie gehörte unweigerlich zu Carstens Kleidungsstil. Das Handy klingelte. Sie starrte es an. *Carsten* stand auf dem Display.

Sie wollte nicht mit ihm sprechen.

Sie mochte nicht diskutieren und sich vorhalten lassen, wie falsch sie sich verhalten hatte.

Als würde sie sich daran verbrennen, fasste sie ihr Handy an. Dann drückte sie auf die Lautstärketaste, bis es keinen Ton mehr von sich gab. Sie würde sich den Tag von Carsten nicht verderben lassen.

Sandra ging zum Schrank und öffnete ihn. Die Kleidungsstücke, die sie mitgenommen hatte, lagen fein säuberlich auf- und nebeneinander, als hätte sie ein Lineal zum Richten benutzt.

Oder eine Wasserwaage, fuhr es ihr durch den Kopf. Ganz so, wie Carsten es gern hatte.

Neben ihrer Unterwäsche spitzte der Bikini hervor. Dunkelblau und langweilig, aber der bordeauxfarbene Badeanzug, der ihre Brust platt drückte, war noch schlimmer. Warum hatte sie es in den vergangenen Jahren nur aufgegeben, sich hübsch zu kleiden?

Egal. Improvisieren war angesagt.

Sandra zog ihren leichten Pyjama aus.

Falls sie jemals wieder einen Mann verführen wollte, hatte sie schlechte Karten. Nichts, was sie trug, war nur einen Hauch von reizvoll. Auch ihr Pyjama nicht. Sie musste dringend shoppen gehen. Als Erstes brauchte sie ein oder zwei hübsche Dessous. Nur für den Fall der Fälle.

Skeptisch betrachtete Sandra ihr Spiegelbild. Carsten hatte schon recht. Besonders straff war ihr Körper nicht mehr. Mit einem leisen Seufzer schlüpfte sie in den dunkelblauen Bikini, griff nach der Bermuda und holte ihre Nagelschere hervor. Kurzerhand säbelte sie am Stoff herum, bis sie die Beine abgeschnitten und sich die knielange Hose in Shorts verwandelt hatte. Glücklicherweise hatte sie die Leinenvariante zu Hause gelassen und stattdessen die Jeans mitgenommen. So würde der Stoff an den Schnittkanten hoffentlich neckisch ausfransen. Als Nächstes griff Sandra nach einer Bluse, die sie lediglich am Bauch zusammenknotete. Noch ein kurzer Blick in den Spiegel. Auch heute entschied sie sich für die Sneaker und war wieder mit ihrem Aussehen zufrieden. Dann machte sie sich auf den Weg, um sich ein kleines frühzeitiges Mittagessen zu gönnen.

Gestärkt verließ Sandra das Hotel und lief den leichten Abhang hinab zum See. Wahrscheinlich würde sie warten müssen, denn der Lieferwagen war noch nirgendwo zu sehen. Dabei hatte sie sich extra Zeit gelassen und war ein paar Minuten später losgelaufen.

Sandra betrat den Steg. Da sah sie Lars sitzen. Er blickte ihr lächelnd entgegen und stand auf.

„Wir müssen ein paar Meter laufen. Am See gibt es richtig schöne Sandbuchten."

Sie schwieg. Schließlich war sie bislang noch nicht am Ufer entlanggegangen.

„Warum hast du eigentlich schon frei?"

Lars runzelte die Stirn. „Ich habe den Job verloren", sagte er leichthin.

„Warum?"

Er hob bedauernd die Hände. „Wegen der zerbrochenen Weinflaschen."

„Wie?", hakte sie nach.

„Ich mag nicht mehr darüber nachdenken", antwortete er, und ein Blick in sein Gesicht verriet ihr, dass er ihr nichts weiter erzählen würde.

Schade! Denn es interessierte sie brennend.

Der Koch hatte sich ja bereits gestern wegen des fehlenden Weins aufgeregt. Und soweit sie sich an das Gespräch erinnerte, das er mit dem Hotelier geführt hatte, machte es den Anschein, dass er Lars nicht leiden konnte. Trotz ihrer Neugierde schwieg sie vorerst, denn Lars wirkte leicht verstimmt, obwohl er versuchte, seine schlechte Laune zu verbergen und gewohnt locker zu tun.

So lief sie neben ihm her, ohne ihn weiter mit dem Thema Kündigung zu belästigen. Nach etwa hundert Metern verließ er den Weg. Wo wollte er hin? Bäume und Büsche versperrten jeglichen Blick auf den See. Verwirrt blieb sie stehen.

„Komm schon!" Er winkte sie zu sich.

Wollte er auf einen Baum klettern?

„Na los!"

Zaghaft trat sie näher. Da fasste er nach ihrer Hand und zog sie hinter sich her. In dem Moment erkannte sie den schmalen Pfad, der zwischen dem Gestrüpp hindurchführte. Neugierig folgte sie Lars. Sprachlos sah sie sich um. Vor ihr lag ein kleiner Sandstrand, hinter dem sich der See erstreckte. Sie schnupperte. Die Luft roch nach Sommer. Nach Sonne, Sand und Meer.

„Boah!", rutschte es ihr heraus.

„Damit hast du nicht gerechnet, oder?"

Sie schüttelte den Kopf.

„Gut schaust du aus", wechselte Lars das Thema. Sein Blick glitt anerkennend über ihre nackten Schenkel, hinauf zu ihrer geöffneten Bluse.

„Danke", würgte sie hervor. Wieder fühlte sie sich mit der neuen Situation überfordert. Lars hielt weiterhin ihre Hand fest, setzte sich und zog sie nun hinab auf den warmen Sand. Wie selbstverständlich schob er sich hinter sie, sodass sie zwischen seinen Schenkeln und eingebettet in seiner Umarmung saß. Sein Atem kitzelte sie am Ohr.

„Schön, nicht wahr?", fragte er und zeigte über den See.

Sie nickte nur. Antworten konnte sie nicht, dazu war sie sich seiner Nähe zu deutlich bewusst.

Sanft strichen seine Lippen ihren Hals empor, um anschließend an ihrem Ohrläppchen zu knabbern. Sandra schloss die Augen. Carsten war schon lange nicht mehr zärtlich zu ihr. Es ging einfach nur noch um Sex, auf den sie meist keine Lust hatte. Die Vorstellung, mit ihm zu schlafen, erregte sie nicht mehr. Eher bewirkte sie das Gegenteil und sie suchte ständig Ausreden, um sich seinen Annäherungen zu entziehen.

Doch nun saß sie hier im weichen Sand und die Sonne streichelte ihre Haut. Es roch nach ... Wieder überlegte sie. Sommer, Sonne, Strand und Meer, hatte sie gedacht. Doch eigentlich erinnerte sie der Geruch an ihre Kindheit, als sie mit ihren Eltern an den Baggersee gefahren war. Es fehlte nur noch der Duft nach Sonnenöl. Aber sie war kein Kind mehr, sondern eine erwachsene, verheiratete Frau. Eine Frau, die sich im Moment unheimlich begehrenswert fühlte. Und das trotz abgeschnittener Jeans und dunkelblauem Bikini.

Lars' Lippen liebkosten weiter ihre Haut. Seine Finger strichen leicht ihre nackten Arme empor und von dort hinab zu ihren Brüsten. Ihre Knospen reagierten sofort und stellten sich erwartungsvoll auf. Sanft nahm er sie zwischen seine Fingerspitzen und zupfte leicht an ihnen, was ein genussvolles Ziehen in ihrem Bauch auslöste und gleichzeitig ihre Scham feucht werden ließ.

Dabei war sie zu Hause immer auf Gleitgel angewiesen.

Lars' rechte Hand rutschte tiefer und fand ihren Weg zwischen ihre angewinkelten Beine. Zärtlich streichelte er die weiche Haut an den Innenseiten ihrer Oberschenkel. Sandra lehnte sich gegen seine Brust und schloss erneut die Augen. Schon schlüpfte seine Hand unter den Bund ihrer Jeans und unter den Saum ihres Bikinihöschens. Seine Hand lag an ihrer Scham, während sein Finger über ihre Klit strich. Ein kleines Stöhnen drang über ihre Lippen.

„Du bist ganz nass", wisperte er in ihr Ohr.

Sie antwortete nicht. Er schob einen Finger in ihre Pussy und stimulierte mit dem Daumen weiterhin ihre Lustperle.

„Lass uns in den Schatten der Bäume setzen."

Schatten der Bäume?

Sandra konnte nicht mehr wirklich denken. Zu viel Emotionen stürmten auf sie ein. Die Lust, etwas Verbotenes zu tun. Und das Schlimme war, dass sie sich dem nicht widersetzen wollte. Sie wollte, dass Lars sie berührte, ebenso wie sie seinen Finger in ihrer nassen Pussy spüren und mit ihm in den Schutz der Bäume gehen wollte. Ja, sie sehnte sich danach, von ihm gefickt zu werden. Hier am Ufer des Sees, lediglich von ein paar Sträuchern verborgen.

Sandra legte ihren Kopf zur Seite, sodass sie einen Blick in Lars' Gesicht werfen konnte. Seine Augen waren schmal geworden. Er nickte leicht und zog erst seinen Finger aus ihr, dann seine Hand aus ihrer Hose.

„Komm!" Er stand auf, zog sie hoch und führte sie zu den Bäumen.

Wie von selbst griffen ihre Finger an den Bund ihrer Jeans, öffneten Knopf und Reißverschluss und zogen sie mitsamt dem Höschen erst über ihren Hintern, dann ihre Beine hinab. Jetzt trug sie nur noch Bluse und Bikinioberteil.

Lars schien über ihre Eigeninitiative nicht verwundert, sondern öffnete ebenfalls seine Jeans. Sein Schwanz sprang förmlich hinter dem Stoff hervor.

Er trug keinen Slip.

Sandra leckte sich über die trockenen Lippen. Gern hätte sie an seiner Erektion gelutscht, aber sie war viel zu ausgehungert danach, ihn in sich zu spüren, sodass sie es unterließ. Lars zog die Jeans vollends aus, holte ein Kondom aus seiner Hosentasche, riss die Hülle auf und rollte es über seinen zuckenden Schwanz. Dann setzte er sich und zog sie auf seinen Schoß. Seine Eichel stieß gegen ihre nasse Scham.

„Lehn dich zurück!" Ihre Stimme war ungewohnt rau.

Lars folgte ihrer Bitte sofort. Sie ließ sich langsam niedersinken, sodass seine Erektion immer weiter in sie getrieben wurde. Sandra genoss das Gefühl der Fülle, ebenso das der Macht, die sie nun über ihn besaß. Sie war diejenige, die Tiefe und Tempo bestimmte, und sie würde es auch sein, die ihm und sich die Erfüllung schenken würde, nach der sie sich beide verzehrten. Lars' Shirt war nach oben gerutscht und gab so seinen sehnigen Bauch frei. Jung und knackig sah er aus. Und im Moment gehörte er ihr. Ihr allein.

Sandra drehte sich kurz um und warf einen Blick zum See. Kein Boot und kein Schwimmer in Sicht. Da schloss sie die Augen und begann, sich langsam und gleichmäßig zu bewegen. Immer wieder trieb sie seinen Schwanz tief in ihre nasse Höhle. Sie genoss den Rhythmus, doch schon nach wenigen Minuten fasste Lars an ihre Hüften und hob sie ein bisschen an. Genau so weit, dass er nun das Tempo vorgeben konnte. Er wurde schneller, und sie war nicht in der Lage, ihn zu stoppen. Fest presste er die Lippen aufeinander, als ihm ein tiefes Stöhnen entweichen wollte.

Er war gekommen.

Mist!

Sandra fühlte sich noch unbefriedigt. Sie hätte sich gern weiter in ihrem Rhythmus bewegt. Hätte er nicht mit dem Höhepunkt auf sie warten können?

Sie war enttäuscht, als sie spürte, wie sein Schwanz weich wurde.

Lars lag im Sand und hatte die Augen geschlossen. Sandra legte sich neben ihn und fasste zwischen ihre Schenkel. Ihr Finger fand sofort ihre Klit und bewegte sich schnell vor und zurück. Endlich spürte sie, wie sich der Druck des ersehnten Höhepunktes in ihrem Inneren aufbaute. Lars hatte seine Lider wieder geöffnet und verfolgte jede ihrer Bewegungen. Sie schaute ihn an. Ihn, ihren jugendlichen Liebhaber. Da liefen bereits erste Zuckungen durch ihren Körper. Ihr Kopf sank in den Nacken und ihr Finger fuhr tief in ihre pulsierende Pussy. Dann schloss sie kurz die Augen.

Gut fühlte es sich an, die Sonne auf ihrer Haut zu spüren.

Plötzlich näherten sich Schritte. Sandra schoss hoch, fasste reflexartig nach ihrem Slip und ihrer Hose und zog beides fast gleichzeitig über. Auch Lars hatte seine Jeans bereits wieder geschlossen. Eine Familie mit zwei Kindern betrat den kleinen Strandabschnitt.

„Da sind schon Leute, Mama." Ein kleiner Junge baute sich vor ihnen auf, als wollte er sie eigenhändig vertreiben.

Sandra verkniff sich das Lachen. „Wir sind bereits am Gehen."

Da drehte sich das Kind um und rannte zu seiner Mutter. „Die gehen endlich."

Sandra fasste Lars' Hand und zog ihn hinter sich her.

„Wollten wir nicht eigentlich baden?", fragte der sie verwundert. „Einen schöneren Platz finden wir nicht mehr."

„Ich möchte jetzt lieber ein paar Schritte laufen", schwindelte sie, denn sie verspürte keine Lust, sich den kleinen Strand mit der Familie zu teilen.

„Laufen?", fragte er ungläubig.

„Ich mag mich nicht unterhalten, wenn andere Leute zuhören."

„Wir hätten sie auch vertreiben können", sagte er mit einem Lachen. „Schließlich waren wir zuerst hier."

„Kannst du garstig sein."

„Wenn es um mein Wohlbefinden geht."

Ganz schön egoistisch, der Gute!

„Ich hätte dich übrigens für schüchterner gehalten", fügte er überflüssigerweise hinzu.

Na super! Sie sich insgeheim auch. Aber so war das eben, wenn man sich einem Mann an den Hals warf.

„Warum hast du eigentlich den Job verloren?", begann sie erneut.

Lars stöhnte hörbar genervt. „Du gibst wohl nie auf?"

Nun lachte auch sie. „Nein."

„Der Koch hat sich über mich beschwert."

Also doch! Der Kerl von gestern Abend hatte nichts Besseres zu tun, als arme Studenten in die Pfanne zu hauen.

„Der Koch?", hakte sie dennoch nach.

„Das ist so ein Typ, der meint, etwas zu sagen zu haben."

Sie wusste ganz genau, was er meinte.

„Und jetzt?"

„Jetzt muss ich sehen, wie ich das finanziell hinbekomme."

„Hast du nicht gesagt, dass es ein Unfall war?"

„Das hat ihn nicht wirklich interessiert." Er zuckte die Schultern.

„Hättest du den Job gebraucht?"

„Klar."

„Und jetzt?", fragte sie erneut.

Er zuckte die Schultern. „Wenn ich keine andere Arbeit finde, werde ich meine Eltern um Hilfe bitten müssen.“

Dennoch ließ er sich seine Laune nicht verderben. Ein Charakterzug, den es viel zu selten gab. In dem Moment beschloss Sandra, mit dem Koch zu reden. Was bildete der sich eigentlich ein, einen anderen Menschen um den Job zu bringen? Nur wegen ein paar Weinflaschen.

Kapitel 4

Sandra duschte ausgiebig und warf sich danach aufs Bett. Eigentlich sollte sie ein schlechtes Gewissen haben, aber sie hatte es nicht. Stattdessen fühlte sie sich so gut wie schon seit Langem nicht mehr. Behaglich rekelte sie sich. Aus welchem Grund sie dennoch kein neues Treffen mit Lars ausgemacht hatte, wusste sie nicht. Ebenso wenig, warum sie plötzlich zum Hotel zurückgewollt hatte. Ihr war einfach nach ein bisschen Ruhe gewesen. Vielleicht war sie doch nicht mehr so spontan wie früher und musste das Erlebte erst einmal verarbeiten.

Sandra warf einen Blick auf die Uhr. Ihr Magen knurrte vernehmlich. Schließlich hatte sie seit dem kleinen Mittagsimbiss nichts mehr gegessen. Heute würde sie im Hotel speisen.

Wieder kleidete sie sich in Jeans. Allerdings entschied sie sich für ein weites Shirt, das gerade bis zum Bund der Hose reichte und von Zeit zu Zeit ein Stückchen Haut entblößte. Es wirkte sportlich, aber nicht freizügig. Vielleicht lief sie Lars ja doch noch über den Weg. Obwohl sie annahm, dass er von dem Hotel die Nase voll hatte. Außerdem fehlte ihm ein Fahrzeug, und dass er ständig so weit Radfahren wollte, bezweifelte sie. Aber auch ohne seine Gegenwart fühlte sie sich in dem lockeren Outfit wohl. Erneut nahm sie sich vor, shoppen zu gehen, um ihr äußeres Erscheinungsbild ein bisschen aufzupeppen.

Gut gelaunt lief Sandra los. Sie nahm die Treppe, anstatt mit dem Aufzug nach unten zu fahren. Doch als sie um die Ecke biegen wollte, hörte sie eine ihr mittlerweile bekannte Stimme.

„Da hätte er eben besser aufpassen müssen."

„Du hättest dich trotzdem nicht gleich so massiv zu beschweren brauchen", antwortete eine weibliche Stimme.

„Oh, doch. Das nächste Mal wird er sich mehr Mühe geben und nicht irgendwelchen Frauen hinterherschauen."

Es war unüberhörbar, dass er das Gespräch gern beenden wollte.

„Er hat seinen Job verloren", fuhr die Frau ungerührt fort.

„Interessiert dich das?"

„Verdammt, Sven! Er ist Student. Besitzt du gar kein Herz?"

„Erzähl das mal Julian. Sein Verständnis ist bestimmt auch nicht allzu groß."

„Männer", murmelte sie resigniert.

Der Koch lachte leise.

Sandra wartete, bis sich die Schritte entfernten. Glücklicherweise waren die beiden nicht in Richtung Treppe gelaufen. Es wäre ihr peinlich gewesen, beim Lauschen ertappt zu werden.

Obwohl … Sie hatte nicht gelauscht, sondern war lediglich auf dem Weg zum Speisesaal.

Warum machte sie sich überhaupt Gedanken?

Und doch wartete sie noch ein paar Sekunden, bevor sie weiterging.

Im Speisesaal angekommen, bediente sie sich an dem reichhaltigen Büfett. Das Essen schmeckte vorzüglich, und sie kostete von nahezu allen Gerichten, um irgendeinen Haken daran zu finden. Denn sie ärgerte sich. Ärgerte sich darüber, mit welcher Arroganz dieser Typ über Lars gesprochen hatte, und wollte sich zu gern revanchieren.

Wer war er eigentlich?

Ein Koch. Nicht mehr und nicht weniger.

Warum hatte er überhaupt die Befugnis, über andere richten zu dürfen? War das nicht die Angelegenheit eines der Hoteliers?

Dem würde sie eins auswischen …

Nur so aus Rache, damit er lernte, nachzudenken, bevor er handelte.

Genussvoll steckte sie sich das mit Lachs belegte Kanapee in den Mund. Und stutzte. Eine Gräte stach ihr unangenehm in die Wange.

Na super!

Jetzt musste sie in dem gut besuchten Speisesaal versuchen, die Gräte aus ihrem Mund zu pulen.

Wie unangenehm!

Heimlich spuckte sie in die Serviette und war froh, allein an einem Tisch zu sitzen. Schnell trank sie einen Schluck Wasser und steckte sich das nächste Kanapee, das ebenfalls mit Lachs belegt war, in ihren Mund. Wieder dasselbe. Die nächste Gräte piesackte sie. Erneut nahm Sandra ihre Serviette zur Hilfe.

Das reichte! Nun wusste sie, was zu tun war. Doch erst blickte sie sich um. Hatten vielleicht noch mehrere Gäste ein ähnliches Problem? Sah leider nicht danach aus, obwohl auf einigen Tellern Kanapees lagen. Allerdings konnte sie deren Belag nicht erkennen.

Es konnte doch nicht sein, dass nur sie zwei schlecht filetierte Fischstücke erwischt hatte. Doch selbst wenn – so etwas durfte in einer Küche nicht passieren. Besonders nicht unter der Leitung eines Kochs, der ein Missgeschick von anderen nicht akzeptieren konnte.

Eine Kellnerin betrat mit einem voll beladenen Tablett den Raum.

Das war die Gelegenheit!

Sandra stand auf, fasste ihren Teller mit der Serviette und eilte auf die junge Frau zu.

„Ich möchte mit dem Küchenchef sprechen", sagte sie leise, aber bestimmt. Sie wollte sich zwar beschweren, aber keinen Aufstand vor den anderen Gästen hinlegen.

„Ist etwas nicht in Ordnung?", fragte die Bedienung unsicher.

„Wenn Sie Kanapees anbieten, sollte der Fisch darauf grätenlos sein."

„Das ist er."

„Nein, ich hatte zwei Gräten auf zwei verschiedenen Brotstücken."

„Das kann nicht sein."

„Soll ich es Ihnen zeigen?" Sandra fasste nach der zusammengeknüllten Serviette.

„Nein", stotterte das Mädchen. „Ich werde es ausrichten."

Kein persönliches Gespräch? Schade! Sie hätte dem Koch zu gern persönlich die Meinung gesagt.

Sandra reichte der Bedienung den Teller und lief mit hocherhobenem Kopf zurück an ihren Platz. Dann wartete sie. Der Appetit war ihr erst mal vergangen.

Ob es ein Fehler gewesen war, dass sie ihren Unmut an der Bedienung ausgelassen hatte?

Schließlich konnte die junge Frau nichts für das Missgeschick in der Küche. Sie wusste das und hatte sie trotzdem nicht besonders höflich behandelt. Vielleicht hätte sie einfach schweigen sollen. Doch dann dachte sie an Lars, der des Kochs wegen den Job verloren hatte.

Was eigentlich nicht dein Problem ist, flüsterte ein Stimmchen in ihrem Kopf.

Sven blickte überrascht auf, als Marie mit hochroten Wangen in die Küche stürmte. In der Hand hielt sie nur einen schmutzigen Teller anstatt eines mit Geschirr beladenen Tabletts. Er sah ihr sofort an, dass etwas nicht stimmte.

„Was ist los?", fragte er.

„Im Lachs sind Gräten", stammelte sie und stellte den Teller vor ihm ab.

Sven warf Leon einen fragenden Blick zu, doch der schaute schuldbewusst zur Seite. Zwar war

Leon noch in der Ausbildung, aber er musste endlich lernen, dass Schludrigkeit im Beruf vollkommen fehl am Platz war. Er würde ein ernstes Wort mit ihm reden müssen. Nicht das erste in den vergangenen Wochen. Sie konnten sich nach der Misere von gestern Abend keine erneuten Fehltritte erlauben. Und dazu zählte selbstverständlich auch das schlechte Filetieren eines Fisches.

„Wie viele Gäste haben sich beschwert?“, erkundigte er sich, um sich einen Überblick zu verschaffen.

„Nur eine Frau, aber …“

Maries Wangen glühten immer noch.

„Sie war ziemlich ungehalten, oder?“

„Ja.“ Marie blinzelte. Anscheinend hatte ihr das Gespräch mit der Frau ziemlich zugesetzt. „Ich konnte doch nichts dafür.“

„Natürlich nicht.“ Sven überlegte. „Wir müssen den Fisch zurückholen.“

„Ich habe schon nachgesehen. Es ist keiner mehr auf der Anrichte.“

„Dann ist es gut.“

„Sie wollte mir die Gräten in der zerknüllten Serviette zeigen.“ Marie war ganz blass um die Nase.

Er musste schmunzeln. „Bist du dir sicher, dass wirklich kein Lachs mehr ausliegt?“

Sie nickte. „Ich denke schon.“

„Wir schauen zur Sicherheit noch einmal nach. Okay?“

Wieder nickte Marie und schritt gehorsam neben ihm her.

An der Tür zum Speisesaal blieb er stehen. Die Fischplatten waren geleert, ebenso gab es keine Kanapees mehr. Er verkniff sich ein Seufzen. Natürlich war es gut, dass der Lachs keinen weiteren Schaden angerichtet hatte, aber die Lücken auf der Anrichte hätten längst wieder gefüllt werden müssen. Trotzdem rügte er die zartbesaitete Marie nicht. Manchmal fragte er sich allerdings, ob er seine Angestellten falsch behandelte. Leon arbeitete ständig unzuverlässig, und Marie brach beim leichtesten Windhauch in Tränen aus.

„Da hinten sitzt sie“, flüsterte Marie plötzlich.

Neugierig blickte er sich um.

„Jetzt steht sie auf.“

„Welche ist es?“

„Die mit dem schulterlangen Haar und dem kurzen Shirt.“

Sven hustete.

Nein! Nicht sie! Lars' Geliebte. Was für ein Zufall!

Zufall? Nein, das kaufte er ihr nicht ab. Und er würde es ihr nicht durchgehen lassen, dass sie seine Angestellte unhöflich behandelt hatte. Bei jedem anderen Gast hätte er sich wegen der Fischgräten sofort entschuldigt, aber sie war ihm gestern ziemlich aufmüpfig gegenübergetreten. Er würde mit ihr sprechen, aber nicht jetzt und schon gar nicht im gut gefüllten Speisesaal.

„Jetzt schau aber, dass die Gäste etwas zu essen bekommen", wies er Marie an, doch die reagierte nicht. „Nachfüllen", knurrte er.

Da kam endlich Bewegung in die junge Frau und sie eilte in die Küche.

Sven richtete zügig den Nachtisch her und ordnete an, ihn in den Speisesaal zu bringen.

Jetzt konnte er sich ein wenig Zeit nehmen. Das Reinigen der Küche überließ er seinen Angestellten. Eigentlich hätte er nun nach Hause gehen können, aber er schloss immer persönlich ab und überzeugte sich davon, dass alles sauber hinterlassen wurde. Meist überprüfte er abends noch einmal den Bestand und schaute, ob für den nächsten Tag alles vorbereitet war. Nur Sina, mit der er früher bereits zusammengearbeitet hatte, besaß einen Zweitschlüssel für die Küche. Sie war auch diejenige, die vormittags aufschloss und das Frühstücksbüfett anrichtete. Und sie war damit die einzige Kraft, der er wirklich vertraute.

Sven ging in die Umkleide, die von der Küche aus zu erreichen war, und betrat die kleine Dusche, um den Essensgeruch zu vertreiben, der ständig an ihm klebte. Dann zog er sich alltagstauglich an und überlegte, wo er Lars' Geliebte wohl finden könnte. Vielleicht war sie mit dem Studenten unterwegs. Er vermutete, dass sie zu Marie nur deswegen so unhöflich gewesen war, weil sie sich wegen Lars' Kündigung an ihm rächen wollte.

Aber wusste sie überhaupt, wer er war?

Wahrscheinlich nicht, aber die Möglichkeit war groß, dass Lars ihr erzählt hatte, dass er seinen Job wegen der Beschwerde des Küchenchefs verloren hatte.

Sven verließ das Hotel und lief Richtung See. Ein Gefühl sagte ihm, dass sie sich nicht zu den anderen Gästen auf die gut gefüllte Terrasse begeben hatte und auch nicht allein auf dem Zimmer sitzen würde. Und die Pools waren zwar beheizt, aber die abendlichen Temperaturen sanken mittlerweile so sehr, dass nur Hartgesottene um diese Uhrzeit noch schwimmen gingen.

Tief atmete er durch. Er mochte die Kühle des nahenden Herbstes. Ebenso wie er die Landschaft in dieser Gegend liebte. In dem Moment entdeckte er die Frau, die auf dem Steg saß und ihre Füße ins Wasser baumeln ließ.

Kapitel 5

Sandra war froh, als sie den Speisesaal verlassen konnte. Sie hätte nicht so garstig sein sollen. Die Bedienung konnte schließlich nichts dafür, dass sie sich über das Verhalten ihres Chefs ärgerte. Auf ihr Handy hatte sie wegen der Essensbeanstandung nicht mehr geschaut.

Oder redete sie sich da gar etwas ein, indem sie die Aufregung im Speisesaal vorschob?

Zwar konnte Lars den Lieferwagen nicht länger nutzen, aber sie hätte sich nur in ihr Auto setzen müssen, um zu ihm zu fahren. Doch ihr war nicht danach. Das gestrige Hochgefühl war im Laufe des Tages wieder etwas abgeflaut. Jetzt wollte sie ihren Kurzurlaub gern so verbringen, wie sie es vorgehabt hatte. In Ruhe und ganz entspannt.

Der Mond ging gerade auf. In ein oder zwei Stunden würde er sein silbernes Licht auf das Wasser des Sees werfen. Vielleicht würde sie so lange hierbleiben, um die friedliche Stimmung zu genießen. *Zu sich selbst finden,* nannte sie es. Im Gegensatz zu Carsten, der es als *faul herumsitzen* bezeichnen würde.

Sandra setzte sich an den Rand des Stegs und ließ ihre Beine ins Wasser baumeln.

Eigentlich hatte sie nur ein wenig Abstand zu ihrer Ehe finden wollen, doch immer mehr reifte der Wunsch in ihr heran, ihren Mann zu verlassen. Sie wollte frei sein und wieder selbstüber ihr Leben bestimmen können.

Ein Räuspern. Direkt hinter ihr. Über ihr.

Sandra fuhr herum.

Da stand er. Der Kerl, der sich über Lars beschwert hatte. Der Typ von gestern Abend. Der Koch aus dem Hotel.

„Es gab eine Beanstandung wegen des Essens." Er wirkte schon groß, wenn sie vor ihm stand, doch nun saß sie ihm zu Füßen, was ihn riesig erscheinen ließ.

Schlechte Position, fuhr es ihr durch den Kopf.

„Es waren Gräten im Fisch", entgegnete sie, und im selben Moment wurde ihr bewusst, dass sie damit beinahe zugab, ihn als Koch zu kennen.

Woher wusste er überhaupt, dass sie es gewesen war, die sich beschwert hatte?

„Seltsamerweise nur bei Ihnen."

Wie bitte? Glaubte er ihr etwa nicht?

„Was soll das heißen?" Sandra zog die Beine hoch, ging in die Hocke und stand auf. Sie verspürte keine Lust, weiterhin wie ein Schoßhündchen zu seinen Füßen zu kauern. Kerzengerade richtete sie sich auf. Und war ihm plötzlich sehr nahe. Wieder einmal. Erneut stieg ihr der Geruch von Duschgel in die Nase.

Sein Blick bohrte sich in ihren. „Dass ich Glück hatte, dass es nur Sie getroffen hat. Trotzdem bedauere ich das Missgeschick natürlich sehr."

Sandra fühlte sich von ihm wie hypnotisiert. Sie konnte nicht wegsehen, sondern starrte ihn unvermittelt an. Und das, obwohl sie sich ernsthaft fragte, ob er sich eben über sie lustig machte.

„So etwas darf nicht passieren", würgte sie hervor. Verdammt! Sie hätte ihm die Meinung sagen und nicht herumstammeln sollen.

„Da stimme ich Ihnen zu."

„War das Billiglachs aus dem Discounter?"

So selbstbewusst gefiel sie sich schon wesentlich besser.

Prompt verdunkelten sich seine Gesichtszüge. „Bei uns wird nur frischer Fisch verwendet, der in der Küche filetiert wird."

„Dabei scheinen Sie aber nicht richtig aufgepasst zu haben", meinte sie spitz.

Sein Blick verfinsterte sich weiter, und sie musste sich beherrschen, um nicht schadenfroh zu grinsen. „Sie wollten mir nicht zufälligerweise eins auswischen?"

Sandra schnappte nach Luft. „Wie kommen Sie denn auf so eine Idee?", fragte sie hektisch, wobei sie bemerkte, wie ihr die Hitze in die Wangen schoss.

„Na ja, immerhin sind Sie gestern Nacht aus dem Lieferwagen des Fahrers gesprungen, der wegen meiner Beschwerde seinen Job verloren hat."

Ihre Wangen glühten. Er schien sie wahrhaftig beobachtet zu haben. Auch ihre Knutscherei mit Lars. Wie peinlich!

„Das mit den Flaschen war ein Unfall", verteidigte sie den Studenten.

„Ein Unfall?“

„Ja. Die Kartons sind aus dem Wagen gefallen.“

„Dann hätte er sie eben fixieren oder sorgfältiger stapeln müssen“, entgegnete er ungerührt.

„Ist es das wert?“, fuhr sie ihn an. „Ich meine, er braucht den Job.“

„Und ich hätte den Wein benötigt.“

„Dann hätten Sie ihn eben woanders besorgt“, meinte sie pampig.

„Die Sorte ist äußerst selten und nicht im nächsten Supermarkt erhältlich.“

„Internet?“

Mein Gott, stellte er sich dumm an!

„Selbst mit Express nicht binnen weniger Stunden lieferbar.“

„Sie meinen, Sie hätten den Wein gestern dringend benötigt?“

Vorstellen konnte sie es sich nicht.

„Ganz genau“, bestätigte er jedoch.

„Dann hätten Sie eben einen anderen serviert.“

So schwer konnte das schließlich nicht sein.

„Wenn Sie meinen“, schnaufte er leicht genervt. Dann löste er seinen Blick von ihrem und wandte sich ab.

Gleich würde er gehen.

„Es scheint fast so, als hätte jeder ein Problem wegen der zerbrochenen Flaschen bekommen“, kam sie ihm entgegen.

Er drehte sich erneut zu ihr. „Das kann man so sagen.“

„Das tut mir leid“, kommentierte sie höflich, obwohl sie an dem Desaster völlig unschuldig war.

„Gefällt es Ihnen, den See zu betrachten?“, wechselte er plötzlich das Thema.

„Ja, ich mag die Ruhe der Natur.“ Wenn er nun Lars ins Spiel brächte, würde sie hocherhobenen Hauptes an ihm vorbeistürmen.

„Das ist das Besondere an dieser Gegend.“

„Ich habe noch nicht viel davon gesehen.“ Am liebsten hätte sie sich auf die Zunge gebissen. Eine bessere Vorlage, um ihn erneut an ihre Beziehung zu dem Studenten zu erinnern, konnte sie ihm kaum liefern.

„Sind Sie mit dem Zug angereist?“

„Nein, mit dem Wagen.“

„Na, dann steht ein paar Ausflügen doch nichts im Wege. Es gibt zahlreiche Burgen, eine Tropfsteinhöhle, aber auch Sommerrodelbahnen und natürlich unzählige Wanderwege.“

„Hm.“

„Klingt nicht sehr begeistert.“

„Ich bin es nicht gewohnt, allein …“ Sie stockte.

„Verheiratet?“, fragte er direkt.

Erneut kroch ihr die Hitze in die Wangen, doch tapfer nickte sie.

„Sieht nach einer Auszeit aus“, murmelte er.

„Ich bin nicht so, wie Sie denken“, rutschte es ihr heraus.

„Was denke ich denn?“ Ernst blickte er sie an.

„Sie halten mich für …“ Für was? Sie konnte sich doch kaum selbst schlechtmachen.

„Ich halte Sie für eine unglückliche Frau. Das ist alles.“

Uff. Das machte es nun auch nicht besser.

„Warum?“, hakte sie dennoch nach.

Wieder bohrte sich sein Blick in ihren. „Weil Sie sich sonst anders verhalten würden.“

Sandra kniff die Lippen aufeinander.

„Ist Ihnen kalt?“, erkundigte er sich mit einem Mal.

„Nein … ja“, stotterte sie.

Verdammt! Er war ihr einfach zu nah.

Er war nicht so schlaksig wie Lars, sondern wirkte schrecklich muskulös, als würde er regelmäßig trainieren. Sie hatte noch nie so einen kräftigen Mann berührt und seine Stärke genossen.

Verdammt! Ihre Fantasie ging mit ihr durch.

„Sie sollten in Zukunft eine Jacke mitnehmen.“ Seine Hände strichen leicht über ihre nackten Arme.

Und blieben darauf liegen.

Sie regte sich nicht, hätte es nicht über sich gebracht, sie fortzuziehen.

Sandra legte ihren Kopf in den Nacken, um in sein Gesicht schauen zu können. „Und jetzt?“, hauchte sie.

„Jetzt werde ich dich küssen.“

Schon beugte er sich über sie. Seine Lippen waren weich und fest zugleich. Dann eroberte seine Zunge ihren Mund und der Kuss war alles andere als vorsichtig. Fast schien es, als würde er Besitz von ihr ergreifen. Allein die Vorstellung schickte einen Stromstoß zwischen ihre Schenkel. Am liebsten hätte sie sich an ihn geschmiegt. Dann hätte sie vielleicht eine harte Beule fühlen und sie sogar befreien können. Hier am Steg vorm Hotel.

Sie war wahnsinnig! Aber der Gedanke erregte sie, entfachte ein beinahe schmerzhaftes Ziehen in ihrem Unterleib und ließ ihr Höschen feucht werden.

Da fasste er ihre Hände, zog sie nach hinten auf ihren Rücken und hielt sie dort zusammen fest. Ihre Brust reckte sich ihm nun förmlich entgegen. Er schob sein Bein zwischen ihre Schenkel. Sie konnte nicht anders handeln, als ihre Scham fest dagegenzupressen.

„Und jetzt?“, hauchte sie erneut.

„Jetzt gehst du in dein Zimmer und wartest dort auf mich.“

Wie bitte?

„Ich muss noch kurz in der Küche vorbeischauen.“

Nein!

Sie wollte nicht wie ein kleines Mädchen aufs Zimmer geschickt werden und auf ihren Auserwählten warten. Sie war eine erwachsene Frau und wollte jetzt Sex. Jetzt und hier.

„Nein“, knurrte sie.

„Nein?“ Es klang fast ein wenig belustigt.

Da gab sie ihrem spontanen Wunsch nach und sank in die Knie.

Er trug Jeans, hinter deren Reißverschluss sich eine sichtbare Beule abzeichnete. Sandra hauchte einen Kuss darauf und ließ ihre Hand an der Innenseite seiner Schenkel nach oben wandern.

Er keuchte leicht auf.

Er? Sie kannte nicht einmal seinen Namen.

So ging das nicht!

„Wie heißt du eigentlich?“, nuschelte sie.

„Runter vom Steg und rüber zu den Büschen“, knurrte er, ihre Frage missachtend.

Unsanft fasste er in ihr Haar und zog sie auf die Beine. Dann schob er sie vor sich her, die Hand an ihrem Genick. Den Steg zurück, in Richtung der Sträucher, die den See umgaben. Zielsicher führte er sie durch das Gestrüpp hindurch zu einem großen Baum.

„Hose runter und am Stamm festhalten“, kommandierte er.

Sandra schluckte. So war sie noch nie behandelt worden. Carsten nervte zwar schrecklich und brachte sie mit seiner Pingeligkeit an den Rand des Wahnsinns, aber klare Anweisungen erteilen, das war, zumindest im Bett, nicht so sein Ding. Er handelte eher nach dem Motto *Ich mache, was mir gefällt*. Und das war nie etwas anderes als die Missionarsstellung. Die fand sie zwar ganz nett, doch hätte sie manchmal gern etwas Neues ausprobiert. Nur so zum Vergnügen. Sie wollte beim Sex auch nicht hören, welche Position sich am besten für eine mögliche Befruchtung eignete. Wahrscheinlich hätte er es noch fertiggebracht, sie auf den

Kopf zu stellen, damit sein Sperma ja den Weg zu ihrem Eileiter fände. Stets hatte er verächtlich geschnaubt, wenn sie ihn einmal reiten wollte. Und Sex im Auto gab es auch nicht. Schließlich könnten die Sitze beschmutzt werden. Mittlerweile wurde sogar im Bett ein Handtuch unter ihren Hintern geschoben oder sie musste sofort danach ein neues Laken über die Matratze ziehen.

Und nun sagte ihr dieser Mann, dessen Name sie nicht einmal kannte, was sie tun sollte. Hier in freier Natur.

Wieder, dachte sie, *aber ganz anders als heute Vormittag*.

Sie wusste, sie sollte zum Psychiater gehen und eine Therapie beginnen, denn sie war bestimmt sexsüchtig. Anders konnte sie sich ihr Verhalten nicht erklären. Doch sie hatte sich in ihrer Ehe so lange beherrscht und zurückgehalten, dass sie einfach ausgehungert war nach Berührung und Zuwendung.

„Jetzt!" Allein seine Stimme jagte ihr ein Frösteln über die Arme und ein heißes Pochen zwischen ihre Schenkel. Gehorsam öffnete sie die Jeans. Normalerweise sollte sie sich aufreizend bewegen, aber das traute sie sich dann doch nicht. Vielleicht, weil sie nicht die passenden Klamotten für ein verführerisches Schwingen ihrer Hüften trug. So öffnete sie lediglich Knopf und Reißverschluss ihrer Jeans und schob sie über ihre Hüften. Den Slip ließ sie folgen.

„Ich heiße Sven", hauchte er ihr von hinten ins Ohr.

„Sandra", keuchte sie, als er über ihren Hintern strich.

„Einen schönen Arsch hast du", raunte er. „Steig aus deinen Hosen, beug dich nach vorn und halte dich an dem Stamm fest. Dann möchte ich, dass du deine Füße auseinanderstellst, was allerdings mit den Stoffbergen an deinen Beinen schwierig wird."

Glücklicherweise sah er nicht, wie ihr die Hitze erneut in die Wangen stieg. Unerotischer, als mit den Hosen um die Knöchel, hätte sie sich einem Mann kaum zeigen können. Schnell schlüpfte sie heraus.

Svens Hände lagen an ihren Hüften. Seine rechte entfernte sich und drückte sacht gegen ihren Rücken, sodass sie sich nach vorn beugen musste. Schnell fanden ihre Hände den Stamm, der ihr einen gewissen Halt bot.

„Ein wirklich schöner Hintern", ertönte es erneut.

Sven hörte sich so überzeugt an, dass sie nicht an seinen Worten zweifelte. Carsten hatte ihn nie als schön bezeichnet. Wahrscheinlich hatte er etwas mit seinen Augen.

Svens Hand glitt zwischen ihre Schenkel, fand ihr Klit und strich sanft darüber.

„Du bist nass", stellte er fest. Eine Tatsache, die ihr bekannt war. Weiter umspielte er ihre Klit und sie konnte nicht anders, als ihm ihren Hintern förmlich entgegenzustrecken. Da drang er mit zwei Fingern in ihre pochende Pussy ein und weitete sie.

Ein Keuchen drang über ihre Lippen. Doch schnell erinnerte sie sich daran, dass der Weg in der Nähe war, und presste sie fest aufeinander. Doch Sven kannte kein Mitleid und bewegte seine Finger nun vor und zurück, während er gleichzeitig ihre Klit stimulierte. Da spürte sie, wie sich der süße Druck der Lust in ihr aufbaute. Sven schien es zu bemerken, denn er entzog ihr just in dem Moment seine Hand.

Nein!

Sie hörte, wie ein Reißverschluss heruntergezogen wurde, gefolgt von dem Geräusch einer zerreißenden Plastikfolie. Sein Schwanz streifte ihren Schenkel, dann drückte sich seine Eichel gegen ihre Scham. Kurz berührte Sven ihre Klit, um daraufhin seine Erektion komplett in sie zu schieben. Ein Gurgeln entrang sich ihrer Kehle. Seine Hände hatten mittlerweile an ihre Hüften gefunden, und er begann, sich in ihr zu bewegen. Langsam glitt er mit seinem Schwanz immer wieder in sie. Die ungewohnte Stellung ließ sie seine Stöße viel intensiver wahrnehmen, da er so tief in sie dringen konnte. Er steigerte seinen Rhythmus, und Sandra griff fester nach dem Stamm. Zu gern hätte sie ihre Wange Halt suchend an das Holz geschmiegt, aber Sven ließ es nicht zu. Er hielt eisern ihre Hüften fest und ihren Körper unter Spannung, sodass ihre Arme gestreckt blieben. Sie fühlte sich ausgeliefert und dieses Gefühl schickte wahre Stromstöße in Richtung ihres Unterleibs. Erneut fand Svens Finger an ihre Lustperle. Ihr Körper verkrampfte sich, ihr Kopf bog sich weit in den Nacken. Etwas in ihr explodierte, zerschellte in tausend einzelne Facetten und schickte ein Meer aus kleinen Zuckungen bis in ihre Fingerspitzen und ihre Zehen. Sven presste sich mit einem letzten heftigen Stoß tief in sie. Auch er war zum Höhepunkt gekommen.

Tief atmend krallte Sandra sich am Baumstamm fest und verharrte in der vorgegebenen Stellung.

Svens Hände lagen noch an Sandras Hüften, während sein Schwanz in ihrer Pussy steckte. Sein Atem ging schnell. Nie hätte er damit gerechnet, sie ficken zu dürfen. Noch dazu hier, in freier Natur. Wenn das die Hoteliers erfahren würden … Er hatte sich nicht beherrschen können und gedacht, zu träumen, als sie vor ihm auf die Knie gesunken war.

Langsam zog er seinen Penis aus ihr und entfernte das Kondom. Sandra hielt immer noch den Stamm umklammert und reckte ihm ihren Arsch entgegen. Zu süß sah sie aus. Und irgendwie unschuldig. Seltsamerweise glaubte er sogar, dass sie es eigentlich auch war. Sie war nicht die Art Frau, die ihren Mann betrog. Aber hier schien ihr Liebesleben irgendwie aus dem Ruder gelaufen zu sein.

Sven zog seine Boxershorts und seine Jeans hoch und schloss Reißverschluss und Knopf.

„Alles okay?“, fragte er, fasste sie um die Taille, damit sie sich aufrichten und er sie in seine Arme schließen konnte.

„Ja“, kam es von seiner Brust, an die sie sich kuschelte. Nur mühsam konnte er sich ein Grinsen verkneifen.

„Was hältst du davon, wenn du jetzt in dein Zimmer gehst und auf mich wartest, bis ich in der Küche nach dem Rechten gesehen habe?“

„Wie kommst du auf die Idee, dass ich dich noch mal treffen möchte?“, murmelte sie.

Hatte er sich verhört?

Sandras Rücken bebte leicht. Sie lachte.

Sven ließ seine rechte Hand auf ihren Hintern gleiten und gab ihr einen leichten Klaps.

„Jetzt werde ich auch noch eine Forderung an dich stellen“, knurrte er.

„Wirklich?“ Immer noch drang unterdrücktes Lachen aus ihrer Stimme.

„Hm.“

„Und die wäre?“, erkundigte sie sich neugierig.

„Du hast fünfzehn Minuten Zeit, dich zu duschen.“

„Danke“, antwortete sie trocken.

„Aber keine Minute länger, denn ich möchte, dass du mich nackt empfängst.“

„Und wenn ich das nicht möchte?“

„Dann sag es jetzt, denn dann fahre ich nach Hause!“

Es war ein Spiel, und er hatte keine Ahnung, ob sie sich darauf einlassen würde. Wenn er Pech hatte, musste er nachgeben oder auf eine Fortsetzung des Abends verzichten, was er sehr bedauern würde. Sandra reizte ihn außerordentlich und er wollte ihre Erregung noch weiter steigern. Er ahnte, dass es ihr gefiel, wie er sie behandelte. Zumindest schien sie nichts dagegen zu haben, etwas Neues zu erleben.

„Du würdest wirklich heimfahren?“ Ein klein wenig Unsicherheit lag in ihrer Stimme, was ihm sagte, dass er das kleine Spielchen fortführen konnte.

„Ja“, entgegnete er.

Wenn sie ihm nun eine gute Heimreise wünschte, hätte er verloren.

„Ich denke, dass es dir und mir gefallen würde, wenn du dich an meine Anweisung hältst“, fügte er vorsichtshalber hinzu. Schließlich wollte er sich nicht wie ein totaler Macho anhören.

„Wie kommst du darauf?“

Intuition, lag es ihm auf der Zunge, aber er sprach es nicht aus. „Ein Gefühl“, antwortete er deshalb.

„Bist du ein Gefühlsmensch?“

Was für eine Frage!

„Manchmal“, wich er aus.

„Wie meinst du das?“, hakte sie prompt nach.

„Ich gebrauche auch gerne meinen Verstand.“

„Und was würde siegen, wenn du dich für eins davon entscheiden müsstest?"

Er überlegte. „Mein Kopf muss dem Herz zustimmen."

„Also doch kein Gefühlsmensch", stellte sie trocken fest.

Er schwieg.

„Wenn ich mich deinem Wunsch nun nicht füge, würdest du also wirklich nach Hause fahren, weil dein Verstand der Meinung wäre, dass du mir nicht nachgeben darfst?"

Wie scharfsinnig sie doch war! Das Schlimme war, dass sie recht hatte.

„Du solltest dich also am besten in dein Zimmer begeben, um dem vorzubeugen." Sven versuchte nun, seine Stimme betont locker klingen zu lassen.

„Ich weiß nicht, ob ich das jetzt noch kann." Sie kicherte.

Na toll!, fuhr es ihm durch den Kopf. Jetzt hatte sie mit einem Mal die Führung übernommen. Allein, weil sie ihn durchschaut und es auch noch ausgesprochen hatte.

„Was?", knurrte er. „In dein Zimmer gehen?"

„Das schaffe ich gerade noch so." Immer noch klang sie amüsiert.

„Dann bin ich ja beruhigt."

„Wirklich?"

„Ja", gab er zu.

„Dann lass dir nicht zu lange Zeit", ermahnte sie ihn. „Fünfzehn Minuten. Nicht kürzer, aber auch nicht länger. Okay?"

„Ja", wiederholte er. Auch er musste sich nun ein Schmunzeln verkneifen. Sehen wollte sie ihn also.

Kapitel 6

Sandra schloss die Tür und riss sich die Klamotten vom Körper. Natürlich fügte sie sich Svens Wünschen, aber nicht, weil er sie dazu aufgefordert hatte, sondern weil sie sich duschen wollte und sich ebenfalls auf die kommenden Stunden freute. Nackt lief sie ins Badezimmer und betrat die ebenerdige Duschkabine. Sandra drehte den Hahn auf und ließ das lauwarme Wasser über ihren Körper rieseln. Sie griff nach dem Duschgel, drückte ein wenig aus der Tube und verteilte es zwischen ihren Händen. Dann fuhr sie über ihre Brüste, hinab zu ihrem Bauch und weiter zwischen ihre Schenkel. Da sie den Wasserstrahl nur auf ganz sanft eingestellt hatte, hatte sie auch die Kabinentür nicht vollständig zugezogen, sodass sie sich im Spiegel an der gegenüberliegenden Wand betrachten konnte. Sie wusste gar nicht, was Carsten ständig an ihr herumzumäkeln hatte, denn sie war immer noch eine attraktive Frau mit einem wohlgeformten Körper. In diesem Moment wusste sie, dass sie Svens Wunsch nachkommen und ihn nackt empfangen würde.

Sandra betrachtete weiterhin ihr Spiegelbild.

Sven war ganz anders als Lars. Viel männlicher. Dominanter in seiner Art. Aber dann gab es da auch noch eine weiche Seite. Die Seite, die er scheinbar nicht gern nach außen kehrte. Sie war sich sicher, dass er nicht nach Hause gefahren wäre, wenn sie seinem Wunsch nicht nachgekommen wäre. Vielleicht hätte er sie einfach in den Arm genommen und versucht, sie auf andere Art und Weise zu überzeugen, das zu tun, was er von ihr verlangte.

Und genau das war es, was sie reizte und gleichzeitig ansprach, denn Sven vermittelte ihr ein Gefühl der Sicherheit.

Immer noch blickte sie in den Spiegel und genoss es, ihren nackten Körper zu betrachten. Ihr Finger fand zwischen ihren Schamlippen zu ihrer Klit. Sanft drückte sie dagegen. Sie war schon wieder nass. Allein die Vorstellung, Sven nackt zu empfangen, schickte ein erwartungsvolles Ziehen in ihren Bauch. Sven würde vollständig bekleidet sein und sie nur darauf warten, von ihm berührt zu werden. Ihr Finger glitt schneller über ihre Lustperle. Ihr Kopf sank in den Nacken und schon jagte ein erneuter Orgasmus durch ihren Körper.

Sandra duschte zu Ende, dann trat sie aus der Kabine und trocknete sich ab. Auf eine Lotion verzichtete sie. Frisch duftete sie sowieso, und ihr war momentan nicht nach zu viel Creme auf der Haut. Ein erneuter Blick in den Spiegel. Alles gut. Sogar ihr Nagellack war noch nicht abgeblättert. Perfekt.

Nervös verließ sie das Bad und lief in ihrem Zimmer auf und ab. Aufgeräumt war es, denn das war sie von zu Hause gewöhnt. Carsten verlangte es. Sogar die Bettdecken mussten millimetergenau liegen. Wie alles in ihrer Wohnung. Beim Besteckkasten angefangen und bei den Socken aufgehört. Jedes noch so kleine Teilchen lag normalerweise in Reih und Glied. Selbst bei einem gemütlichen Fernsehabend durfte kein Glas auf dem Couchtisch stehen. Getrunken wurde in der Küche, und selbst dort gab es einen festen Platz, an dem die zwei Gläser zu stehen hatten. Es gab keine angebissenen Brotscheiben oder halb volle Tassen Kaffee. Es wurde zu festen Zeiten gegessen, danach hatte die Küche wieder vor Sauberkeit zu glänzen. Selbst im Geschirrspüler musste sich alles an der dafür vorgesehenen Stelle befinden. Sandra stöhnte. Immer mehr fiel ihr auf, dass ihr Leben komplett anders verlief, als sie es eigentlich führen wollte. Sie war nur zu sehr den üblichen Trott gewohnt und hatte sich Carstens Pingeligkeit angepasst, da sie eine direkte Konfrontation gern vermied. Streitgespräche mit ihm zermürbten sie, weil sie meist unter die Gürtellinie gingen.

Einem spontanen Entschluss folgend, trat sie ans Bett und fasste nach der Decke, um sie aus ihrer Reih-und-Glied-Lage zu befreien. Ein kurzes Rucken und Schütteln, dann warf sie sich nackt darauf. Ihr Kopf landete mit Schwung auf dem glatt gestrichenen Kopfkissen.

Behaglich rekelte sie sich. Nein, hier musste nichts perfekt sein. Auch sie nicht. Carsten war jedoch ein Mensch, der Perfektion für sein Wohlgefühl benötigte. Das war leider auch der Streitpunkt in ihrem gemeinsamen Leben, denn es gelang ihr zwar, den Haushalt einigermaßen so zu führen, wie er es mochte, doch sie entsprach nicht mehr seiner Vorstellung von einer attraktiven Frau.

Es klopfte an der Tür. Sandra schoss hoch. Schade, dass sie zum Öffnen aufstehen musste. Es hätte ihr besser gefallen, wenn Sven sie bereits auf dem Bett liegend vorgefunden hätte. Doch so blieb ihr nichts anderes übrig, als zur Tür zu gehen.

Sie räusperte sich. „Ja?"

„Sven."

Seine volle Stimme ließ ihren Bauch sofort wieder erwartungsvoll kribbeln.

Sandra öffnete die Tür nur einen Spalt. Schließlich wollte sie nicht gesehen werden. Doch Sven war bei Weitem nicht so gehemmt.

Wahrscheinlich wusste er, dass der Gang menschenleer war.

Oder nicht?

Leise Stimmen drangen an ihr Ohr.

Das Kribbeln in ihrem Bauch verstärkte sich. Die Gefahr, nackt entdeckt zu werden, reizte sie, obwohl sie es nicht wahrhaben wollte. Also verließ sie ihren sicheren Platz im Schatten der Tür und lief mit schwingenden Hüften in die Mitte des Zimmers. Die Tür stand immer noch offen, als wäre es das Normalste auf der Welt, und Sven ließ sich ziemlich viel Zeit, um sie zu schließen.

Wie ein dunkler Schatten stand er da. Groß und breitschultrig. Endlich schloss er leise die Tür und trat näher. Auch er blieb etwa in der Mitte des Raumes stehen, allerdings etwa einen Meter von ihr entfernt. Seine Augen wurden schmal, und sein Blick strahlte puren Hunger aus, als er ihn an ihrem Körper auf und ab wandern ließ. Normalerweise hätte sie die Arme vor ihrer Brust verschränkt, aber sie fühlte sich von Sven begehrt, sodass sie überhaupt nicht auf den Gedanken kam. Sie genoss den Hunger in seinen Augen, ebenso wie die wachsende Beule in seiner Jeans.

Svens Arme hingen locker neben seinem Körper herab. Er wartete. Wartete, dass sie handeln würde. Aber warum? Vorhin hatte er noch versucht, den Ton anzugeben, und nun tat er nichts, außer dazustehen und sie anzusehen. Ihre Lust verringerte sich, sie wollte, dass er in Bewegung kam und endlich etwas unternahm. Doch er tat ihr den Gefallen nicht.

Na, dem würde sie schon auf die Sprünge helfen …

Sandra fasste mit der linken Hand an ihre Brust und kniff leicht in ihre Knospe. Sofort wurde ihre Brustspitze hart. Da fasste sie an ihre andere und kniff ebenfalls hinein. Svens dunkle Augen glühten. Sein Blick war fest auf ihr Tun gerichtet. Sandra strich sich fest über ihren Bauch und ließ ihre rechte Hand zwischen ihre Schenkel gleiten. Ihre Scham war feucht und glitschig. Als sie kurz über ihre Lustperle strich, trieb es ihr ein Stöhnen über die Lippen.

„Hör auf!“ Svens Stimme klang rau und belegt.

Aufhören? Warum? Genoss er nicht, was er sah?

„Stopp!“, wiederholte er erneut. Und dieses Mal klang er ziemlich dominant.

„Warum?“

Sven trat vor sie, hob ihr Kinn an und strich mit dem Daumen über ihre Lippen. Eigentlich dachte sie, dass er sie küssen würde, aber das tat er nicht. Seine Hand verließ ihr Gesicht, legte sich auf ihre Schulter und drückte sie vor sich auf die Knie. Vollkommen nackt sank sie langsam vor ihm zu Boden. Sandra schluckte. Sie liebte den Anblick kräftiger Schenkel, die in einer engen Jeans steckten. Ebenso wie sie es liebte, wenn sich die Hose bei jeder kleinen Bewegung leicht über die Muskeln spannte.

Sandra legte ihre Hände an seine Schenkel. Sofort spürte sie, wie sie sich unter ihrer Berührung verhärteten. Ihre Hände wanderten über seine Hüften zu seinem knackigen Hintern. Es war ein Genuss, ihn zu berühren. Ihr Kopf sank nach vorn. Nun waren es ihre Lippen, die den groben Jeansstoff schmecken und seine verhüllten Muskeln liebkosen wollten. So wanderte ihr Mund an der Innenseite seiner Schenkel hinauf. Leicht spreizte Sven die Beine. Sanft stieß sie mit der Nase gegen seine Hoden, dann hauchte sie Küsse darauf, bevor sie sich seiner Erektion zuwandte und seiner Fülle leicht knabbernd folgte. Da griff er nach seinem Gürtel.

„Nein!“, zischte sie.

„Nein?“ Seine Stimme klang belegt. Ein Stöhnen folgte.

„Ich will ihn öffnen.“

Sven antwortete nicht, aber ließ seine Arme wieder neben seinem Körper hinabhängen.

Sandras Finger zitterten leicht, aber sie genoss die Macht, die sie nun über ihn hatte. Sie fasste das weiche Lederband und zog es zurück, sodass der Dorn aus dem Loch glitt und sie die Schnalle öffnen konnte. Sie mochte den Geruch von Leder, ebenso wie sie seine Weichheit liebte.

Eine Hose aus diesem Material würde ihr an Sven genauso gut gefallen wie die Jeans. Vielleicht sogar noch besser.

Mit leichtem Bedauern ließ sie den Gürtel locker an den Schlaufen seiner Hose hängen. Sein Schwanz zeichnete sich nun deutlich durch den Stoff ab. Sandra hauchte einen Kuss darauf und liebkoste dann seine Länge. Wieder entwich Sven ein tiefes Stöhnen. Seine Hände zuckten leicht, als könnte er sich nicht mehr lange beherrschen. Sandra wusste, dass er irgendwann in ihr Tun eingreifen würde, um sich die Erfüllung zu holen, nach der er sich verzehrte.

Sandra fasste nach dem Hosenbund und schob den Knopf aus dem Loch. Das Öffnen des Reißverschlusses stellte schon ein größeres Problem dar, da sich Svens Schwanz groß und hart gegen das Metall drückte. Sie griff erneut in den Bund, zog ihn so weit wie möglich von seiner Haut, fasste mit der anderen Hand an den Schieber und schob ihn langsam abwärts. Svens Erektion reckte sich ihr förmlich entgegen und wurde nur noch von den Boxershorts gehalten. Doch diesem Stoffstück würde sie sich erst widmen, wenn sie Sven von der Jeans befreit hatte. Ihre Hände legten sich auf seine Hüften, fuhren nach hinten zu seinem Arsch und schoben die Hose hinab. Das Stöhnen, das nun über seine Lippen drang, kam tief aus seinem Inneren. Doch auch ihre Pussy pochte vor Verlangen, und sie wusste um die Nässe an ihrer Scham, die immer mehr wurde. Am liebsten hätte sie sich kurz gestreichelt, um wenigstens einen Hauch Befriedigung zu erhalten. Natürlich tat sie nichts dergleichen, sondern schob die Jeans über seine kräftigen Oberschenkel. Eigentlich hätte sie seine Sneaker ausziehen müssen, aber das unterließ sie. So blieb die Hose erst einmal an seinen Knöcheln hängen. Sie lugte nach oben. Gewaltig presste sich Svens großer Schwanz gegen den Stoff der Shorts. Erneut griff sie in den Bund und hob ihn vorsichtig darüber. Seine Eichel ragte genau vor ihrem Mund in die Höhe. Doch sie ließ sich nicht von dem Anblick ablenken, sondern fasste wieder nach seinem Hintern und schob nun die Shorts ebenfalls an seinen Beinen hinab.

Dann blickte sie auf seine Eichel, auf die samtweiche Haut, die sich über seiner Kuppe spannte. Erst hauchte sie einen Kuss darauf, doch dann stülpte sie ihre Lippen zärtlich darüber. Ihre Hände würden gleich wieder zu seinen Arschbacken wandern, da sie das Spiel seiner Muskeln spüren wollte. Sie saugte an seiner Eichel und ließ dabei die Zungenspitze in den kleinen Schlitz gleiten. Erneut drang ein Stöhnen aus den Tiefen seiner Brust.

Seine Hand griff in ihre Haare.

Nein!

Solange sie noch konnte, rückte sie ihren Kopf gerade und ließ seinen Schwanz aus ihrem Mund gleiten. Ein leichter Widerstand ging von der Hand in ihrem Haar aus, doch sie musste schließlich handeln, sonst würde Sven es nicht mehr zulassen. Aber sie wollte diejenige sein, die ihn genießen und ein klein wenig leiden ließ. Ihr Wunsch war es, ihm so viel Lust wie möglich zu bereiten. Ein unvergessliches Erlebnis wollte sie ihm bieten. Und dazu konnte sie ihn noch nicht gewähren lassen.

Leicht klopfte sie gegen die Innenseiten seiner Schenkel. Er trat einen Schritt zur Seite, sodass sich ihr mehr Raum bot. Raum, um ihn mit ihren Lippen zu verwöhnen. Ihre Zunge fuhr über seine Beine. Hinauf und wieder hinab. Svens Hand verirrte sich erneut in ihrem Haar, und da wusste sie, dass sie nicht ewig weiter mit ihm spielen durfte. Sie küsste seine Hoden und kitzelte sie mit der Zunge. Gern hätte sie ein wenig an ihnen gesaugt, aber das war in dieser Stellung nicht möglich. Also leckte sie an seinem Schaft entlang, Richtung Eichel. Als sie wieder hinabgleiten wollte, zog er ihren Kopf zurück, hielt die Kuppe seines Schwanzes an ihre Lippen und drückte leicht dagegen. Sofort öffnete sie ihren Mund, um ihn zu liebkosen, aber er trieb ihn in sie hinein.

Sandra musste sich erst an die Fülle gewöhnen, und ein wenig fürchtete sie, dass seine Eichel zu tief eindringen würde und sie würgen müsste. Doch Sven stoppte die Bewegung, kurz bevor es unangenehm für sie werden konnte. Er zog sich aus ihrem Mund zurück, um seine Erektion gleich darauf erneut in sie zu schieben. Anfänglich hatte sie ihre Hände an seine Hüften gelegt, um seine Bewegungen kontrollieren zu können. Doch sie vertraute ihm, dass er ihr nicht zu viel zumuten würde. Deswegen löste sie ihre rechte Hand und senkte sie zwischen ihre Schenkel.

„Nein!“, hörte sie ihn sagen.

Nein?

„Leg dich aufs Bett!“

Widerwillig ließ sie seinen Schwanz aus ihrem Mund gleiten. Sven reichte ihr die Hand und zog sie auf die Beine. Ziemlich wackelig stand sie da, ein wenig überfordert mit dem, was auf sie eingeströmt war und es immer noch tat.

„Auf den Rücken“, erteilte er eine weitere Anweisung. „Und nur bis zu den Knien. Die Füße stellst du am Boden ab.“

Wie in Trance ging sie zu dem Bett und begab sich in die gewünschte Position. Sven zog die Schuhe und seine Jeans aus, griff in die Tasche und holte ein Kondom hervor. Dann trat er zu ihr und blickte auf sie hinab. Sein Schwanz stand steif von ihm ab. Ruhig öffnete er die Folie, holte das

Kondom hervor und rollte es über seine Erektion. Dann ließ er sich auf die Knie sinken, legte seine Hände an ihre Beine und spreizte sie, bevor er sich zu ihr hinabbeugte und leicht auf ihre nasse Scham pustete. Beinahe hätte sie instinktiv die Schenkel wieder geschlossen, aber sein Oberkörper versperrte ihr den Weg. Sein Gesicht näherte sich ihrer Mitte, während sein Dreitagebart dabei über die weichen Innenseiten ihrer Oberschenkel kratzte. Fast hätte sie kichern müssen. Doch da traf sie der nächste Luftstrahl, kurz bevor seine Zunge zwischen ihren Schamlippen hindurch zu ihrer Klit fand. Ein gurgelnder Laut entrang sich ihrer Kehle. Noch nie hatte ein Mann sie auf diese Art verwöhnt. Svens Zunge umkreiste ihre Perle und er saugte leicht an ihr. Sandra krallte ihre Hände in sein Haar und drückte ihn noch fester an sich. Da fasste er ihre Unterarme und legte sie auf die Matratze. Sein Kopf entfernte sich von ihren Schenkeln. Stattdessen positionierte Sven seinen Schwanz an ihrer Scham. Sein Blick fand ihren, dann schob er sich in sie, bis er sich komplett in ihr versenkt hatte. Sandra schloss genussvoll die Augen.

Sven sah Sandras verhangenen Blick, kurz bevor sie die Lider senkte. Langsam, aber stetig schob er sich in sie, bis er sie vollkommen ausgefüllt hatte. Sandras Wimpern flatterten leicht, was ihm zeigte, wie sehr sie seine Fülle spürte. Kurz ließ er ihr Zeit, sich daran zu gewöhnen, dann zog er sich zurück, um erneut in sie zu stoßen. Er war kein dominanter Mann, aber er liebte es, hart zu ficken. Ebenso wie er es mochte, den Genuss, den dies einer Frau bereiten konnte, an ihrem Gesicht abzulesen. Immer leichter glitt sein Schwanz durch ihre nasse Enge. Da umschlossen ihn ihre inneren Muskeln immer fester, als würde sie sie absichtlich anspannen. Sein Schwanz reagierte sofort auf den neuen Impuls. Er wollte sie nur noch ficken und sich in ihr ergießen. Ein kurzer Blick aus Sandras Augen traf ihn. Sie spürte genau, wie seine Reaktion ausfiel. Dieses Wissen trieb ihn noch weiter an. Seine Leisten klatschten auf ihr weiches Fleisch, und er stieß seinen Schwanz immer härter in sie, um schließlich tief in ihr zu explodieren.

Verdammt! Er hatte sich doch Zeit lassen und warten wollen, bis sie ebenfalls zum Höhepunkt gelangt war. Wie ein ungestümer Junge hatte er sich verhalten und nur an sich gedacht.

Er warf einen Blick in Sandras Gesicht. Ein zufriedener Ausdruck spiegelte sich auf ihren Zügen wider, aber auch ungestillter Hunger. Er zog seinen Schwanz aus ihr und das Kondom ab. Schnell stand er auf, um es im Badezimmer zu entsorgen. Sandra blieb liegen, rekelte sich jedoch leicht. Als er zurückkam, kniete er sich wieder vor sie, spreizte ihre Beine und beugte sich hinab, um seine Zunge über ihre Lustperle kreisen zu lassen.

Dieses Mal gab er nicht nach und steigerte die Stimulation, bis sich ihre Muskeln zusammenzogen und tausend kleine Zuckungen durch ihren Körper schossen, bevor sie sich wieder entspannte. Sven erhob sich und legte sich neben sie. Zufrieden hatte sie die Augen geschlossen.

Diese Frau brachte ihn wahrhaftig an seine Grenzen.

Er betrachtete sie, da öffnete sie ihre Lider und zwinkerte.

„Bist du eigentlich verheiratet?“

Er hatte mit vielem gerechnet, aber nicht mit so einer direkten Frage.

Verneinend schüttelte er den Kopf.

„Warum nicht?“

Sie redete nicht um den heißen Brei herum – das musste er ihr lassen.

Sven betrachtete sie nachdenklich. „Mir ist noch nicht die Frau über den Weg gelaufen, mit der ich mir eine Zukunft vorstellen könnte.“

„Vielleicht bist du zu wählerisch.“

Er überlegte. Ganz unrecht hatte sie nicht. „Ich halte nicht viel von Eheversprechen.“

Sandra schwieg kurz. „Möglicherweise nicht die schlechteste Einstellung.“

Ganz sicher nicht. Denn so konnte man auseinandergehen, ohne einen riesen Problemberg zu hinterlassen.

„Warum der Student?“, erkundigte er sich, einem kurzen Impuls folgend.

„Lars?“ Mit einem Mal klang sie unsicher. „Ich weiß es nicht.“

Er schwieg abwartend.

„Ich habe mich geschmeichelt gefühlt. Er ist jung und gutaussehend.“ Sie stockte. „Und ich bin alt und langweilig.“

„Was bist du?“ Er zog die Augenbrauen missbilligend in die Höhe.

„Alt und langweilig“, presste sie hervor.

Sie schien wirklich überzeugt davon zu sein.

„Glaubst du das wirklich?“

Sie runzelte die Stirn. „Das hier ist so unwirklich wie ein Traum.“

So kam es ihm auch vor.

„Und dein Mann?“

„Carsten?“ Sie überlegte. „Er sieht nicht mehr die Frau in mir. Vielleicht hat er sie nie gesehen. Wir haben uns einst gut ergänzt. Das habe ich zumindest gedacht.“

Die rosarote Brille und der Alltagstrott. Wahrscheinlich waren schon viele Beziehungen an dem Widerspruch von Vorstellung und Realität gescheitert.

„Willst du mir davon erzählen?“

„Ich habe mal gelesen, man soll mit seinem Liebhaber keinesfalls über seine Eheprobleme reden.“

Er wickelte sich eine ihrer Haarsträhnen um den Finger. „Ich würde dich nicht danach fragen, wenn es mich nicht interessieren würde.“

„Warum tut es das?“

Er überlegte und entschied sich für die Wahrheit, selbst wenn er sie damit verletzen sollte. Er mochte nicht lügen, denn das tat er eigentlich nie. „Ich hätte dir die Sache mit dem Studenten nicht zugetraut. Und vorhin am Steg hast du mich einfach überrascht."

„Positiv oder negativ?" Ihre Stimme klang unsicher.

„Überrascht eben. Das hat nichts mit einer Wertung zu tun." Er überlegte, wie er sich am besten ausdrücken sollte. „Du hast mich schon sehr gereizt", sagte er deshalb.

„Ich?", fragte sie fast ein wenig ungläubig.

„Ja."

„Wegen der Sache mit Lars?"

„Auch", gab er zu.

Sie presste die Lippen aufeinander, und er wusste, dass er sie verletzt hatte.

„Ich bin eigentlich nicht so", versuchte sie, sich zu verteidigen.

„Das ist mir bewusst."

„Wie?"

„Du hättest mich nicht interessiert, wenn ich der Meinung wäre, dass du ständig wechselnde Liebhaber hättest."

„Dann hättest du nicht mit mir geschlafen?"

„Das vielleicht schon, aber mich nicht mit dir unterhalten."

„Warum nicht?", quetschte sie hervor.

„Weil ich mir so eine Person niemals als meine Partnerin vorstellen könnte."

„Ohhh."

Er spielte weiter mit ihrem Haar. „Willst du mir jetzt erzählen, warum du eine Auszeit genommen hast?"

Sandra blickte nun nicht mehr ihn, sondern die Zimmerdecke an. „Ich habe sie gebraucht. Ganz dringend." Sie wurde leise. „Und merke jetzt erst, wie schlecht es mir eigentlich gegangen ist. Carsten kann vielleicht nicht einmal etwas dafür. Ich hätte mich wehren müssen. Schon vor Jahren."

„Wehren?", erkundigte er sich vorsichtig.

„Nicht, wie du jetzt wahrscheinlich denkst. Er hat mich nie körperlich bedrängt."

„Sondern?"

„Er hat mich mit seiner Bevormundung und seinen ständigen Vorwürfen erstickt. Er hat einen Sauberkeitsspleen und einen Bewegungswahn." Sie biss sich auf die Lippen. „Es darf nie irgendetwas herumliegen. Und wenn wir etwas unternehmen, wird zuvor ein Plan erstellt, an den wir uns minutengenau zu halten haben. Es gibt nie eine Zeit des Nichtstuns." Sie seufzte. „Ich kann das schwer erklären. Auch nicht, warum ich es als schlimm empfinde."

„Warum hast du nicht einfach deine Interessen durchgesetzt?", fragte er, obwohl er die Antwort bereits ahnte.

„Ich habe den Zeitpunkt verpasst."

„Und was hast du jetzt vor?", erkundigte er sich.

„Ich weiß es nicht. Es ist gar nicht so einfach. Viele kleine Verknüpfungen erschweren mir zusätzlich eine freie Entscheidung."

„Zum Beispiel?"

„Meine Chefin ist eng mit Carstens Mutter befreundet", erzählte sie.

„Würde sie Partei für deinen Mann ergreifen?" Er konnte es sich kaum vorstellen. Vielleicht sah Sandra doch ein bisschen zu schwarz. Andererseits kannte er die Menschen nicht, von denen sie erzählte.

Sie stützte nun ebenfalls ihren Kopf auf und blickte ihn direkt an. „Meine Chefin ruft immer mich an, wenn ein Erzieher aus unserem Team krank wird. Bin ich einmal nicht zu erreichen, kümmert sich Carstens Mutter darum, dass ich es bin."

„Erzieherin?", erkundigte er sich interessiert. „Arbeitest du in einem Kindergarten?"

„Ja."

„Was war zuerst da? Dein Arbeitsplatz oder dein Mann?"

Sandra errötete leicht. „Ich habe die Stelle auf Carstens Empfehlung hin bekommen. Zuvor habe ich weiter entfernt von meinem Heimatort gearbeitet."

Sven runzelte die Stirn. Er hielt nicht viel von solchen Gefälligkeiten.

„In der Stadt suchen sie eine Erzieherin in der integrativen Kita."

„Hier? Wo die Uni ist?"

Er nickte.

„Woher weißt du, dass es sich um eine integrative Einrichtung handelt?“

„Meine Nichte besucht sie.“

Sandra schwieg. Anscheinend sah sie, dass dies ein heikles Thema war. Es gab nichts auf der Welt, was er so in Schutz nahm wie das Kind seiner Schwester. Sie war Autistin und für ihn war dies mittlerweile völlig normal. Doch manch andere Leute in der Kleinstadt sahen das anders.

Sandra blickte ihn ernst an. „Bleibst du über Nacht?“, wechselte sie das Thema.

Er schüttelte den Kopf. „Nein. Ich muss morgen Vormittag arbeiten und davor muss ich nach Hause.“

„Schade.“

„Aber eine Stunde habe ich noch.“ Er beugte sich zu ihr hinab und küsste sie, während sie ihn auf sich zog.

Kapitel 7

Sandra fuhr auf den Parkplatz vor dem kleinen Supermarkt. Eigentlich hatte sie ins Schwimmbad gehen und die Sauna nutzen wollen, aber irgendwie hatte sie dazu überhaupt keine Zeit. Es gab Wichtigeres zu tun und seltsamerweise fühlte sie sich so fit wie schon seit Langem nicht mehr. Zu *Wichtigerem* zählte vor allem der Kauf von ein paar netten Dessous, denn sie verspürte nicht den Hauch von Lust, sich wieder über ihre nicht vorhandene Wäsche den Kopf zu zerbrechen, und sie konnte Sven ja nicht immer nackt empfangen.

Sven – er war in ihren Gedanken von null auf hundert geschossen und beschäftigte sie, für einen Urlaubsflirt, eigentlich viel zu sehr.

Sandra setzte sich die Sonnenbrille auf, stieg aus ihrem Fahrzeug und lief los. Der Ort war nicht groß, aber die Uni mit den zahlreichen Studenten hauchte ihm Leben ein. Fast ein bisschen zu viel Trubel für den verträumt wirkenden Ort, der mitten in einer atemberaubenden Landschaft lag.

Sandra blickte sich um. Die alten Bauwerke, das Kopfsteinpflaster, der Torbogen mit Ampelschaltung – hier würde es ihr gefallen. Es gab keine teuren Restaurants, sondern viele Cafés und Bistros. Im Sommer ein Traum, im Winter würde der Ort wahrscheinlich im Schnee versinken. Normalerweise hasste sie glatte Straßen, aber hier benötigte man nicht unbedingt ein Auto, um von A nach B zu gelangen. Es gab einen kleinen Busbahnhof und eine Zuganbindung natürlich auch.

Kirchenglocken läuteten. Wie lange hatte sie dieses Geräusch nicht mehr gehört beziehungsweise nicht mehr bewusst wahrgenommen? Sie blinzelte gegen die helle Sonne und entdeckte den Kirchturm, der majestätisch in den tiefblauen Himmel ragte. Tief atmete sie durch. So etwas wie Glück floss durch ihre Adern.

Gut gelaunt lief sie die Straßen entlang. Eigentlich suchte sie ein größeres Bekleidungshaus, doch bisher war sie nur an kleineren Boutiquen vorbeigekommen. Wahrscheinlich würde sie nachfragen müssen, sonst käme sie nie zu ihrer neuen Wäsche. In dem Moment fiel ihr ein bogenförmiges Schild mit der Aufschrift *Kunterbunt* ins Auge. Ein Kindergarten – was sonst? Ob es sich um die Tagesstätte handelte, in der Svens Nichte untergebracht war? Neugierig trat sie näher. Noch war alles ruhig und die Kinder spielten im Haus anstatt im Garten.

„Kann ich Ihnen behilflich sein?"

Sandra zuckte zusammen.

„Ich wollte Sie nicht erschrecken", sagte eine Frau um die fünfzig und lächelte sie freundlich an.

„Sind Sie auf der Suche nach einer Erzieherin?", rutschte es Sandra heraus.

Verwundert, aber auch leicht amüsiert, blickte die Frau sie an. „Ja."

Sandra merkte, wie ihr die Hitze in die Wangen stieg. „Ich verbringe ein paar Tage hier in der Gegend und habe gestern im Hotel zufällig davon erfahren."

„Ich wusste gar nicht, dass sich unser Stellengesuch sogar bis *ins Suite 6* herumgesprochen hat." Sie lachte. „Aber lassen Sie mich raten: Sie sind Erzieherin und haben sich in unsere wunderschöne Gegend verliebt."

„So kann man es sagen."

„Wollen Sie sich unsere Tagesstätte einmal ansehen?"

Sandra zögerte.

Warum sollte sie? Was hatte sie davon?

„Ja, gern", hörte sie sich antworten.

„Bitte schön." Die Frau öffnete ihr das Tor. „Arbeiten Sie schon lange in dem Beruf?"

„Seit zwölf Jahren."

„Und jetzt hätten Sie Lust, sich neu zu orientieren?"

„Es ist immer schön, neue Erfahrungen zu sammeln."

Was redete sie da nur? Sie hatte doch wohl nicht ernsthaft vor, ein Vorstellungsgespräch zu führen?

Schneller, als sie sich versah, war sie durch die einzelnen Gruppen geführt worden. Die liebevolle Atmosphäre, die in der Einrichtung herrschte, war in jedem einzelnen Raum zu spüren.

„Wollen Sie mir Ihre Referenzen zukommen lassen?“, erkundigte sich die Leiterin.

Sandra nickte. „Sehr gern.“

„Sie können die Unterlagen auch faxen oder per Mail schicken.“

„Falls ich für die Stelle infrage kommen sollte, wie sieht es eigentlich in der Stadt mit Wohnungen aus?“

„In unserem schönen Ort kann man ziemlich günstig leben. Es gibt zahlreiche Altbauten, in denen teilweise sogar noch mit Kohle geheizt wird. Außerdem ist vor ein paar Jahren am Stadtrand eine Neubausiedlung entstanden, wo ebenfalls ab und zu Apartments angeboten werden. Durch die vielen Studenten haben die Leute den Bedarf an Wohnfläche entdeckt, und manch einer ist froh über eine zusätzliche Einnahmequelle, die er durch eine Vermietung erzielen kann.“

Sandra nickte erneut.

„Dann höre ich nächste Woche von Ihnen?“

„Ja“, antwortete sie mit fester Stimme.

Vollkommen durcheinander verließ sie die Tagesstätte und ging weiter Richtung Fußgängerzone.

Was hatte sie getan?

Sie hatte versprochen, ihre Referenzen einzureichen, und sich nach der Wohnsituation in der kleinen Stadt erkundigt. Aber warum? Ihre Gedanken überschlugen sich. Hatte sie wirklich vor, sich von Carsten zu trennen? Natürlich hatte sie darüber nachgedacht, weil ihre Beziehung unrettbar am Ende war. Nur – hätte sie auch wirklich den Mut gehabt, diesen Entschluss in die Tat umzusetzen, wenn sich die Ereignisse nicht so überschlagen hätten? Wohl eher nicht. Insgeheim hatte sie angenommen, nach Hause zurückzukehren und ihr altes Leben weiterzuführen, um irgendwann innerlich zu zerbrechen oder zu akzeptieren, dass eine Ehe kein Zuckerschlecken war. Sie wusste ganz genau, dass sich im Falle einer Trennung ihr Freundeskreis auf Carstens Seite schlagen würde. Ebenso ihre Kolleginnen, von ihrer Chefin ganz zu schweigen. Aber nun wurde ihr plötzlich eine Gelegenheit für einen kompletten Neuanfang in einer anderen Stadt geboten, von dem sie nicht einmal zu träumen gewagt hätte. Die Vorstellung erschien ihr jedoch noch unwirklich und fremd.

Was Sven wohl sagen würde, wenn sie in seine unmittelbare Nähe ziehen würde?

Wahrscheinlich würde er sich überrannt fühlen.

Egal. Immerhin blieben ihr noch ein paar Tage, um sich den Kopf über ihre Zukunft zu zerbrechen.

Sandra sah das Bekleidungsgeschäft schon von Weitem. Nun würde sie sich erst einmal der Auffrischung ihrer Garderobe widmen. Als würde sie durch Watte laufen, bewegte sie sich auf den Eingang zu. Kurz orientierte sie sich an der Tafel, die ihr den Weg in den ersten Stock wies. Sandra trat auf die Rolltreppe und fuhr hinauf.

Ihr erster Blick fiel auf Badeartikel und Frotteemäntel. Natürlich waren die Dessous nicht vorn aufgebaut. Wahrscheinlich wollte man potenziellen Käufern das Gefühl geben, bei ihrer Auswahl weder gestört noch beobachtet zu werden. Auch ihr war das lieber, obwohl sie hier niemand kannte.

Zielstrebig verließ sie die Rolltreppe und lief an den Bademoden vorbei. Die ersten Ständer zeigten sportliche Wäschemodelle, ähnlich denen, die sie trug. Praktische Materialien wie Baumwolle und Mikrofaser, teilweise im Sonderangebot. Dann folgten Ständer mit Kleidungsstücken, die miederähnlichem Charakter besaßen. Erst im hintersten Eck tauchten hübsche Spitzenteile und die ein oder andere verruchte Korsage auf. Ehrfürchtig fasste sie die Dessous an und warf einen zaghaften Blick auf das Preisschild. Über hundert Euro … Schnell wandte sie sich ab. Das konnte sie sich nun wirklich nicht leisten. Und für einen Flirt war solch ein Outfit ebenfalls übertrieben. Dennoch ließ der alleinige Anblick ihr Höschen feucht werden. Nie hätte sie gedacht, dass ihr solche Dessous gefallen könnten. Aber sie taten es, regten ihre Fantasie und damit ihre Lust an. Dennoch musste sie es nicht übertreiben.

Sandra schmunzelte. Carsten würde vor Empörung die Hände über dem Kopf zusammenschlagen.

Aber warum? Als sie ihn kennengelernt hatte, war sie noch nicht so extrem bieder gekleidet gewesen. Doch das hatte ihm missfallen, was er auch geäußert hatte. Gelacht hatte er, als sie ihn damals nur in Jeans und BH empfangen hatte. Ein Lachen ohne Freude, denn eigentlich hatte er ihr Auftreten als billig empfunden, was er ebenfalls kundgetan hatte. Warum sie dennoch zueinandergefunden hatten, war ihr mittlerweile ein einziges Rätsel.

Bedauernd ließ sie von der Korsage ab und ging zu den Spitzenbodys. Mittlerweile trug sie Größe vierzig. Etwas, das Carsten nicht wissen durfte, weil er Fettleibigkeit, wie er es nannte, hasste. Und doch passte sie nicht mehr in Größe achtunddreißig, denn ihre Brüste waren gewachsen und ihre Hüften leider auch. Sie war insgesamt kurviger als noch vor ein paar Jahren, fand es aber nicht unattraktiv, weil sie, dank der vielen Bewegung, immer noch über einen relativ straffen Körper verfügte. Sandra zog einen der Bodys vom Ständer. Ein Traum aus schwarzer Spitze. Das Höschen bestand aus einem String mit lediglich zwei dünnen Stoffstreifen, die die Mitte frei ließen. So ein Kleidungsstück hatte sie noch nie gesehen, fand es aber äußerst praktisch. Ein Hauch Spitze an der Vorderseite des Bodys führte zum BH und ließ die Taille frei. Das Besondere war aber das Oberteil, das sich am Hals zu einer Art Ring schloss. Der Rücken blieb komplett nackt, während die Brust durch Bügel und die straff gezogenen Verbindung zu dem engen Kragen geschickt angehoben wurde. Dieses Dessous musste sie anprobieren. Schnell warf sie einen Blick auf das Preisschild. Mit fünfzig Euro lag es zwar über ihrem Budget, aber sie brachte es nicht übers Herz, es zurück an den Ständer zu hängen. Sandra suchte noch zwei BHs mit passenden Höschen heraus, dann ging sie zu den Umkleidekabinen. Aufgeregt schlüpfte sie aus ihren Klamotten und probierte die Wäschesets an, die perfekt passten. Sie hatte sich für die Farben Türkis und Weiß entschieden, welche ihre leicht gebräunte Haut gut zur Geltung brachten.

Jetzt fehlte nur noch der Body.

Wahrscheinlich passt er nicht, fuhr es ihr durch den Kopf.

Sandra stieg vorsichtig in den Hauch aus schwarzer Spitze. Dann hielt sie den Atem an. Ein Traum von Verführung blickte ihr aus dem Spiegel entgegen. Der Body streckte ihre Figur und betonte ihre Rundungen an den richtigen Stellen. Auch die vorgeformten Körbchen saßen trotz des fehlenden Rückverschlusses hervorragend. Sie hätte das Dessous, auch wenn es hundert Euro kosten würde, nicht zurück an den Ständer gehängt.

Ein Schnäppchen!

Sandra schmunzelte, zog den Body aus und ihre Wäsche wieder an. Sie hatte alles erledigt, was sie hatte erledigen wollen. Sogar noch viel mehr, wenn sie an den Besuch im Kindergarten dachte. Beschwingt fasste sie ihre Wäschestücke und machte sich auf den Weg zur Kasse, die sich leider nicht in demselben Stockwerk befand. Wie unpraktisch! Sie fand es schon ein bisschen gewöhnungsbedürftig, mit den Dessous in der Hand durch das ganze Haus laufen zu müssen, besonders da die Wäscheartikel so versteckt untergebracht waren.

Sandra stellte sich an und reichte der Kassiererin zum Bezahlen ihre Bankkarte.

„Was hast du denn eingekauft?“, ertönte plötzlich eine Stimme hinter ihr.

Lars. Sie kannte nur zwei Personen in dieser Gegend, und die eine, die sie im Moment so überhaupt nicht gebrauchen konnte, thronte nun unmittelbar neben ihr und starrte den schwarzen Body an.

Ein „Das geht dich nichts an!“ lag bereits auf ihrer Zunge, doch sie sprach es nicht aus.

Da fasste er die Spitze an und ließ sie durch seine Finger gleiten. „Und das willst du tragen?“

Hatte sie sich eben verhört?

Sogar die Kassiererin schaute verlegen zur Seite.

„Nee, das habe ich für meine Großmutter gekauft“, antwortete sie spitz.

Lars löste seinen Blick von ihren Dessous, schaute ihr ins Gesicht und platzte laut heraus. „Echt? Das will ich sehen.“

„Sehen gibt's nicht“, presste sie hervor und wünschte sich, er würde endlich den Mund halten. Am liebsten wäre es ihr, er würde verschwinden, aber es sah nicht so aus, als ob er ihr den Gefallen tun wollte.

„Na, da bin ich ja beruhigt, dass das Teil für die Oma ist. Ich mag es lieber natürlich.“ Er grinste von einem Ohr zum anderen.

Es juckte sie förmlich in den Fingern und sie musste sich beherrschen, ihm keine zu kleben. Die Wangen der Kassiererin leuchteten mittlerweile in einem warmen Rotton, und so etwas wie Verständnislosigkeit, vielleicht auch Überraschung, spiegelte sich in ihrem Gesicht wider, als sie den Blick zwischen Lars und ihr hin und her wandern ließ.

Sandra fand Lars' Verhalten deplatziert und unmöglich. Ganz zu schweigen davon, dass es sie schockte, dass er es lieber natürlich mochte. Wahrscheinlich würde er sich binnen der nächsten Jahre genauso entwickeln wie Carsten, für den die Natürlichkeit bekanntlich immer an erster Stelle stand.

„Ich muss jetzt gehen“, würgte sie hervor, riss die Wäsche förmlich an sich und steckte sie in eine Tüte, bevor die Kassiererin es tun konnte.

„Jetzt warte doch! Verstehst du keinen Spaß?“ Er lachte immer noch.

„Nein“, zischte sie und drehte sich ruckartig um.

Sandra erstarrte.

Sie blickte in zwei dunkle Augen.

Sven. Er stand mit einem Stapel Handtücher in der Hand nur ein paar Meter entfernt. Sein Blick war undurchdringlich, die Stirn gerunzelt.

Nein!

Sie musste träumen.

Lars schlang seinen Arm um ihre Taille. „Sei nicht eingeschnappt! Du darfst es doch tragen."

Sie durfte es tragen?

Was bildete er sich überhaupt ein?

Sandra schnappte hektisch nach Luft.

Etwas kratzte an ihrem Hals. Lars knabberte leicht an ihrer Haut.

Hatte der sie noch alle?

Sven wandte seinen Blick ab. Pure Kälte umhüllte ihn.

Am liebsten wäre sie zu ihm gegangen, hätte gerufen: „Du irrst dich! Es ist ganz anders, als es scheint!" Aber selbst ihr war die Lächerlichkeit dieser Worte bewusst.

„Lass mich los!", raunte sie Lars zu.

„Wir können zu mir gehen."

Zu ihm?

„Die anderen aus der WG sind noch in den Ferien."

„Nein", fuhr sie ihn an.

Überraschung spiegelte sich in seinen Zügen wider.

„Es tut mir leid, Lars. Ich muss jetzt gehen", fügte sie etwas freundlicher hinzu.

Er zuckte die Schultern. „Okay." Mehr sagte er nicht.

Sandra blickte zu Sven beziehungsweise zu der Stelle, an der er eben noch gestanden hatte, doch da lag nur ein Stapel Handtücher. Sven war gegangen.

Sie schluckte. Tränen brannten in ihren Augen. Dümmer hätte es nicht laufen können, dabei hatte doch alles so gut begonnen.

Am liebsten wäre sie zu der verlegenen Kassiererin zurückgekehrt und hätte den Body umgetauscht. Wie es im Moment aussah, würde sie ihn nicht mehr benötigen. Höchstens sie wollte sich allein zu Hause im Spiegel betrachten. Sandra schniefte, dann straffte sie die Schultern und verließ das Kaufhaus. Der Tag war gelaufen.

Sven hatte sich in der Küche extra beeilt. Er war immer noch geflasht vom gestrigen Abend und freute sich auf die freien Stunden, die er sich am Nachmittag gönnen würde. Sandra war ihm den Rest der Nacht und selbst heute, bei der Zubereitung des Mittagessens, nicht aus dem Kopf gegangen. Leider hatte Marie sich krankgemeldet, wodurch Sina ziemlich gestresst war. Dabei gab es eine Angebotsaktion mit extrem günstigen, aber qualitativ hochwertigen Handtüchern für die Küche in einem Kaufhaus in der Stadt, die er sich nicht entgehen lassen wollte. Trotz des Zeitdrucks schwang er sich gut gelaunt in seinen Wagen und fuhr Richtung Innenstadt.

In dem Kaufhaus waren die Handtücher natürlich nicht auf Anhieb zu finden, aber das war er bereits gewohnt. Dank der Hilfe einer Verkäuferin musste er nicht lange suchen und er konnte sich mit seinem Stapel an der Kasse anstellen. In dem Moment entdeckte er sie. Sandra und den Studenten, der seine Weinflaschen zerbrochen hatte. Natürlich hatte er die beiden bereits zusammen gesehen, er hatte auch gewusst, dass Lars Sandra in dem Lieferwagen geküsst hatte, aber nach dem gestrigen Abend war er davon ausgegangen, dass Sandra den Kontakt zu dem Studenten abgebrochen hatte.

Hatte sie nur mit ihm gespielt?

Auf so etwas hatte er keinen Nerv. Er teilte nicht.

Vielleicht waren sich die zwei aber auch nur zufällig begegnet?

Da fiel sein Blick auf zartes, schwarzes Gewebe. Spitze. Ein verführerischer Hauch von nichts. Lars hob ihn hoch, um ihn sich genauer anzusehen. Auf der Theke lagen zudem weiße und blaue Dessous.

Sven schluckte schwer.

Die beiden waren shoppen gewesen. Gemeinsam hatten sie erotische Wäsche ausgesucht.

Was war er nur für ein Riesenidiot!

Er hatte gedacht, dass sie einfach in ein kleines Abenteuer mit Lars geschlittert war, ihr der Student jedoch nicht viel bedeutete. Dabei war sie ausgekocht und …

Er sollte sich gar keine Gedanken mehr über sie machen. Sie hatte es nicht verdient.

Da traf ihr Blick auf seinen. Sie hatte ihn entdeckt. Ihre Gesichtszüge entgleisten.

In dem Moment fasste Lars um ihre Taille, zog sie an sich und senkte seinen Kopf, um an ihrem Hals zu knabbern.

Ihm wurde übel.

Sandra widmete ihre Aufmerksamkeit nun wieder ihrem jugendlichen Liebhaber. Sven konnte die zwei Turteltauben nicht länger betrachten. Es war ihm egal, wie günstig die Handtücher waren und dass er eine Verkäuferin extra ins Lager geschickt hatte. Er brauchte frische Luft. Jetzt und nicht erst in ein paar Minuten. So legte er den Stapel beiseite, drehte sich um und ging davon, dem Ausgang entgegen.

Die Sonne schien immer noch hell von einem tiefblauen Himmel, doch er hatte keinen Blick mehr für die Schönheit des spätsommerlichen Wetters. Er fühlte sich, als hätte man ihm einen Eimer eiskalten Wassers über den Kopf gegossen.

Sandra war nur ein kurzes Abenteuer gewesen, redete er sich ein. Aber aus irgendeinem ihm unerfindlichen Grund sah sein Herz das anders.

Er hatte sich wahrscheinlich schon von ihr blenden lassen, als sie in der Nacht aus dem Lieferwagen geklettert und stehen geblieben war, um die Sterne zu betrachten. Da hatte er beschlossen, sie zu mögen.

Verdammt, er war ein hoffnungsloser Romantiker!

Und das hatte er nun davon.

Aber er brauchte Sandra nicht. Nicht heute und auch nicht die nächsten Tage. Er brauchte gar keine Frau. Höchstens, um sich mit ihr für ein paar Stunden zu amüsieren.

Und doch fühlte er sich schlecht. So, als hätte er einen großen Verlust erlitten.

Kapitel 8

Sandra stürmte aus dem Kaufhaus. Von Sven war keine Spur zu sehen. Sie hätte heulen können. Langsam lief sie zum Supermarkt, auf dessen Parkplatz ihr Wagen stand. Der Tag hatte seine Schönheit verloren. Eigentlich hätte sie gleich ihre Sachen packen und auschecken können. Sie hatte keine Ahnung, wie sie Sven erklären sollte, was vorgefallen war; dass sie in dem Kaufhaus gewesen war, um sich für ihn neu einzukleiden. Für ihn und niemand sonst. Sie konnte sich vorstellen, dass sie mit Lars wie ein Liebespaar ausgesehen hatte. Wahrscheinlich hatte Sven noch gedacht, dass sie zusammen Dessous shoppen gewesen waren. Sandra hatte keine Ahnung, wie sie ihm die Wahrheit erklären sollte. Er würde ihr bestimmt nicht glauben. Sie würde es an seiner Stelle ja ebenso wenig tun.

Wie in Trance stieg sie in ihren Wagen und fuhr zum Hotel zurück. Natürlich lief ihr Sven nicht über den Weg, was im Moment auch ganz gut war. Sie wollte keinen verächtlichen Blick von ihm zu spüren bekommen. Ein Gefühl sagte ihr, dass er sie nicht auf das Treffen im Kaufhaus ansprechen würde. Er würde wahrscheinlich gar nichts zu ihr sagen. Vor ein paar Stunden hatte sie noch in Erwägung gezogen, hierher zu ziehen. Natürlich nicht wegen Sven, sondern wegen der Möglichkeit, in dem verträumten Städtchen mitten in unberührter Natur einen Neuanfang zu wagen. Doch nun war auch dieser Traum binnen weniger Sekunden wie eine Seifenblase zerplatzt. Was sollte sie hier? Sven und Lars über den Weg laufen? Das musste sie sich nicht geben. Folglich hieß die einzige Alternative: nach Hause zurückkehren und wieder in den alten Trott verfallen. Jeglicher Mut hatte sie verlassen.

Glücklicherweise erreichte sie ihr Zimmer, ohne von irgendwem angesprochen zu werden. Die Tüte mit den Dessous warf sie in die Ecke und sich selbst aufs Bett. Ihr Magen knurrte vernehmlich. Es musste längst Mittag sein, doch ihr war nicht nach einem Gang in den Speisesaal zumute.

Sandra starrte die Zimmerdecke an. Nach draußen wollte sie nicht sehen. Der blaue Himmel erschien ihr wie Hohn.

Die Stunden vergingen, ohne dass sie irgendetwas tat. Vielleicht sollte sie sich zusammenreißen, schwimmen oder spazieren gehen, aber sie konnte sich zu nichts aufraffen. Plötzlich klingelte das Telefon. Nicht ihr Handy, sondern das der hoteleigenen Anlage. Irritiert blickte sie es an. Ihr Herz schlug eine Idee schneller. Vielleicht war es Sven. Schließlich musste er die Möglichkeit besitzen, über die Anlage anzurufen.

„Hallo?“ Sie versuchte, ihre Stimme dennoch fest klingen zu lassen.

„Ihr Mann ist zu Besuch. Möchten Sie herunterkommen?“

Ihr Mann? Sandra fühlte sich, als hätte sie die nächste eiskalte Dusche abbekommen. Was wollte Carsten hier? Sie hätte ihm besser nicht sagen sollen, welches Hotel sie gebucht hatte, aber so eine Heimlichtuerei war unter Eheleuten nun einmal nicht üblich.

„Runter?“, stammelte sie.

„Ja, an die Rezeption. Wir schicken Besucher nicht zu den Zimmern, sondern möchten, dass sie abgeholt werden.“

„Ja“, krächzte sie. Dann legte sie auf. Ihre Beine fühlten sich wie Wackelpudding an, als sie ins Badezimmer lief und den Wasserhahn aufdrehte, um sich zu erfrischen und die Schlieren des zerlaufenen Kajals wegzuwaschen. Sie sah schrecklich aus.

Sandra verzichtete darauf, erneut Make-up aufzutragen. Sollte sie doch aussehen wie eine Vogelscheuche. Ihr war das egal. Aber dennoch warf sie noch einen kurzen Blick in den Spiegel, dann lief sie los.

Sie sah Carsten bereits, als sie die letzte Stufe hinunterstieg. Er war gekleidet wie ein typischer Wanderer. In seiner Hand befand sich ein Heft über die Sehenswürdigkeiten der Gegend. Wie sollte es auch anders sein? Sandra verkniff sich ein Seufzen und ging auf ihn zu. Er hob den Kopf und blickte ihr entgegen. Seine Stirn runzelte sich und seine Lippen wurden schmal.

Was war los?

Schließlich konnte er von ihrem erotischen Abenteuer nichts wissen.

Und doch mussten sie schleunigst aus dem Hotel verschwinden, denn sie verspürte nicht die geringste Lust, dass Carsten und Sven hier vielleicht aufeinandertrafen. Doch nun musste sie erst einmal hören, was Carsten überhaupt wollte.

„Ist dein Handy kaputt?"

Ihr Handy? Was sollte die Frage?

„Wie kommst du auf die Idee?"

„Du bist nicht zu erreichen."

Mist! Das hatte sie in der Aufregung total vergessen. Ihr Smartphone musste immer noch lautlos gestellt sein.

„Es tut mir leid", stotterte sie.

„Es tut dir leid?", zischte er. „Bist du sogar zu dumm, ein Handy richtig zu bedienen?"

Konnte er nicht leiser reden?

Der Lockenkopf vom Empfang schaute bereits zu ihnen herüber.

„Ich habe vergessen …", begann sie.

„Vergessen?" Er schnaufte laut auf. „Mich wundert es, dass du das *Suite 6* überhaupt gefunden hast, so verpeilt, wie du immer bist."

„Ich …"

„Ich will gar nichts hören. Mit so einem nutzlosen Kurzurlaub wirfst du unser Geld zum Fenster hinaus."

Sandra schwieg. Ihr war die Situation äußerst unangenehm, da der Mann vom Empfang sie keine Sekunde aus den Augen ließ. Bestimmt würde er sich jeden Moment erkundigen, ob alles in Ordnung sei.

„Wollen wir in die Stadt fahren?“, fragte sie leise.

„In die Stadt?“, wiederholte Carsten erneut ihre Worte. „Glaubst du wirklich, ich bin hierhergefahren, um shoppen zu gehen?“

„Wir gehen nie shoppen“, würgte sie hervor.

„Sondern?“ Seine Stimme war nun gefährlich ruhig.

„Wir hetzen immer nur von einem Ort zum anderen.“

„Interesse nennt man das, Sandra. Etwas, das du nicht besitzt.“

Sie schwieg.

„Wir werden nun den Berg hinaufwandern und vorm Abstieg zum Abendessen einkehren.“

„Ich mag aber nicht.“

„Du hast bestimmt noch gar nichts unternommen, sondern nur faul herumgesessen.“

„Ich mache genug.“

„Dann erzähl doch einmal, wo du schon überall gewesen bist.“

„Hier?“, erkundigte sie sich sicherheitshalber.

„Wo sonst?“, zischte er.

„Ich war in der Stadt.“

Carsten schnaubte verächtlich auf. „Zieh dir andere Schuhe an, dann gehen wir!“

„Ich habe keine Wanderschuhe dabei.“

„Nur Sneaker?“

„Ja.“

„Du wolltest also wirklich bloß faul herumliegen, oder?"

„Ich wollte mich entspannen", würgte sie hervor.

„Von was denn, bitte?"

Von dir, lag es ihr auf der Zunge, aber sie sprach es nicht aus.

Egal, was in den letzten Stunden geschehen war: Wollte sie wirklich in ihr altes Leben zurückkehren? In eine Welt der Bevormundung und der Vorwürfe?

Eigentlich nicht. Und doch sah sie keinen anderen Weg. Sie hätte zumindest jetzt widersprechen müssen, aber nicht hier in der Öffentlichkeit.

Zu Hause macht er dich noch kleiner, sagte ein Stimmchen in ihrem Kopf, und Sandra wusste, dass es recht hatte.

„Können wir nun gehen?", fragte sie steif.

Carsten betrachtete sie kopfschüttelnd, dann zuckte er die Schultern und ging vor ihr her ins Freie.

Stundenlang war sie nun hinter Carsten hergelaufen. Bergauf, bergab. Ohne einen Bissen Nahrung im Magen. Sie war erschöpft, und ihre Füße fühlten sich an, als liefe sie auf rohem Fleisch. Endlich war Carsten der Meinung, dass es an der Zeit zum Einkehren war. Sie flog förmlich auf einen Stuhl, so sehr schmerzten ihre Füße. Dabei mussten sie auch noch bis zum Hotel zurücklaufen. Am liebsten hätte sie jetzt ein Radler bestellt. Zum Durstlöschen und Entspannen.

„Zwei stille Wasser, bitte“, hörte sie Carsten sagen.

Aus der Traum vom Gläschen Bier. Sie hatte ja grundsätzlich nichts gegen Wasser, aber sie hasste stilles. Doch ihr Ehemann war der Meinung, dass Kohlensäure nicht gesund war und den Bauch nur unangenehm aufblähte.

„Ich hätte gern ein Radler getrunken“, bemerkte sie, obwohl sie ahnte, dass er sich darüber ärgern würde.

Prompt zog er die Augenbrauen in die Höhe und betrachtete sie wie ein kleines Kind. „Kein Wunder, dass du deine Figur ruiniert hast.“

Früher hatte sie über solche Äußerungen gelacht und sie nicht ernst genommen. Doch mittlerweile wusste sie, dass er nicht scherzte. Und wenn, dann waren seine Beleidigungen trotzdem unangebracht und verletzend.

Warum fiel ihr das heute nur so extrem auf? Hatten ihr die paar Tage ohne ihn wirklich so viel Abstand beschert?

Vielleicht hätte sie sich durchsetzen und ein Radler bestellen sollen, aber sie mochte auch in der Gaststätte keinen Aufstand machen. So schwieg sie erneut, fasste aber immer mehr den Entschluss, ihr Leben zu ändern. Sie hatte keine Ahnung, ob sie in der Kindertagesstätte genommen werden würde, aber sie würde ihre Bewerbungsunterlagen einreichen. Egal, ob Sven und

Lars in diesem Ort wohnten. Sie wollte einen Neuanfang. Sonst würde sie irgendwann noch ersticken.

„Außerdem bekommen wir zwei Salatteller mit Putenbrust."

Wie schön!

Aber sie wollte nicht meckern. Ihr Magen hing in Höhe ihrer Kniekehlen. Eigentlich fühlte sie sich imstande, ein halbes Schwein zu verdrücken, aber der Salat war wenigstens ein Anfang. Natürlich hätte sie auch ihren Speisewunsch äußern können, aber das hatte sie die letzten Jahre nicht getan und sie würde nun nicht damit beginnen. Denn sie würde ohne großes Tamtam und ohne Aufstand aus ihrem alten Leben ausbrechen. Ganz still und leise, wie man es von ihr gewohnt war und wie Carsten es ihr beigebracht hatte. Sich immer unauffällig verhaltend. Fast musste sie lächeln. Dann nippte sie an dem stillen Wasser und schon war ihr der leichte Anflug von Übermut wieder vergangen.

Es war bereits dunkel, als sie am *Suite 6* ankamen. Ihre Füße waren mittlerweile ein einziges Jammertal. Vorm Hotel blieben sie stehen.

„Eigentlich könnte ich auch morgen früh zurückfahren", erwähnte Carsten beiläufig.

Sandra horchte auf.

Nein!

Carsten würde doch wohl nicht auf die Idee kommen, bei ihr zu übernachten?

„Ich habe nur ein Einzelzimmer gebucht", wich sie aus.

„Und? Ist das ein Hotel oder ein Gefängnis?"

„Ich denke, du solltest besser fahren."

Und nein, sie würde sich nicht überreden lassen, ihn mit in das *Suite 6* zu nehmen. Sie wollte ihre Füße pflegen, ein Glas Wein trinken und schlafen. Das war alles.

„Das werde ich wohl selbst entscheiden können", sagte er bestimmt.

„Nein, wirst du nicht."

„Wie?" Seine Augenbrauen schnellten förmlich in die Höhe.

„Ich möchte jetzt meine Ruhe haben."

Er schnaubte auf. „Ich habe mir wegen dir extra freigenommen."

„Das hättest du nicht tun müssen."

„Was ist heute nur mit dir los? Ich glaube, das Alleinsein bekommt dir ganz und gar nicht."

Sandra sammelte sich, hob ihren Kopf und streckte den Rücken durch. „Ich möchte, dass du nun gehst."

Deutlicher ging es kaum.

Carsten schaute sie nur an. Ein seltsamer Ausdruck huschte über sein Gesicht. Fast wurde ihr ein bisschen mulmig zumute. Doch sofort hatte er sich wieder unter Kontrolle.

„Du spinnst doch!", zischte er.

Wieder schwieg sie. Da drehte er sich um und ging tatsächlich zum Parkplatz, auf dem sein Wagen stand. Sie hörte den Motor starten und sah

Carsten mit eisernem Gesichtsausdruck davonfahren.

Ihr Verhalten würde Konsequenzen nach sich ziehen, das wusste sie. Instinktiv schlang sie die Arme um ihre Brust, als wollte sie sich vor dem Kommenden schützen. Dennoch wusste sie, dass sie auf dem richtigen Weg war. Für sich.

Kapitel 9

Sven hatte sich heute in der Küche besonders ins Zeug gelegt. Zum einen, weil Marie krank war, zum anderen, weil er sich unbedingt ablenken wollte. Eigentlich hätte er ins Fitnessstudio gehen wollen, um sich abzureagieren. Aber diese Möglichkeit gab es nun nicht, und so musste er das Beste aus seinem Arbeitsalltag machen. Eigentlich hatte er Sina heimschicken wollen, aber die hatte sich geweigert und brachte im Moment die Küche auf Hochglanz. So machte er sich schließlich doch auf den Weg zu seinem Wagen.

Er war eben dabei, das Hotel zu verlassen, als er Sandra entdeckte. Sie war wieder in Begleitung, allerdings von einem ihm unbekannten Mann. Julian hatte ihm vorhin bereits erzählt, dass sie Besuch bekommen und ihm das Auftreten des Fremden nicht gefallen habe. Sven ahnte, dass es Sandras Mann war, der unvermittelt vorbeigeschaut hatte.

Sven blieb im Schatten des Eingangsbereichs stehen. Obwohl Sandra ihn verletzt hatte, wartete er ab, wie sich die beiden verhielten. Sehr vertraut wirkten ihre Gesten nicht. Eher, als würden sie streiten. Plötzlich ging der Mann mit großen Schritten davon, und Sandra schlang ihre Arme um den Oberkörper, als wollte sie sich wärmen.

Kurz darauf fuhr ein Wagen vom Parkplatz. Da trat er aus dem Schatten und ging langsam auf sie zu. Sie reagierte nicht, rechnete anscheinend nicht damit, angesprochen zu werden. Und wahrscheinlich schon gar nicht von ihm. Er tat es auch nicht, sondern blieb lediglich im Abstand von etwa zwei Metern hinter ihr stehen. Er räusperte sich. Sandra schoss förmlich herum.

„Du?“ Ihre Augen waren aufgerissen, ihr Blick wirkte irgendwie gequält.

Er sagte nichts.

„Das im Kaufhaus war nicht so, wie du vielleicht denkst“, stotterte sie unzusammenhängend.

Er schwieg weiterhin.

„Ich habe Lars zufällig getroffen.“

Und das sollte er ihr glauben?

Wenn er nur daran dachte, wie der Student die zarte Spitze des Bodys in seinen Fingern gehalten hatte, grummelte es vor unterdrücktem Ärger bereits wieder in seiner Magengegend.

Skeptisch runzelte er die Stirn.

„Dann glaubst du mir eben nicht!“ Der Stimmungswechsel kam so plötzlich, dass er nicht darauf eingestellt war. „Ich brauche dich nicht!“ Ihre Stimme kippte über, während ihre Arme nun nicht mehr um ihre Brust geschlungen, sondern ihre Hände zu Fäusten geballt waren.

Er wartete ab.

„Ich brauche niemanden! Ich bin froh, wenn ich endlich meine Ruhe habe.“ Sandra klang beinahe ein wenig hysterisch. Ihre Augen blitzten vor Wut, aber auch vor Hilflosigkeit, Enttäuschung und so etwas wie Überforderung. Die erste Träne löste sich aus ihrem Augenwinkel, die zweite folgte.

In dem Moment konnte er nicht anders, als ihr zu glauben. Selbst in dem Fall, dass sie log, würde er sie nicht so stehen lassen. Er trat näher. Sie wich nicht zurück, hob nur die Hände, als wollte sie gegen seine Brust trommeln. Da schloss er sie in seine Arme. Sie wehrte sich. Ganz kurz. Dann schluchzte sie laut auf und fing an, zu weinen. Er strich ihr sacht über das Haar und hielt sie einfach nur fest.

„Du glaubst mir nicht, oder?", drang es kaum hörbar aus seiner Umarmung.

Er schwieg weiterhin, wusste nicht, was er sagen sollte, weil er weder lügen wollte, noch sich wirklich sicher war, was er denken sollte und was nicht.

„Es geht jetzt um mich und nicht mehr darum, was irgendwer von mir hält", sagte sie, und es klang fast ein wenig so, als wollte sie sich selbst von ihren Worten überzeugen.

Hier war jemand dabei, sich zu finden. So wirkte es zumindest auf ihn.

„Ich mag es nicht mehr jedem recht machen", schluchzte Sandra.

Er strich ihr erneut übers Haar.

„Das mit Lars war vielleicht ein Fehler, aber er hat mir das Gefühl gegeben, dass ich noch keine verschrumpelte alte Frau bin."

Sven verkniff sich ein Grinsen, obwohl sie es sowieso nicht sehen konnte.

„Aber ich bin wohl doch nicht mehr wirklich jung.“ Das klang schon wieder kläglicher. „Dann hat er auch noch meinen Body befummelt.“

Um einen Body hatte es sich bei dem Traum aus schwarzer Spitze also gehandelt.

„Und mir erklärt, dass er nicht auf so etwas, sondern auf den natürlichen Look steht.“

Sein mühsam unterdrücktes Lachen ließ seine Brust erbeben.

„Was ist so lustig?“

„Der natürliche Look“, presste er hervor.

„Zu allem Überfluss ist heute auch noch Carsten aufgetaucht.“

„Dein Mann?“

„Hm.“

Wieder schwieg er.

„Ich weiß, es gehört nicht hierher, aber …“ Sie stockte.

„Aber?“, hakte er nach.

„Ich mag nicht mehr“, sagte sie leise.

„Was?“

„Bei ihm bleiben.“

Sven runzelte abwartend die Stirn. Er war gespannt, wie Sandra sich ihre Zukunft vorstellte.

„Was hast du vor?“

„Das geht dich nichts an! Liebhabern erzählt man nichts von seinen Eheproblemen. Das habe ich dir schon mal gesagt“, drang es leicht pampig über ihre Lippen.

Seine Augen wurden feucht, so sehr versuchte er, sich das Lachen zu verkneifen.

„Wollen wir reingehen?“, wechselte er das Thema.

„Auf mein Zimmer?“

„Hm“, machte er nur.

„Warum?“

„Ich würde gern den Body sehen.“

„Wirklich?“

„Ja.“

Sandras Gefühle fuhren Achterbahn. Während der vergangenen Tage war mehr in ihrem Leben geschehen als in den letzten zehn Jahren. Und auch im Moment überschlugen sich förmlich die Ereignisse. Da war der Mut, den sie aufgebracht hatte, um Carsten die Stirn zu bieten und sich eben nicht erneut von ihm bevormunden zu lassen. Gefolgt von der Angst, was passieren würde, wenn sie nach Hause zurückkehrte. Und dann ein Gefühl so süß wie Honig, als Sven sie in seine Arme schloss. Fast schien es, als glaubte er ihr. Damit hätte sie nie gerechnet. Ebenso wenig damit, dass dieser chaotische Tag doch noch ein gutes Ende finden könnte.

„Ich würde gern den Body sehen“, hörte sie Sven sagen.

In ihrem Bauch begann es, erwartungsvoll zu kribbeln.

Wie Sven ihre Neuerwerbung wohl finden würde?

„Wirklich?“, fragte sie schüchtern.

„Ja“, antwortete er mit fester Stimme und rückte ein Stückchen von ihr ab, damit er ihr ins Gesicht blicken konnte. „Lass uns gehen!“ Sein Arm legte sich um ihre Schultern und sie mochte es. Es fühlte sich an, als würde sie zu ihm gehören. Auch wenn es nur für den Moment war.

Wolltest du nicht endlich frei sein, statt dich mit dem nächsten Kerl herumzuärgern?, erinnerte das Stimmchen in ihrem Kopf sie.

Ich ärgere mich nicht, ich genieße, berichtigte sie ihre Gedanken.

So liefen sie Arm in Arm ins Hotel. Die rothaarige Frau, die ab und zu an der Rezeption arbeitete, blickte überrascht auf und schmunzelte dann verstohlen in sich hinein, kurz bevor sich ihr Kopf wieder über ein Buch senkte und sie tat, als hätte sie nichts gesehen.

Heute nahmen sie den Aufzug. Einfach, um schneller zu ihrem Zimmer zu gelangen. Schon waren sie angekommen.

„Willst du an der Tür warten?“, fragte sie einem kurzen Impuls folgend.

Skeptisch runzelte Sven die Stirn. Eine Angewohnheit, wenn er überlegte oder nicht gänzlich mit irgendwas einverstanden war. „Ja“, stimmte er jedoch zu.

Sandra fühlte sich gut und ungeheuer stark, als sie allein ihr Zimmer betrat. Schnell schlüpfte sie aus ihren Klamotten. Eigentlich hätte sie noch Schuhe mit hohen Absätzen kaufen müssen, um als Femme fatale erscheinen zu können. Barfuß machte das beste Dessous weniger her, aber daran hatte sie nicht gedacht.

Vollkommen nackt stand sie vor dem Spiegel. Die Tüte mit ihren Einkäufen hatte sie bereits vom Boden aufgehoben und der Body lag nun in greifbarer Nähe. Leicht fuhr sie über ihre Klit und fühlte die Nässe, die sich in ihrer Scham gebildet hatte. Nein, sie würde sich nicht selbst befriedigen. Vorsichtig zog sie den Body an. Vorsichtig, da sie Angst hatte, den Traum aus Spitze zu zerstören. Die Frau, die ihr nun aus dem Spiegel entgegenblickte, war ein Sinnbild der Leidenschaft.

Sollte sie sich noch schminken oder die Haare richten? *Nein,* entschied sie, weil sie sich eigentlich ganz gut so gefiel, wie sie war. Natürlich.

Auf immer noch schmerzenden Füßen ging sie zur Tür und öffnete sie. Sven lehnte an der Wand gegenüber. Sein Blick bewegte sich hungrig über ihren Körper. Sie ließ ihm Zeit, bevor sie sich umdrehte, um ihm ihre Rückansicht zu zeigen. Sie wusste sehr wohl um ihren gerundeten Hintern, der in dem String hervorragend zur Geltung kam, ebenso um ihren nackten Rücken. Das Band, das sich eng an ihren Hals schmiegte, gab ihrem Anblick einen Extrakick.

Langsam schritt sie vor Sven ins Zimmer und versuchte dabei, die Hüften absichtlich ein wenig schwingen zu lassen. Er schloss leise die Tür hinter sich und trat näher. Etwa einen Meter vor ihr blieb er stehen. Aus seinem Blick strahlte ihr purer Hunger entgegen.

„Ich würde gerne deinen Arsch sehen", sagte er mit rauer Stimme.

Ihren Hintern? Wie meinte er das? Ihre Selbstsicherheit schwand.

„Leg dich mit dem Bauch auf den Tisch, der hinter dir steht."

Sandra jagte ein heißer Schauer über den Rücken. Extra langsam drehte sie sich um und trat vor den kleinen Tisch. Dann ließ sie ihren Oberkörper – dank der glatten Spitze – geschmeidig über die Platte gleiten. Ihre Wange lag auf dem Holz und ihre Finger griffen um die Kante. Aufgeregt wartete sie ab.

Nichts geschah.

Was sollte das?

Sie machte sich lächerlich, wenn sie sich Sven so darbot. Unbehaglich verlagerte sie ihr Gewicht auf das rechte Bein.

„Nicht herumzappeln!", ertönte in dem Moment seine Stimme. „Ich mag es, dich zu betrachten."

„Meinen Hintern?", quetschte sie hervor.

„Den ganz besonders."

Ein *Warum?* lag ihr auf der Zunge, aber sie sprach es nicht aus.

Sven legte seine großen Hände auf ihre Backen. Mit leichtem Druck rieb er über ihre Haut und zwickte leicht hinein. Sie mochte es; dieser Hauch von Schmerz hatte etwas Besitzergreifendes, was sie im Bett anmachte. Ganz eindeutig, obwohl sie vor der Begegnung mit Sven nichts davon geahnt hatte. Sven ließ seine linke Hand auf ihrer Backe liegen, die rechte wanderte zwischen ihre Schenkel und klapste leicht auf deren Innenseiten, damit sie sie weiter öffnete. Schon fand sein Finger zwischen ihren Schamlippen hindurch und strich über ihre Klit.

„Das nächste Mal möchte ich dich beim Shoppen begleiten", sagte er mit dunkler Stimme.

„Gefällt dir meine Auswahl nicht?", krächzte sie, weil ihr normales Reden mit seinem Finger an ihrer Perle schwerfiel.

„Sie gefällt mir sehr gut."

Tief schob er seinen Finger in sie hinein und einen zweiten hinterher. Ein leises Stöhnen drang über ihre Lippen. Da hörte sie, wie ein Reißverschluss geöffnet wurde. Die Hand entfernte sich. Bedauernd seufzte sie auf. Eine Folie zerriss. Sandra wusste, dass Sven sich eben ein Kondom über seine Erektion rollte. Kurz darauf drückte sich seine Eichel gegen ihre Scham, bevor er seinen Schwanz tief in sie schob. Dann zog er sich kurz zurück, um erneut wieder in sie zu stoßen. Dieses Mal hielt er sich nicht zurück, sondern fickte sie hart und schnell. Sie konnte nicht einen Millimeter ausweichen, da ihr Becken eng gegen die Tischkante gedrückt wurde. Und auch ihr krampfhaftes Festhalten konnte seine Stöße nicht abmildern. Das Wissen, ihm nicht entkommen zu können, törnte sie noch mehr an. In ihr baute sie der bekannte Druck der Lust auf und zerschellte in tausend kleinen Zuckungen, die durch ihren Körper schossen. Sven stieß noch tiefer in sie. Seine Finger krallten sich wie Eisenklammern in ihre Hüften und hielten sie an Ort und Stelle fest. Da wusste sie, dass auch er gekommen war.

Schwer atmend stützte er sich neben ihrer Taille ab, bevor er sich langsam aus ihr und das Kondom von seinem Penis zog.

„Bin gleich wieder da", murmelte er, ging ins Badezimmer und entsorgte es.

Sandra bewegte sich ein wenig, aber ihr Körper fühlte sich an, als wäre eine Dampfwalze darüber gerollt. Schon kam Sven zurück, fasste nach ihr und zog sie vorsichtig in seine Arme. Ihre Leisten leuchteten sicherlich in einem tiefen Rot.

„Tut es sehr weh?", erkundigte er sich.

„Ich bin vollständig lädiert."

Er schmunzelte und führte sie zum Bett hinüber.

Wenig elegant ließ sie sich auf die Matratze fallen. Sven grinste nun richtig.

„Was gibt's da zu lachen?"

„Du bist wirklich die seltsamste Frau, die mir jemals begegnet ist."

Sie und seltsam? Sie war doch das normalste weibliche Wesen überhaupt.

„Wie meinst du das?"

„Auf der einen Seite wirkst du so unschuldig, auf der anderen bist du es jedoch überhaupt nicht."

Wollte er sie verarschen?

Unsicher blickte sie ihn an.

„Du merkst gar nicht, wie ungeheuer anziehend du auf Männer wirkst, oder?“

„Ich?“

„Ist dir noch gar nicht aufgefallen, wie viele sich nach dir umdrehen?“

„Nach mir?“

Er musste sich wirklich über sie lustig machen.

„Und ein Händchen für eigenwillige Beziehungen scheinst du ebenfalls zu haben. Wenn ich so an deinen Mann und den Studenten denke.“

Okay, in dem Fall musste sie ihm zustimmen.

„Noch zwei Tage“, sagte er leise und wechselte damit das Thema.

Sie nickte. Noch zwei Tage träumen.

„Gehst du zu deinem Mann zurück?“, fragte Sven direkt.

„Ich habe es nicht vor. Beziehungsweise nur noch so lange, bis ich gewisse Sachen geregelt und eine eigene Wohnung gefunden habe.“

„Bist du dir sicher?“ Ernst blickte er sie an.

„Schon. Carsten erdrückt mich. Mir ist nur nie aufgefallen, wie krass die Situation wirklich ist. Ich habe bloß Angst, in den Alltagstrott zurückzufallen, wenn ich mich erst wieder in der vertrauten Umgebung befinde“, erklärte sie.

„Falls du dich wirklich von ihm trennst, können wir uns wiedersehen.“

Sandra strich gewohnheitsmäßig das Kissen glatt. Allerdings mehr aus Nervosität als aus Ordnungsgründen. „Sonst nicht?“

„Ich werde dich nicht teilen. Weder mit Lars noch mit deinem Ehemann." Sven fasste unter ihr Kinn und hob es sanft an, sodass sie seinem Blick nicht ausweichen konnte.

Sie nickte, zog ihn über sich und küsste ihn.

Noch lagen zwei ganze Tage vor ihnen. Dass sie sich in dem Kindergarten vorgestellt hatte und über eine Ortsveränderung nachdachte, erwähnte sie nicht. Schließlich sollte man seinen Liebhaber nicht überfordern und ihn sich langsam an den Gedanken gewöhnen lassen, dass man vielleicht doch länger blieb.

Epilog

LZu Hause gab es einen riesen Aufstand, als Sandra Carsten mitteilte, dass sie sich eine Trennung wünschte. Sie war so ehrlich und sagte es ihm, bevor sie die nächsten Schritte unternahm, obwohl es andersherum einfacher gewesen wäre.

Ihre Bewerbungsunterlagen schickte sie an den integrativen Kindergarten, und sie wurde wahrhaftig genommen, woraufhin es in der alten Kita ebenfalls zum Streit kam.

Sven und sie sahen sich in der ersten Zeit nach ihrem Kurzurlaub nur am Wochenende, wenn sie zu ihm fuhr. Er war es auch, der sich darum kümmerte, dass sie samstags sämtliche freien Wohnungen besichtigen konnten. Letztendlich entschied sie sich für eine in einem Altbau.

Lars lief ihr ebenfalls noch ab und zu über den Weg. Aber über ein *Hallo* gingen ihre Gespräche nicht mehr hinaus.

Eigentlich hatte Sandra sich nicht sofort in eine neue Beziehung stürzen wollen, aber die Geschichte mit Sven war wohl ein Wink des Schicksals gewesen. Dennoch ließen sie es ruhig angehen, obwohl sie ihre freie Zeit gern gemeinsam verbrachten und sie beide der Meinung waren, dass sie sich perfekt ergänzten. Und zwar so gut, dass sie auf Dauer zusammenbleiben wollten.

Vielleicht würden sie eines Tages sogar eine Familie gründen. Vielleicht, wenn es das Schicksal weiterhin gut mit ihnen meinte.

Aber all das waren Zukunftspläne. Jetzt würde sie erst mal von Carsten geschieden werden und das Leben mit Sven an ihrer Seite genießen.

Autorin

Layla Sommer wurde im schönen Bayern geboren, dem sie nie für lange Zeit den Rücken gekehrt hat. Sie liebt die Natur und genießt die langen Spaziergänge mit ihren Hunden. Eine weitere Leidenschaft ist das Schreiben erotischer Geschichten, mit denen sie LeserInnen ein paar schöne Stunden schenken möchte.